हसनपुर के राम

हसनपुर के राम

(ऐतिहासिक उपन्यास)

डॉ. परशुराम गुप्त

विद्या विहार, नई दिल्ली

प्रकाशक : विद्या विहार,
19, संत विहार (पहली मंजिल) गली नं. 2, अंसारी रोड, नई दिल्ली–110002
 / संस्करण : 2025 / मूल्य : पाँच सौ रुपए
मुद्रक : आर–टेक ऑफसेट प्रिंटर्स, दिल्ली ISBN 978-93-93113-00-9

HASANPUR KE RAM *novel* by Dr. Parshuram Gupt ₹ 500.00
Published by **VIDYA VIHAR**
19, Sant Vihar (First Floor), Street No.2, Ansari Road, New Delhi-110002

रघुकुल भूषण राजा राम के
उस 'रामत्व'
को
जिसने उन्हें 'जन-जन का राम' बना दिया।

भूमिका

विद्वानों ने शास्त्रों के आधार पर राम के तीन अर्थ निकाले हैं। राम नाम का पहला अर्थ है—'रमन्ते योगिनः यस्मिन् स रामः' अर्थात् ऐसे राम जो योगियों के आनंद के स्रोत हैं।

राम नाम का दूसरा अर्थ है—'रति महीधरः रामः'। रति का पहला अक्षर 'र' है और महीधर का प्रथम अक्षर 'म'। 'रति महीधर' संपूर्ण विश्व की सर्वश्रेष्ठ ज्योतित सत्ता है, जिनसे सभी ज्योति सत्ताएँ ज्योति प्राप्त करती हैं।

राम नाम का तीसरा अर्थ है—'रावणस्य मरणं रामः'। रावण शब्द का पहला अक्षर है 'रा' और मरणं का पहला अक्षर है 'म'। रा + म = राम, अर्थात् वह सत्ता, जिसकी शक्ति से रावण मर जाता है।

वास्तव में भारतीय जन-मानस में एक ही साथ 'राम' के कई रूप निवास करते हैं—

एक राम घट-घट में बोले,
दूजो राम दशरथ घर डोले।
तीसरे राम का सकल पसारा,
ब्रह्म राम है सबसे प्यारा¨

लेकिन दशरथ के 'राम' के 'रामत्व' ने संपूर्ण विश्व को प्रभावित किया है। विश्व की अनेक भाषाओं में हमें राम से संबंधित कथाओं, दंत-कथाओं का साहित्य व उनका उल्लेख प्राप्त होता है। म्याँमार, कंबोडिया, तिब्बत, मंगोलिया, श्रीलंका, चीन, जापान, थाईलैंड, लाओस, फिलीपींस आदि देशों में राम को समर्पित प्राचीन व नवीन साहित्य देखने को मिलता है। इंडोनेशिया में तो 'रामायण ककीनन' वहाँ का राष्ट्रीय काव्य ग्रंथ है। अनेक देशों में रामकथा से प्रभावित होकर रामायण व रामचरितमानस का अनुवाद व राम पर विशेष लेखन भी किया गया। श्री होनेंस हेमन

विल्सन, गार्सा द तासी, एफ एस ग्राउस, डॉ. लुहजि पियो तैस्सितौरी आदि मनीषी रामायण व रामचरितमानस अर्थात् रामकथा से बहुत प्रभावित थे। इस क्षेत्र में जर्मनी व रूस में अद्‌भुत कार्य हुआ है।

रामायण जर्मनी के मनीषियों के लिए प्रभावशाली कृति रही है। भारतीय दंत-कथाओं के एक ही ग्रंथ में रामायण की कथाएँ संकलित होती रही हैं। हर्मान जेकोबी ने 1893 में 'रामायण इतिहास और कथ्य' नामक ग्रंथ लिखा। वर्ष 1894 में एलेक्जेंडर बाउमगार्टनर ने भारतीय राम-साहित्य का वर्णन प्रकाशित किया। जे. मनराड के 'रामायणन्' (म्यूनिख, 1897) में अति विशेष लेखों के अनुवाद देखने को मिलते हैं। ऑगुस्ट विलहेल्म गेल ने रामायण का लैटिन में अनुवाद कर प्रकाशित किया। राम के आदर्श चरित्र से प्रभावित होकर रूस के प्रसिद्ध विद्वान् अ. बरान्निकोव ने रामचरितमानस का रूसी भाषा में अनुवाद किया। रूस में रामकथा का समय-समय पर मंचन होता रहा है। पूर्व में, तिब्बती व खोतानी भाषा में लिखी रामकथा विशेष रूप से प्रचारित थी। साइबेरिया व वोल्गा नदी के क्षेत्र में भी राम की कथा से लोग परिचित थे।

'हसनपुर के राम' का नायक भी राम भक्त है लेकिन विषम परिस्थितियों में उसे धर्मांतरण करने के लिए विवश होना पड़ता है फिर भी कई पीढ़ियों बाद भी उनकी राम-भक्ति बनी रहती है तथा वे राम की आरती उतारते हैं। अनेक उतार-चढ़ाव आते हैं और अंततः अयोध्या में राम पुनः पूरी आभा के साथ विराजते हैं।

इस कृति के लेखन में मुझे सुल्तानपुर (धम्मौर) के सुभाष सिंहजी व सुल्तानपुर के ही महेश कौशलजी का विशेष सहयोग मिला है। एतदर्थ मैं हृदय से उनका आभार ज्ञापित करता हूँ। हसनपुर के वर्तमान राजवंश का मैं विशेष रूप से आभारी हूँ जिनके अमूल्य सहयोग के कारण ही इस रचना का प्रणयन संभव हो सका।

समालोचना एवं सुझावों का स्वागत है।

—परशुराम गुप्त

दीपावली-2021

अनुक्रम

प्रसंग–1

राजा त्रिलोकचंद्र से हेमू तक

: एक :

जेल के सींकचों के बीच राजा त्रिलोकचंद्र रात भर सो न सके। वे आए तो थे बादशाह इब्राहीम लोदी की सहायता करने, लेकिन पानीपत की लड़ाई में बाबर के सैनिकों द्वारा बंदी बना लिये गए। यह सब उनके लिए अप्रत्याशित था—कहाँ इब्राहीम लोदी की लाखों की सेना, कहाँ बाबर के मात्र पच्चीस हजार सैनिक। कहाँ तो ये बाबर की सेना को देश की सीमा से खदेड़ने आए थे, कहाँ स्वयं बंदी हो गए। लाखों की सेना स्वयं बादशाह लोदी को भी नहीं बचा सकी। अभी दो दिन पहले की ही तो बात है, रात के अँधेरे में बाबर के अश्वारोहियों की एक टुकड़ी लोदी के खेमे के बगल से निकली थी, लेकिन शायद इतनी विशाल सेना को देखकर वे आक्रमण का साहस नहीं कर सके। पानीपत के बगल में भी तो वे कई दिनों से मोर्चेबंदी किए हुए थे, पर हिम्मत नहीं हुई आगे बढ़ने की। अब सब समझ में आ रहा है। कैसे वे अपने से चौगुनी सेना पर आक्रमण करते? फिर उन्हें तो धोखेबाजी करनी थी, तोपों के गोले दागने थे। पीछे से तीर बरसाने थे। हे ईश्वर! क्या होना था, क्या हो गया?

आज युद्ध के मैदान में जो घटनाएँ घटीं, कोई उसकी कल्पना भी नहीं कर सकता था। बड़ी शान के साथ युद्ध के नगाड़ों की ध्वनि के बीच शाह का लश्कर आगे बढ़ रहा था। आगे-आगे हजार की संख्या में तो हाथी रहे होंगे। बादशाह लश्कर के बीच में थे, बहुत विशाल हाथी पर सवार। बगल में घुड़सवार, लाखों की संख्या में पैदल सैनिक। हजारों राजा अपनी सैन्य टुकड़ी के साथ उनकी सहायता करने आए थे। एक-से-एक शूरवीर। उनके एक संकेत पर उनके सैनिक अपने प्राणों की बाजी लगाने को तैयार थे। सबने अपने-अपने राज-ध्वज भी अपने बगल के घुड़सवार को दे रखे थे। सबके मुँह से एक ही बात निकल रही थी—चुटकियों में मसल देंगे इन आक्रांताओं को, लेकिन सब उलटा-पुलटा हो गया।

अभी तो वे दुश्मन की मोर्चेबंदी तक पहुँचे भी नहीं थे कि उनके ऊपर आग के गोले गिरने लगे—धाँय-धाँय-धाँय। लगा—धरती काँप जाएगी। यह कैसी लड़ाई? हिम्मत हो तो सामने आकर वार करो, लेकिन नहीं, धोखा-ही-धोखा। हाथी पर योद्धा बरछे-भाले व धनुष-बाण के साथ बैठे थे, लेकिन उन्हें इसका इस्तेमाल करने का अवसर ही नहीं मिला। उन पर तो धधकते गोले गिरने लगे। हाथी भड़क उठे। महावतों पर तीर बरसाए गए। उन्हें मार दिया गया और हाथी अंकुशहीन होकर अपनी ही सेना को कुचलने लगे। सेना में भगदड़ मच गई। हाथी से बचें कि दुश्मन के गोलों से। हे भगवान्! यह कैसी लड़ाई थी! शत्रु तो कहीं दिखाई ही नहीं दे रहा था। लड़ें तो किससे लड़ें। हाथियों से सभी अपनी जान बचा रहे थे, चारों ओर अपने ही सैनिकों को रौंदते अपने ही हाथी। करें तो क्या करें? कुछ सुझाई नहीं दे रहा था। फिर एकाएक पीछे से पैदलों पर बाण बरसने लगे। आगे से हमला होते तो देखा था, लेकिन पीछे से हमला? आखिर यह कैसी लड़ाई थी। धर्मयुद्ध तो था ही नहीं। हमें बचपन से यही तो सिखाया गया था कि सामने से वार करो। पीठ पीछे तो कायर वार करते हैं, लेकिन यहाँ तो कोई नियम ही नहीं है।

राजा त्रिलोकचंद्र को याद आता है कि कैसे बाबर के घुड़सवारों ने पीछे से घेरकर उन पर बाण बरसाए थे। फिर भी वे बादशाह तक न पहुँच सके। उन तक पहुँचने के लिए उन्हें पास आना ही पड़ा। कितनी भीषण थी वह लड़ाई। उन्हें बचाने के लिए हजारों सैनिक बहादुरी से लड़े, लेकिन ईश्वर की इच्छा के सामने कौन टिक सकता है। आखिरकार वे भी मारे गए। सेना में भगदड़ मच गई। सब रण छोड़कर भाग खड़े हुए। हम भी चाहते तो भाग सकते थे, लेकिन हमारे ये संस्कार नहीं थे। जमकर लड़े और फिर बंदी बना लिये गए। कब बंदी बनाए गए, उन्हें पता नहीं, क्योंकि तब वे संज्ञाशून्य थे। जब होश आया तो वे बंदीगृह में थे।

"ए काफिर! क्या सोच रहा है? चल हुजूर ने याद फरमाया है।" एक अर्दली ने एकाएक उनकी तंद्रा को भंग किया।

"कहाँ चलना है?"

"हमारे पीछे-पीछे चलो।"

अर्दली आगे और बंदी राजा साहब उसके पीछे-पीछे चल पड़े और शीघ्र वे एक बड़े आँगननुमा जगह पर पहुँचे, जहाँ पहले से ही हजारों कैदी एकत्र थे। इनमें लगभग सभी घायल थे और बहुत मुश्किल से चलकर वहाँ एकत्र हुए थे। उन सबको प्रतीक्षा थी किसी के आने की, जिसके लिए मंच सजाया गया था। सुरक्षा

की भी तगड़ी व्यवस्था थी। उन्हें अधिक देर तक प्रतीक्षा नहीं करनी पड़ी। एकाएक तुरही की ध्वनि सुनाई पड़ी, मुनादी हुई और शीघ्र ही विजयी बाबर उनके सामने था। परिचय के बाद बाबर की तकरीर शुरू हुई—"हजरात! हमारे सामने बड़ी तादात में अल्लाह के बंदे हैं और काफिर भी। कल और आज में हालात बदल गए हैं। निजाम बदल गया है। लेकिन क्या तुम बदले? तुम्हारी जेहनियत बदली! यह हमारे लिए आसान है कि हम तुम्हें कतार में खड़ा करें और तलवार के वार से दोजख में पहुँचा दें, लेकिन हम अभी ऐसा नहीं करेंगे। कल तक का मौका है, खूब सोच लो। हमारे निजाम के खैरख्वाह बनोगे तो हम तुम्हें मालोएतराम से माला-माल कर देंगे और अगर बगावत की तो हमारी शमशीर अपनी प्यास बुझाएगी। फैसला तुम्हारा होगा, लेकिन यह अच्छी तरह जान लो कि बाबर की कही गई बात और कमान से निकला तीर कभी वापस लौटकर नहीं आता। अब यह तुम पर मुनस्सर करता है कि तुम क्या चुनते हो? रोशनी या अँधेरा। मालो-दौलत या मौत? अल्ला हो अकबर-अल्ला…"

तकरीर समाप्त हुई और वे फिर कैदखाने की अपनी कोठरी में भेज दिए गए। राजा साहब अच्छी तरह से जानते थे कि नए निजाम की तरफदारी का क्या मतलब है? बिना धर्म-परिवर्तन के यह संभव नहीं था। लेकिन धर्म-परिवर्तन को क्या वत्सगोत्रीय समुदाय स्वीकार करेगा? धर्म-रक्षा हेतु सर्वस्व का बलिदान करनेवाले क्या इस बात को पचा पाएँगे? महारानी क्या सोचेंगी? राजपूती सम्मान का क्या होगा? हम पृथ्वीराज चौहान के वंशज हैं, जिन्होंने मरते-मरते अपने शब्दवेधी बाणों से गोरी को मार गिराया था। उनके सामने भी यह शर्त रखी गई थी, लेकिन क्या वे झुके थे? आज उन पर हमें गर्व है। क्या हमारे पूर्वज हम पर गर्व करेंगे? ऐसा करके हम कैसा उदाहरण अपनी रिआया के सामने रखेंगे? राजा ने धर्म-परिवर्तन किया तो क्या रिआया बचेगी? हे भगवान्! करें तो क्या करें?

अच्छा ऐसा करते हैं, यहाँ तो इनकी बात मान लेते हैं। इनके चंगुल से तो मुक्त हों। नरवलगढ़ को क्या पता कि हमने क्या किया है? और यह बाबर भी कब तक यहाँ टिक पाएगा। राणा साँगा की तलवार से बचेगा, तभी तो दिल्ली पर राज कर सकेगा। हम राजपूत हैं, राजपूत ही रहेंगे। धर्म क्या गाजर-मूली है कि कोई काटकर फेंक देगा। किसमें दम है, जो हमारे संस्कारों को हमसे अलग कर सके। नाटक करने में क्या हर्ज है। जीवित रहा तो नरवलगढ़ तो पहुँच सकूँगा। धर्म-परिवर्तन क्या हँसी-मजाक है? हम धर्म-परिवर्तन नहीं वरन् धर्म-परिवर्तन का नाटक करेंगे।

आज बाबर ने सभी कैदियों के लिए अच्छे भोजन का प्रबंध किया था। दवा-

दारू भी करवाई थी। रात भर के जगे थे, युद्ध की थकान अभी शेष थी। मन का द्वंद्व समाप्त हो चुका था। धरती पर ही कब नींद आ गई, पता ही नहीं चला।

□

दूसरे दिन एक बड़े जलसे का आयोजन किया गया, जो धर्म-परिवर्तन के लिए तैयार नहीं हुए, उन्हें मौत के घाट उतार दिया गया और जो तैयार हुए, उन्हें शाही वस्त्र पहनाए गए। कुरान की आयतें (कलाम) पढ़वाई गईं, कुछ और भी बहुत कुछ हुआ, जिसे वे समझ नहीं सके और घोषणा कर दी गई कि अब वे काफिर नहीं रहे। उनमें से एक-एक करके सभी को बाबर के समक्ष प्रस्तुत किया गया। जो वहाँ जाता था, उसे उनके अदब में कोर्निस करके सलाम करने के साथ ही अपना परिचय भी देना पड़ता था।

स्वाभाविक है कि ज़ब राजा त्रिलोकचंद्र बाबर के सामने प्रस्तुत किए गए तो उनका भी परिचय पूछा गया और जब बाबर को पता चला कि वे नरवलगढ़ के राजा हैं तो वह बहुत प्रसन्न हुआ और उसने घोषणा की कि राजा साहब अब भी राजा साहब ही रहेंगे, लेकिन वे अब राजा तातार खाँ के नाम से जाने जाएँगे। उनके साथ एक काजी भी नरवलगढ़ जाएँगे और वे इसलामी तौर-तरीके से राजा साहब को अवगत कराएँगे। इंशाअल्लाह हम भी जल्दी ही राजा साहब से उनके दस्तरखान में मुलाकात करेंगे। इस अवसर पर बाबर ने राजा साहब को एक तलवार, एक हाथी और राजसी वस्त्राभूषण उपहार में दिए। कुछ शाही सिपाही भी काजी साहब की सुरक्षा के लिए भेजे गए।

□

राजा तातार खाँ की सवारी जब दिल्ली से निकली, उनके वे तमाम घुड़सवार भी उनके साथ आ मिले, जो रणभूमि से भाग निकले थे। लेकिन जब उन्हें पता चला कि राजा साहब ने इसलाम कबूल कर लिया है तो उन्हें बड़ा कष्ट हुआ और उन्होंने इस बात की सूचना देने के लिए हरकारों को नरवलगढ़ के लिए रवाना कर दिया। दिल्ली से निकलने पर राजा साहब ने बाबर की दी हुई अपनी हरी पगड़ी को उतार दिया। रास्ते में रात्रि विश्राम के बाद प्रात: उन्होंने अपनी इष्ट देवी माँ दुर्गा की विधिवत् पूजा-अर्चना की तथा भगवान् सूर्य को अर्घ्य अर्पित किया। इस दौरान उन्होंने नया जनेऊ भी धारण किया और सायं होने पर उन्होंने माँ की आरती भी उतारी। काजी साहब बड़ी सूक्ष्मता के साथ उनकी गतिविधियों पर दृष्टि रखे हुए थे। उनके चेहरे की भाव-भंगिमा प्रतिक्षण बदल रही थी।

□

राजा तातार खाँ के नरवलगढ़ पहुँचने के पहले ही हरकारा नरवलगढ़ पहुँच चुका था। धर्मांतरण के समाचार से सभी उत्तेजित थे। महारानी ने निर्णय लिया कि वे धर्मच्युत पति का मुँह तक नहीं देखेंगी। खाना-पीना सब बंद। आक्रोश की लहर राजमहल से लेकर गाँव-गली तक पहुँच चुकी थी। राजा साहब की सवारी जब नरवलगढ़ पहुँची, कोई भी स्वागत के लिए नगर के द्वार पर नहीं पहुँचा, हालाँकि द्वार खुले थे। रास्ते में वीरानी थी, जब वे महल के द्वार पर पहुँचे तो द्वार बंद था। द्वारपाल से पूछने पर बताया गया कि महारानी के आदेश पर द्वार बंद किया गया है। यह द्वार राजा त्रिलोकचंद्र के आगमन का तो स्वागत करेगा, लेकिन वह किसी 'तातार खाँ' को नहीं जानता। राजा ने बताया कि वह सब किन परिस्थितियों में हुआ, लेकिन कोई भी सुनने के लिए तैयार नहीं था। ऐसे में काजी साहब सामने आए और उन्होंने अपना फैसला सुनाते हुए कहा कि यदि कोई बीबी अपने शौहर के साथ नहीं रहना चाहती तो वह गुजारा भत्ते के साथ शौहर से अलग रह सकती है और इस प्रकार महारानी को गुजारे के लिए दस गाँव देकर उन्हें घम्मौर भेज दिया गया। उनके साथ ही उनका बेटा कुँवर फतेहशाह भी घम्मौर चला गया। राजा साहब की दूसरी रानी ने राजा साहब के साथ रहने का निर्णय लिया तथा उनके पुत्र खानजादा 'वाजिद खाँ' कहलाए।

जिस दिन से राजा तातार खाँ नरवलगढ़ पहुँचे, उसी दिन से राज्य के लोगों में राजा के प्रति अनेक प्रकार की आशंकाओं ने जन्म लेना प्रारंभ कर दिया। अब उनका व्यवहार कैसा होगा? क्या वे सभी को मतांतरित होने के लिए कहेंगे? हमारे धर्म-कर्म, तीज-त्योहार, शादी-ब्याह, राज-काज इन सबका स्वरूप कैसा होगा? संकेतों में ये बातें राजा साहेब तक पहुँचाने का प्रयास भी किया गया। अतः इन तमाम प्रश्नों का समाधान करने के लिए सभी सभासदों व ग्राम प्रमुखों की बैठक बुलाई गई। जो लोग इस बैठक में पहुँचे, उन्हें सबकुछ पहले जैसा ही लगा। राजा साहब की वेशभूषा में भी कोई अंतर नहीं था। इस बैठक में काजी को आमंत्रित नहीं किया गया था।

राजा साहब ने सभी के प्रश्न एक-एक करके सुने और उसका समाधान भी किया। उन्होंने स्पष्ट किया कि सबकुछ पहले जैसा ही रहेगा। शादी-ब्याह, तीज-त्योहार, धर्म-कर्म किसी भी कार्य में किसी भी प्रकार का अनावश्यक हस्तक्षेप नहीं किया जाएगा, लेकिन इसके साथ ही उन्होंने अपना धर्म-संकट भी व्यक्त किया। उन्होंने काजी के परामर्श का हवाला देते हुए बताया कि अब उन्हें नमाज पढ़नी

होगी, जो कि योगासन जैसा होता है। एक ऐसा इबादतगाह भी बनवाना होगा, जिसमें कोई मूर्ति नहीं होगी। एक इमामबाड़ा भी बनवाना होगा, जिसमें मुहर्रम के समय दस दिन तक कार्यक्रम होंगे। ईद-बकरीद भी मनानी होगी, लेकिन इन समारोहों में भाग लेने के लिए वे किसी को बाध्य नहीं करेंगे। जिसकी इच्छा हो, भाग ले, जिसकी इच्छा न हो, भाग न ले।

राजा साहब के इन आश्वासनों के बाद सभी प्रजाजन आश्वस्त हुए और जब उन्हें यह पता चला कि राजा साहब तो अभी भी पूजा-पाठ करते हैं और उनकी दिनचर्या में कोई भी अंतर नहीं आया तो उनका आक्रोश धीरे-धीरे शांत होने लगा। लेकिन काजी को ये बातें खटकती रहीं। उन्होंने राजा तातार खाँ के पुत्र खानजादा वाजिद खाँ को मजहबी तालीम के लिए जौनपुर भेज दिया, जहाँ उनकी भेंट शेरशाह से हुई।

☐

इस घटना के कुछ ही समय बाद शिवरात्रि का अवसर आया। इस अवसर पर राजा साहब ने पूर्व की ही भाँति समारोह सहित शिवलिंग का जलाभिषेक किया। विशाल मेला लगा। राज के सभी हिस्सों से इस समारोह में लोक-नर्तक एकत्र हुए तथा राजा साहब के सामने अपनी कला का प्रदर्शन किया। राजा साहब ने इस समारोह में खुलकर कलाकारों को पुरस्कार का वितरण किया। शिव बारात भी निकली, जिसका स्वागत किया गया। इस अवसर पर राजपुरोहित ने शिवपुराण के कुछ अंशों का भक्तिभाव के साथ पाठ करते हुए भावपूर्ण प्रवचन किया। इस समारोह के बाद लगा, कुछ भी नहीं बदला, सबने संतोष की साँस ली।

नरवलगढ़ लौटने के बाद के उठे आक्रोश के बादलों के शांत होने के पश्चात् अब राजा साहब यह जानने के लिए उत्कंठित थे कि वे क्या कारण थे, जिनकी वजह से शाह इब्राहीम लोदी की लाखों की सेना को परास्त होना पड़ा। बाबर के बारे में भी वे बहुत कुछ जानने को उत्सुक थे। अत: अपनी उत्सुकता को शांत करने के लिए उन्होंने काजी को तलब किया और काजी के आने के पश्चात् उन्होंने अपनी जिज्ञासा काजी के सामने रखी।

काजी ने बड़े विस्तार के साथ राजा साहब को शाह बाबर व पानीपत की लड़ाई में उसके फतेह के बारे में बताया। उन्होंने कहा कि 'हमारे शाह फरगना के शासक शाह उमरशेख मिर्जा के साहबजादे हैं। उनका मूल नाम शाह जहीरूद्दीन मुहम्मद है, लेकिन उनके वालिद उन्हें जहीरूद्दीन मुहम्मद 'बाबर' के नाम से

पुकारते थे। फारसी भाषा में 'बाबर' का मतलब 'शेर' होता है। वे हैं भी शेर जैसे शक्तिशाली। उनकी माँ का नाम कुतलग निगार खानम है। वे मुगलिस्तान के शासक यूनुस खाँ की पुत्री हैं। अर्थात् उनकी माँ तैमूर वंश की तथा पिता चंगेज खाँ के वंशज हैं। फारस के शाह इस्माइल उनके साले हैं, जिनकी बहन खंदाजा का निकाह बाबर के साथ हुआ है। इस निकाह से शाह की ताकत काफी बढ़ गई।'

'आपको यह जानकर आश्चर्य होगा कि इस आक्रमण का न्योता तो खुद भारत की ओर से भेजा गया था। शाह इब्राहीम लोदी द्वारा नियुक्त लाहौर के गवर्नर दौलत खाँ ने उन्हें इस आक्रमण हेतु आमंत्रित किया था। वास्तव में उसकी निगाह इब्राहीम लोदी के हुकूमत पर लगी हुई थी, लेकिन शाह को सब मालूम था। अत: पहले तो उन्होंने दौलत खाँ को समर्पण के लिए विवश कर बंदी बनाया, फिर उसे 'भेटा' भेज दिया और फिर पूरे पंजाब को अपने अधिकार में कर लिया।

जहाँ तक पानीपत में शाह बाबर के फतेह का सवाल है तो यह उनके उन तोपों व बंदूकों का कमाल है, जो आग उगलती हैं। इनकी शाह लोदी के पास कोई काट नहीं थी। इसके अलावा उनका फौजी दिमाग आले दर्जे का है। जब उन्होंने देखा कि उनकी सेना कम है तो उन्होंने ऐसी व्यूह-रचना अपनाई, जो काबिले तारीफ है। दुश्मन उनकी सेना पर हमला न कर सके, इसके लिए उन्होंने आगे बैलगाड़ियाँ खड़ी कर दीं, बीच-बीच में तोपें और बंदूकें रखीं। सेना पर अगल-बगल से आक्रमण न हो, इसके लिए नाले खोदकर उन्हें पेड़ों की डालियों से भरवा दिया गया, लेकिन इनमें से घुड़सवारों के लिए रास्ते छोड़ दिए। शाह बाबर ने दुश्मन की सेना के आगे तोपों को रखने का उस्मानी तरीका अपनाया था।

जब लोदी की सेना ने हमला किया, उन पर तोपों व बंदूकों से गोले छोड़े गए, जिससे उसके हाथी भड़ककर अपनी सेना को ही रौंदने लगे। इसी समय गाड़ियों के बीच छोड़े गए रास्ते से घुड़सवार दोनों ओर से आगे बढ़े और लोदी की सेना को दाएँ-बाएँ व पीछे से घेरकर उन पर बाण बरसाने लगे, जिससे लोदी की सेना हक्का-बक्का रह गई। जानते हैं, इन घुड़सवारों को क्या कहते हैं?

"क्या?"

" 'तौलकम दल' जिनके हथियार धनुष-बाण होते हैं और वे घोड़े की पीठ पर बैठे-बैठे ही दुश्मन पर तीर बरसाने में माहिर होते हैं। शेष तो आप जानते ही हैं।"

"वाह काजी साहब! शाह बाबर की सेना तो करामाती है। इस सेना के सामने शाह लोदी की सेना को तो हारना ही था।"

बस एक ही परिर्वतन दिखाई दिया। काजी साहब पाँचों वक्त के नमाजी थे। वे अपने साथ पवित्र कुरआन भी ले गए थे। भोर में अजान भी देते थे। उनके रहन–सहन की राज्योचित व्यवस्था की गई थी। कभी–कभी वे कुरआन व इसलाम के बारे में राजा साहब को भी समझाने का प्रयास करते थे। लेकिन कुरआन की भाषा राजा साहब के पल्ले नहीं पड़ती थी। काजी साहब अवधी भाषा से अनभिज्ञ थे। अतः इसलाम की बातें राजा साहब के पल्ले नहीं पड़ रही थी। धर्म–परिवर्तन का एक लाभ उन्हें अवश्य मिल रहा था। वे और उनका राज्य बाबर के सिपहसालार मीर बांकी के आक्रोश का शिकार होने से बच गए।

□

: दो :

दिल्ली पर अधिकार करने के पश्चात् बाबर ने एक ओर राणा साँगा से निपटने की योजना बनाई तो दूसरी ओर शाह बाबर ने जौनपुर के शर्की साम्राज्य पर अपना प्रभुत्व स्थापित करने के लिए उसपर आक्रमण कर दिया। शर्की सुल्तान ने डटकर मोर्चा लिया। बाबर ने अयोध्या से तीन-चार कोस पूर्व सेखा और घाघरा के संगम के पास अपना शिविर स्थापित किया। 7-8 दिन की लड़ाई के बाद बाबर विजयी हुआ। इसी समय उसे पता चला अयोध्या में एक बहुत ही पहुँचे हुए सिद्ध फकीर फजल अब्बास कलंदर रहते हैं, जिनकी बड़ी प्रसिद्धि हैं। अत: वे अपने सेनापति मीर बाकी के साथ उनका दर्शन करने अयोध्या पहुँचे और उनसे धार्मिक उपदेश सुनाने की प्रार्थना की। फकीर ने उनकी प्रार्थना को स्वीकार करके तकरीर किया, जिससे बाबर बहुत प्रभावित हुआ। उसने बहुत सा कीमती सामान फकीर को भेंट में दिया, लेकिन शाह बाबर पर अपनी सिद्धि का प्रभाव डालने के अभिप्राय से उसने उन सामानों को जलती हुई धूनी में डाल दिया। लेकिन बाबर जब अपने शिविर में लौटा तो उसने उन सामानों को पूर्ववत् अपने स्थान पर सुसज्जित एवं सुरक्षित देखा। यह देखकर उसे बड़ा आश्चर्य हुआ। बाबर ने उस सिद्ध फकीर के आवास पर एक मसजिद का निर्माण करने की इच्छा व्यक्त की। लेकिन उस फकीर ने अयोध्या स्थित श्रीराम जन्मभूमि पर निर्मित भगवान् राम के मंदिर को ध्वस्त कर वहाँ बाबरी मसजिद तामीर कराने की जिद की तथा ऐसा न करने पर उसे बद्दुआ देने की भी धमकी दी। उसने बाबर को बताया कि इस पाक जमीन (जन्मभूमि पर) पर अदा की गई एक नमाज खुदा के सामने हजार नमाज के बराबर कबूल होती है। बाबर बद्दुआ की धमकी से घबरा गया और उसे उस फकीर की बात माननी पड़ी। अंततोगत्वा बाबर अपने सिपहसालार मीर बांकी ताशकंदी को जन्मभूमि का मंदिर तोड़कर उस स्थान पर एक सुंदर मसजिद का निर्माण करने की आज्ञा देकर दिल्ली लौट गया।

यह बात बिजली की तरह पूरे क्षेत्र में फैल गई और जब मीर बांकी की मुगल सेना मंदिर के ध्वंस को आगे बढ़ी तो उसे हिंदुओं के प्रबल प्रतिकार का सामना करना पड़ा। सत्रह दिनों तक हिंदुओं ने इस सेना को मंदिर तक नहीं पहुँचने दिया, लेकिन बाद में मुगल सेना उनकी लाशों पर आगे बढ़ी और ध्वंस प्रारंभ किया।

कहते हैं, मीर बांकी ने जब मंदिर के गर्भगृह में प्रवेश करना चाहा तो श्रीराम जन्मभूमि के ब्राह्मण पुजारी पंडित श्यामानंद ने अपने परिवार के साथ डटकर उनका प्रतिकार किया, लेकिन सपरिवार मारे गए। जब उसने गर्भगृह में प्रवेश किया तो वह यह देखकर हैरान रह गया कि भगवान् राम की मूर्ति वहाँ से अंतर्धान हो चुकी है। ऐसी स्थिति में भगवान् राम की मूर्ति को तोड़ने की उसकी लालसा धरी-की-धरी रह गई। यह भी सुना जाता है कि जिस समय फकीर फजल अब्बास जीवित थे और अयोध्या में उनकी सिद्धि का डंका बज रहा था, उसी समय प्रयाग के महासंत स्वामी श्रीदेव मुरारी ने अपने प्रिय शिष्य गूदड़ बाबा को उनको शास्त्रास्त करके परास्त करने के लिए अयोध्या भेजा। गूदड़ बाबा के आगमन का समाचार सुनकर फजल अब्बास उनसे मिलने के लिए अपने पालतू शेर पर सवार होकर उनके पास गया।

गूदड़ बाबा भी सिद्ध संत थे। उन्होंने अपने कमंडल से जल लेकर शेर की ओर फेंक दिया। जल पड़ते ही शेर फजल अब्बास को लिये हुए द्रुतगति से दक्षिण दिशा की ओर भागा और कुछ दूर जाकर उन्हें पटककर उनका गला दबोच लिया। पीछे से गूदड़ बाबा भी वहाँ जा पहुँचे। फजल अब्बास ने उनसे क्षमा माँगी। संत गूदड़ बाबा ने उन्हें क्षमा कर दिया और शेर को जोर से डाँटा। शेर सरयू के माँझा की ओर भाग गया। लेकिन शेर के दाँतों ने फजल अब्बास के गले की श्वास नली को फाड़ दिया था, जिसके कारण उनकी मृत्यु हो गई। बाद में उन्हें वसिष्ठ कुंड के समीप दफना दिया गया। संत गूदड़ बाबा द्वारा मुसलमानों से संधि करके निर्मोही अखाड़े के पहले संत गोविंद रामदास के नेतृत्व में बाबरी मसजिद के हाते में ही छोटे चबूतरे पर खस की टट्टियों से घेरकर स्मारक स्वरूप श्रीरामजन्मभूमि की स्थापना की गई। बाबरी मसजिद का निर्माण काल 765 हिजरी अर्थात् 1528 ई. सिद्ध होता है।

□

: तीन :

21 अप्रैल, 1526 को पानीपत की पहली लड़ाई लड़ी गई थी। इस लड़ाई में इब्राहीम लोदी को परास्त करके बाबर ने देहली पर अधिकार कर लिया था, लेकिन इससे उत्तर भारत तो क्या, देहली के आस-पास के प्रदेशों पर भी मुगलों का अधिकार नहीं माना जा सकता था। उस समय मेवाड़ के शासक राणा संग्राम सिंह थे, जो एक अत्यधिक प्रभावशाली वीर योद्धा थे। मारवाड़ व अंबर के राजा तथा ग्वालियर, अजमेर, सीकरी, रायसेन, काल्पी, चंदेरी, बूँदी, गागराँव, रामपुर व आबू आदि के राव उनका आधिपत्य मानते थे। बाबर की स्थिति भारत में तब तक सुरक्षित नहीं हो सकती थी, जब तक कि वे राणा साँगा को पराजित नहीं करते।

इस बीच बाबर ने आगरे को अपनी राजधानी बना लिया था। उसने वियाना के किले पर भी अधिकार कर लिया था। इस दौरान राणा साँगा और हसन खाँ मेवाती ने मिलकर यह निश्चय किया कि बाबर को भारत के बाहर खदेड़ दिया जाए, अत: इन दोनों ने मिलकर 'वियाना' के किले को जा घेरा। बाबर ने इस किले की सेना की सहायता के लिए अश्वारोही सैनिकों का एक दस्ता भेजा, परंतु राणा साँगा ने इस सेना को किले के समीप पहुँचने से पहले ही पराजित कर भगा दिया। बाबर ने राणा साँगा की सेना का पता लगाने, उसे परेशान करने तथा छिन्न-भिन्न करने के लिए एक के बाद एक सैनिक दस्ते भेजे, परंतु हर बार इन सैनिक दस्तों की भारी हार हुई। बाबर को शीघ्र ही पता चल गया कि उसका यह प्रतिद्वंद्वी इब्राहीम लोदी के समान नहीं है, अपितु बहुत बहादुर व तीक्ष्ण बुद्धिवाला है। इन घटनाओं के फलस्वरूप तथा राजपूतों की बहादुरी की कहानियों से बाबर के सैनिक भयभीत थे। ऐसी परिस्थिति में बाबर आगरे से राणा साँगा से टक्कर लेने के लिए आगे बढ़ा। जब राणा साँगा को इस बात का पता चला तो वह भी वियाना का घेरा उठाकर बाबर का सामना करने के लिए आगरे की ओर चल पड़ा।

इस लड़ाई के लिए बाबर ने अपनी सेना को बड़ी सावधानी के साथ उसकी सुरक्षा का पूरा प्रबंध रखते हुए आगे बढ़ाया। वह कूच करने के बाद प्रत्येक दिन की संध्या के समय पड़ाव डालता तो पड़ाव के चारों ओर सुरक्षा के लिए सैनिक तैनात कर देता और अपने सैनिक पड़ाव को इस प्रकार डालता कि वह चारों ओर से सुरक्षित रहे।

शीघ्र ही दोनों विपक्षी सेनाएँ 'खानवा' के स्थान पर पहुँच गईं। राजपूतों की सैन्य संख्या मुगलों से कहीं अधिक थी। कहते हैं, राणा की सेना में लगभग एक लाख सैनिक थे, जबकि बाबर की कुल सैनिक संख्या 30,000 से अधिक नहीं थी। राजपूतों की वीरता की कहानियाँ सुनकर मुगल सैनिक काफी हतोत्साहित थे। राणा की सेना में एक हजार हाथी भी थे। ऐसी परिस्थिति में बाबर ने इस लड़ाई को जेहाद करार दिया, मद्यपान न करने की सौगंध ली तथा कीमती मद्यपान के पात्रों को अपनी सेना के सामने ही नष्ट कर दिया। इससे उसकी सेना में एक नई ऊर्जा का संचार हुआ।

बाबर जानता था कि वह खुली लड़ाई में राजपूतों को पराजित नहीं कर सकता, अंत: उसने अपनी सेना के मोर्चे को गाड़ियाँ लगाकर सुरक्षित किया। उसकी योजना थी कि इन गाड़ियों के पीछे उसकी सेना सुरक्षित रहे और जब राजपूत आक्रमण करें तो उनका तोपखाना आग उगलकर उन्हें पास न आने दे, अपितु उन्हें छिन्न-भिन्न कर दे। जब राजपूत थक जाएँ और उनके सरदार (जो हाथी पर सवार थे) तोपों के गोलों व बाणों से आहत हो जाएँ, तब बाबर के अश्वारोही आगे मोर्चे में छोड़े गए रास्तों से आगे बढ़कर राजपूतों पर टूट पड़े। इस लक्ष्य की पूर्ति हेतु आगे सामान ढोनेवाली गाड़ियों को चमड़े की रस्सियों से बाँधकर खड़ा किया गया। हर दो गाड़ी के बीच के रिक्त स्थान में पाँच या छह ढालें तिपाइयों पर लगा दी गईं, इनमें पहिए लगे थे। इनके पीछे बंदूकधारी सैनिक खड़े किए गए तथा गाड़ियों के पीछे मोर्टर व तोपें लगा दी गईं। गाड़ियों और ढालों से बनी इस पहली 4 पंक्ति में लगभग 60-60 गज के अंतर पर थोड़ी-थोड़ी जगह छोड़ी गई थी, जहाँ से होकर 100 घुड़सवार आगे बढ़ सकते थे। दूसरी पक्ति में बंदूकधारी सैनिक व तोपें आदि थीं। इनके पीछे तीसरी पक्ति में बाबर के कवचधारी अश्वारोही खड़े किए गए थे।

17 मार्च, 1927 की प्रात: जब लड़ाई प्रारंभ होनेवाली थी और राणा साँगा ने अपनी व्यूह-रचना कर ली थी, एक अप्रत्याशित घटना घटी। सिलहटी, जो एक राजपूत था, लेकिन बाद में मुसलमान हो गया था, अपने 6000 सैनिकों के साथ राणा साँगा की ओर से लड़ाई में भाग लेने आया था, इसे राजपूत सेना के अग्रिम

भाग में बाईं ओर लगाया गया था, एकाएक बाबर की सेना से जा मिला। परिणाम यह हुआ कि सेना के अग्रिम भाग के वाम पार्श्व में सेना न रही। इस रिक्त स्थान की पूर्ति करने के लिए शीघ्र ही और सेना भेजने की आवश्यकता पड़ी, जिससे राणा साँगा को अपनी व्यूह-रचना में फेर-बदल करना पड़ा तथा सेना को नए सिरे से व्यवस्थित करना पड़ा। इससे सेना में थोड़ी देर के लिए अव्यवस्था फैलना स्वाभाविक था। फिर भी राजपूत सैनिक लड़ाई के लिए जम गए। उनमें सैन्य संख्या की कमी न थी। राजपूतों ने पहले सामने से बाबर की सेना के मध्य भाग पर आक्रमण करने के लिए आगे बढ़ना प्रारंभ किया, लेकिन जैसे ही वे गाड़ियों के पास पहुँचे, उन पर तोपों और बंदूकों ने बड़ी गर्जना के साथ आग उगलना प्रारंभ कर दिया। इनका नेतृत्व तोपची अली कुली कर रहा था। तोपों के गोले छह फर्लांग दूर तक गिर रहे थे। राजपूतों के लिए इस प्रकार के युद्ध का यह पहला अनुभव था। अतः राजपूतों का आगे बढ़ना बाधित हो गया। अब वे दाएँ और बाएँ पार्श्व पर आक्रमण के लिए आगे बढ़े, क्यों कि वहाँ तोपें नहीं लगाई गई थीं।

ऐसी परिस्थिति में दोनों ओर की सेनाएँ केवल पार्श्वों पर ही लड़ती रहीं। राजपूत तोपों के फायर के कारण सामने से आक्रमण नहीं कर पा रहे थे और बाबर अपनी सेना को गाड़ियों और ढालों से बने अपने मोर्चे से आगे भेजने के लिए उपयुक्त अवसर की प्रतीक्षा में था। राजपूतों ने बाबर की सेना को दोनों पार्श्वों की ओर से घेरकर उनसे भिड़ने का प्रयास किया। इस क्रम में राजपूतों का पहला तीव्र आक्रमण मुगल सेना के दाहिने पार्श्व पर हुआ। बाबर ने भी तत्काल वहाँ और अधिक सेना भेजी। राजपूत वहाँ सफल होने ही वाले थे कि बाबर ने मुस्तफा खाँ की कमान में दाहिने ओर लगे तोपचियों को राजपूतों पर गोले दागने का आदेश दिया। इससे राजपूतों के आक्रमण का वेग कुछ कम हुआ, लेकिन वे आगे बढ़ते गए। बाबर ने इसे रोकने के लिए उधर केंद्रीय दस्तों को भेजना प्रारंभ किया। इसी प्रकार मुगल सेना के वाम पार्श्व पर आक्रमण हुआ तथा वहाँ भी बाबर को केंद्र में लगी सेना को भेजना पड़ा। एक बार तो बाबर के बाएँ पार्श्व में लगा तुलगमा दस्ता राजपूत सेना में घुसता हुआ उनके पृष्ठ भाग तक पहुँच गया, परंतु उसे शीघ्र ही पीछे हटने के लिए बाध्य होना पड़ा।

जब बाबर ने देखा कि राजपूतों का दबाव उनके पार्श्वों पर बढ़ता जा रहा है और मध्य में राजपूत सैनिक अस्त-व्यस्त दशा में हैं तो उसने अपने कवचयुक्त अश्वारोही सैनिकों को गाड़ियों व ढालों द्वारा निर्मित मोर्चे में जो रिक्त स्थान छोड़े गए थे, वहाँ से आगे बढ़कर राजपूत सैनिकों पर टूट पड़ने का आदेश दिया। यह

घटना लड़ाई के प्रारंभ होने के लगभग तीन घंटे बाद हुई। मुगल अश्वारोहियों के साथ बंदूकधारी सैनिक भी आगे बढ़े। इसके साथ ही पहियों पर चढ़ी तोपों को धकेलकर आगे लाया गया। राजपूतों ने जब मध्य भाग पर नया आक्रमण होते देखा तो वे उसका सामना करने में जुट गए। इससे एक तो उनका पार्श्वों की ओर आगे बढ़ना रुक गया, दूसरे मुगल सेना के फायर से उनकी बहुत हानि होने लगी। राणा साँगा स्वयं इस सेना का नेतृत्व कर रहा था। उसे एक गोली (तीर-ए-तुफंग) लगी, जिससे वह बेहोश हो गया। इस बात को राजपूत नायकों से छिपाने का प्रयास किया गया तथा झाला सरदार को राणा साँगा के रूप में शाही हाथी पर बैठा दिया गया। लेकिन इस व्यवस्था में समय लगने के कारण कुछ समय तक अफरा-तफरी की स्थिति बनी रही, जिससे लड़ाई में शिथिलता आ गई।

मुगल सेना की तोपों के धमाके तथा बाबर के युद्ध-कौशल का सामना राजपूत सैनिक आखिर कब तक करते। वे लड़ते-लड़ते थक चुके थे। बाबर उन्हें अपने अनुसार लड़ने पर विवश कर रहा था। राणा साँगा बेहोश थे। उचित आक्रमण का निर्देश देनेवाला कोई सरदार नहीं था, लेकिन राजपूत अब भी प्राणों की बाजी लगाकर युद्ध लड़ रहे थे। एक बार उन्होंने पुनः दाहिने और बाम पार्श्व पर जोर लगाने का प्रयास किया, लेकिन इसमें वे सफल नहीं हो सके। राजपूत इस युद्ध में बड़ी संख्या में मारे गए तथा घायल हुए और अंततः उन्हें पीछे हटना पड़ा। वे तितर-बितर होकर भागने लगे। कहते हैं कि मृत और घायल राजपूत वियाना तक तथा उससे भी आगे अलवर और मेवाड़ के मार्गों पर पड़े पाए गए।

बाबर की सेना राणा साँगा के सैन्य शिविर में घुस गई, परंतु वह भी बहुत थक चुकी थी। राजपूतों की बहादुरी ने उनकी हिम्मत तोड़ दी थी। यद्यपि वे विजयी थे, फिर भी पीछे लौटती सेना का पीछा न कर सके। शीघ्र ही सूर्यास्त हो गया। बाबर भी आगे बढ़कर मेवाड़ पर आक्रमण करने का साहस न कर सका, लेकिन इस लड़ाई ने देहली में बाबर की सत्ता के सामने की प्रबल चुनौती को समाप्त कर दिया। इस लड़ाई को जीतने के पश्चात् बाबर ने 'गाजी' की उपाधि धारण की, चूँकि खानवा का युद्ध जेहाद के नाम पर लड़ा गया था, अतः उसकी सेना के सभी सैनिक गाजी कहलाए, जो मारे गए, वे शहीद कहलाए। इस लड़ाई के बाद धर्मांतरित राजपूत सिल्हटी की काफी चर्चा नरवलगढ़ में काफी दिनों तक होती रही, जो राणा साँगा के साथ विश्वासघात करके बाबर की सेना में जा मिला था।

□

: चार :

नरवलगढ़ में राजा तातार खाँ की मृत्यु के पश्चात् उनका बेटा खानजादा वाजिद अली उनके उत्तराधिकारी बने और उनके पश्चात् उनके साहबजादे खानजादा हसन अली नरवलगढ़ के राजा बने। उन्होंने अपने नाम पर नरवलगढ़ का नाम बदलकर हसनपुर कर दिया। इस बीच 1530 ई. में शाह बाबर की मृत्यु हो गई और उनके बाद उनका बेटा हुमायूँ उनका उत्तराधिकारी बना। उसका लगभग दस वर्ष का प्रारंभिक कार्य काल संघर्षों से भरा रहा। 26 जून, 1539 ई. के चौसा के युद्ध तथा 17 मई, 1540 ई. में कन्नौज अथवा विलग्राम के युद्ध में शेरशाह से परास्त होने के पश्चात् वह भारत को छोड़कर बाहर चला गया और भारत में शेरशाह सूरी के नेतृत्व में पुनः अफगान राज्य की स्थापना हुई, जिसे 'सूरवंश' के नाम से जाना जाता है। शेरशाह सूरी के इस कार्यकाल को हसनपुर का 'स्वर्ण काल' कहा जा सकता है।

जहाँ तक शेरशाह का प्रश्न है, वह पठान जाति का था। उसके पूर्वज सुलेमान पर्वतमाला के अंदर पेशावर के निकट रोह में निवास करते थे। यह स्थान दक्षिणी अफगानिस्तान और सिंधु घाटी के मध्य में ओमल नदी के तट पर स्थित है। इन्हीं पठानों में इब्राहीम सूरी रोह का एक अज्ञात पठान था। सूर कबीला होने के कारण इब्राहीम सूरी के अनुयायी 'सूरी' कहलाए। वे शेरशाह सूरी के दादा थे। शेरशाह के पिता का नाम हसन खाँ था। सुल्तान बहलोल लोदी के शासन काल में इब्राहीम खाँ एक घोड़े के व्यापारी के रूप में जालंधर के निकट बजवाड़ा में आकर बस गए थे। यहाँ उसे 40 घोड़ों का सरदार बनाया गया तथा कुछ गाँव भी मिले। उसके पुत्र हसन खाँ ने बहलोल लोदी के सलाहकार उमर खाँ के यहाँ नौकरी कर ली। उसके कार्यों से प्रसन्न होकर उमर खाँ ने उसे बिहार के शाहाबाद परगने में कई गाँव जागीर में दिए। इब्राहीम की मृत्यु के बाद उसके पिता की जागीर भी उसे मिल गई।

हिसार-फिरोजा में हसन खाँ के प्रथम पुत्र 'फरीद' का जन्म 1486 ई. में हुआ, जिसे बाद में 'शेरशाह सूरी' के नाम से जाना गया।

जब बहलौल लोदी के उत्तराधिकारी सिकंदर लोदी ने जमाल खाँ को जौनपुर भेजा तो वह फरीद के पिता हसन खाँ को अपने साथ ले गया। वह हसन खाँ से इतना प्रभावित था कि उसने सहसाराम, हाजीपुर तथा संडा के परगने प्रदान कर उसे 500 घोड़ों का सरदार बना दिया। फरीद आरंभ से ही बड़ा होनहार था। वह अपने पिता के आठ पुत्रों में एक था। फरीद खाँ व निजाम खाँ एक अफगानी माँ से उत्पन्न हुए थे, जब कि उसके अन्य छह भाइयों ने दासियों की कोख से जन्म लिया था। फरीद का पिता हसन खाँ एक कुशल सेनापति था, किंतु वह अपने परिवार पर नियंत्रण न रख सका। सौतेली माँ के विरोध के कारण फरीद खाँ का अपने पिता हसन खाँ से भी कभी-कभी गहरे विरोध हो जाते थे। अपने पिता से दु:खी होकर फरीद कुछ समय के लिए जौनपुर चला गया, जो उस समय इसलामी संस्कृति का केंद्र था और सिराज-ए-हिंद के नाम से विख्यात था। वहाँ जाकर उसमें अरबी और पुराने जमाने के बादशाहों की जीवनियाँ पढ़ीं। जौनपुर पहुँचने के कुछ समय बाद ही उसने 'आलिम' की उपाधि प्राप्त कर ली। वहाँ उसने सिकंदर नामा, गुलिस्तां तथा बोस्ता को कंठस्त कर लिया। दार्शनिक ग्रंथों तथा इतिहास से भी उसे बड़ा लगाव था।

कुछ समय बाद फरीद का अपने पिता के साथ समझौता हो गया। इस समझौते के बाद हसन खाँ ने अपने पुत्र फरीद को 1511 ई. में सहसाराम और खवासपुर के दो परगने प्रबंध के लिए सौंप दिए। उस समय उसकी आयु मात्र 25 वर्ष की थी। उसने बड़ी योग्यता के साथ इन परगनों का प्रबंध किया। वहाँ उसने जो नई भूमि-व्यवस्था अपनाई वह अद्‍भुत थी, जिससे उसकी ख्याति बढ़ने लगी। इन परगनों के प्रबंध में फरीद ने कृषकों की सुख-सुविधा, अनुशासन एवं शांति व्यवस्था पर विशेष ध्यान दिया।

फरीद की सौतेली माँ उसकी इस सफलता को पचा न सकी। वह उससे ईर्ष्या करने लगी। उसने फरीद के विरुद्ध हसन खाँ के कान भरने प्रारंभ कर दिए, जिसके कारण उसे अपने पिता की जागीर छोड़नी पड़ी और वह 1519 ई. में अपने भाग्य की परीक्षा करने सुल्तान इब्राहीम लोदी के पास आगरा चला गया। वहाँ उसने अपने पिता की जागीर प्राप्त करने का प्रयास किया, लेकिन असफल रहा। किंतु कुछ ही दिनों के बाद जब उसके पिता का देहांत हो गया, उसे उसके पिता हसन खाँ

की जागीर सहसाराम, खवासपुर तथा टाडा प्रदान कर दी गई। 1520 ई. में फरीद शाही फरमान के साथ अपनी जागीर वापस लौट गया, लेकिन सौतेले भाई सुलेमान के विरोध के कारण उसे जागीर छोड़नी पड़ी। पानीपत के प्रथम युद्ध में सुल्तान इब्राहीम लोदी की मृत्यु के बाद वह दरिया खाँ के पुत्र बहार खाँ के पास चला गया। बहार खाँ उसकी कर्म-निष्ठा से बड़ा प्रभावित हुआ।

एक दिन फरीद बहार खाँ के साथ शिकार खेलने गया था। वहाँ एक शेर ने बहार खाँ पर आक्रमण कर दिया। फरीद ने बड़ी वीरता के साथ शेर को मारकर बहार खाँ की जान बचाई। इस साहसपूर्ण वीरता-प्रदर्शन के लिए बहार खाँ ने उसे 'शेर खाँ' की पदवी दी। इस प्रकार फरीद खाँ का नाम अब शेर फरीद खाँ पड़ गया।

अपनी पैतृक जागीर छिन जाने के बाद शेरशाह के पास केवल एक ही विकल्प बचा था कि वह बाबर से सहायता ले, जो अब तक उत्तर भारत का शासक बन चुका था। अप्रैल 1527 ई. में जौनपुर के गर्वनर सुल्तान जुनैद वरसाल की सहायता से शेर खाँ को आगरा में बाबर के पास नौकरी मिल गई। वह जून 1528 ई. तक बाबर की सेवा में रहा, जब बाबर बिहार में अफगानों के विरुद्ध अभियान में गया तो शेर खाँ ने उसकी बहुत सहायता की। इससे प्रसन्न होकर बाबर ने मार्च 1528 ई. में शेर खाँ की जागीर उसे वापस लौटा दी। मुगल सेना में रहकर शेर खाँ ने उनकी सैनिक व्यवस्था का अच्छा ज्ञान प्राप्त किया। शेर खाँ प्राय: अफगानों से कहा करता था कि यदि भाग्य और समृद्धि ने मेरा साथ दिया तो मुगलों को आसानी से हिंदुस्तान से बाहर निकाल दूँगा। बाबर भी शेर खाँ से आशंकित रहा करता था। एक बार उसने अपने मंत्री खलीफा से कहा था—'शेर खाँ पर नजर रखो। यह होशियार आदमी है और शाही चिह्न इसके मस्तक पर नजर आते हैं।' शेर खाँ भी बाबर के मन को खूब समझता था। इसलिए प्रथम अवसर प्राप्त होते ही उसने बाबर का शिविर छोड़ दिया। मुगल शिविर छोड़ते समय शेर खाँ ने कहा था—'न तो मुझे मुगलों में कोई विश्वास है, न उनको मुझमें।' कुछ समय तक शेर खाँ सुल्तान इब्राहीम लोदी के छोटे भाई महमूद लोदी की शरण में रहा, जो राणा साँगा के साथ बाबर के विरुद्ध युद्ध लड़ चुका था। अब एक बार पुन: बाबर के खिलाफ महमूद लोदी के नेतृत्व में सभी अफगान एकजुट होने लगे। अफगानों ने कुछ आंशिक सफलता भी प्राप्त की और उन्होंने बिहार में सहसाराम से आगे बढ़कर गाजीपुर तथा बनारस पर अधिकार कर लिया, किंतु बाबर के आने की सूचना पाकर महमूद लोदी बिना युद्ध किए ही वहाँ से भाग निकला। शेर खाँ सहित अनेक अफगान

सरदारों ने बाबर के समक्ष आत्म–समर्पण कर दिया। बाबर ने पुनः अपनी अधीनता में शेर खाँ को उसकी जागीर वापस कर दी। 1530 ई. में शेर खाँ ने चुनार पर भी अधिकार कर लिया।

बाबर की मृत्यु के बाद उसके पुत्र हुमायूँ और शेर खाँ के संबंध संघर्षपूर्ण थे। चुनार पर अधिकार करने के बाद शेर खाँ ने 1533 ई. में बंगाल पर आक्रमण कर दिया। इसके बाद उसने रोहतास गढ़ तथा बंगाल की राजधानी गौड़ पर भी अधिकार कर लिया। 26 जून, 1539 ई. में चौसा के प्रसिद्ध युद्ध में शेर खाँ ने हुमायूँ को बुरी तरह से परास्त किया। 1539–40 ई. तक शेर खाँ बंगाल और बिहार का शासक बन चुका था। 17 मई, 1540 ई. को कन्नौज अथवा तिलग्राम की निर्णायक लड़ाई में शेर खाँ ने हुमायूँ को परास्त कर उसे भारत छोड़कर भागने के लिए विवश कर दिया। इस प्रकार 15 वर्ष के अंतराल के बाद 1540 ई. में शेर खाँ के नेतृत्व में अफगानों ने अपने खोए हुए राज्य को मुगलों से छीन लिया। इसके पश्चात् दिल्ली और आगरा पर अधिकार करके शेर खाँ ने पुनः उत्तर भारत पर अपना राजनीतिक वर्चस्व कायम कर लिया। मुगलों को देश के बाहर खदेड़ने के बाद शेर खाँ का राज्याभिषेक किया गया तथा उसने 'सुल्तान शाह' की पदवी धारण की, अब वह सुल्तान शेरशाह सूरी के नाम से जाना जाने लगा। इस अवसर को चिरस्थायी रखने के लिए सिक्के भी ढाले गए। इस समारोह में हसनपुर से राजा हसन अली खाँ (जो जौनपुर में कभी उनके सहपाठी थे) भी उपस्थित हुए और औपचारिक रूप से उनकी अधीनता स्वीकार की तथा उन्हें हसनपुर आने का निमंत्रण भी दिया।

□

हसनपुर के कोट में जश्न का माहौल था। शेरशाह सूरी के सुल्तान बनने पर वहाँ यदि कोई सर्वाधिक प्रसन्न दिखाई दे रहा था तो वह थी राजा साहब की बड़ी साहब जादी। उसके तो जैसे पैर ही जमीं पर नहीं पड़ रहे थे। वह शेरशाह से सर्वाधिक प्रभावित थी। यह सिलसिला तब से प्रारंभ हुआ, जब शेरशाह, शेर खाँ नहीं था, फरीद खाँ था और जब उसने बड़ी बहादुरी के साथ खूँखार शेर के आक्रमण से बहार खाँ की जान बचाई थी। वह सोचा करती थी कि वह कैसा नौजवान होगा, जो शेर से भी अधिक ताकतवर व दिलेर होगा? और फिर जब–जब हसनपुर के कोट में शेर खाँ की चर्चा होती तो उसमें उसकी रुचि सर्वाधिक होती।

शेरशाह की आत्मा न्याय के आभूषणों से अलंकृत थी। उसके राज्य में न्याय सबके लिए समान था। न्याय करते समय उसने कभी भी हिंदू और मुसलमान के

बीच कोई भेद नहीं किया। वह शासक की न्यायप्रियता में अटूट विश्वास रखता था। न्याय करने में दीन-दुखियों के प्रति उसका व्यवहार नरम होता था, किंतु प्रतिष्ठित तथा उच्च पदाधिकारियों के प्रति वह न्याय करने में बड़ा कठोर था। वह कहा करता था कि यदि "बाण फौलाद के कवच को छेद सकता है तो स्मरण रहे कि दीन-दुखियों और सताए हुए व्यक्तियों के आहों के तीर लोहे के बने पहाड़ों के वक्ष को छेदते हुए निकल जाते हैं।"

न्याय करने में शेर खाँ ने कभी भी अपराधियों का पक्ष नहीं लिया। उसके निकट संबंधी भी न्याय के दायरे से बाहर न थे। एक दिन उसका ज्येष्ठ पुत्र आदिल खाँ हाथी पर बैठा हुआ आगरा की सड़कों पर जा रहा था, वह एक ऐसे मकान के पास से निकला, जिसकी दीवारें जर्जर और गिरी हुई थीं। वहाँ उसने एक दुकानदार की पत्नी को स्नान करते देखा। उसके सौंदर्य पर मुग्ध होकर उसने उसपर अपनी दृष्टि गड़ा दी और उसकी ओर एक पान का बीड़ा फेंककर आगे बढ़ गया। उस स्त्री के पति ने शेरशाह से जब इसकी शिकायत की तो उसने निर्णय किया कि बदले की काररवाई की जाए। उसने शिकायत कर्ता को यह अधिकार दिया कि वह हाथी की पीठ पर बैठकर जाए और जब शहजादे की पत्नी स्नान करे तो उसकी ओर पान का बीड़ा फेंके। यद्यपि बादशाह पर इस निर्णय को बदलने के लिए काफी दबाव पड़ा, किंतु उसने इस अनुरोध को यह कहकर टाल दिया कि न्याय करते समय वह राजकुमार और एक आम आदमी में कोई भेद नहीं करता। शेरशाह के इस निर्णय से फरियादी बड़ा प्रसन्न हुआ और उसने स्वयं अपनी शिकायत वापस ले ली। इस प्रकार एक अन्य अवसर पर बादशाह ने मालवा के सूबेदार सुजात खाँ को इसलिए दंडित किया था किं उसने गैर कानूनी तरीके से दो हजार सैनिकों की जागीरें छीन ली थीं।

शेरशाह स्वयं न्याय व्यवस्था का प्रधान व सर्वोच्च न्यायाधीश था, इस हेतु वह प्रत्येक बुधवार को सायंकाल अपना दरबार लगाता था। उसके न्याय विभाग का दूसरा बड़ा न्यायाधीश मुख्य काजी होता था। प्रत्येक जिलों एवं प्रमुख नगरों में एक-एक काजी नियुक्त थे। प्रत्येक सरकार में फौजदारी न्याय मुख्य शिकदार और मालगुजारी न्याय प्रधान मुंसिफ करता था। इसी तरह प्रत्येक परगना में फौजदारी न्याय सिकदार और मालगुजारी न्याय मुंसिफ करता था। शेरशाह का न्याय इतना निष्पक्ष और उच्चकोटि का था कि उसके शासन में व्यापारी बिना भय के रेगिस्तान में भी सो सकता था। उसके न्याय का इतना आतंक था कि स्वयं डाकू और

लुटेरे व्यापारियों के माल की देखभाल करते थे। (तबकाते अकबारी के लेखक निजामुद्दीन अहमद के अनुसार)

शेरशाह सूरी के शासन काल में प्रत्येक प्रांतों की सरकारों और परगनों के प्रशासनिक अधिकारी पुलिस के सहयोग से लुटेरों, डाकुओं, अपराधियों तथा हत्यारों पर कड़ी दृष्टि रखते थे। शासन तथा जन-विरोधी तत्त्वों के धर-पकड़ के लिए शेरशाह ने बड़े कठोर कानून लागू किए थे। उसने अपने सभी उच्चाधिकारियों को सावधान कर दिया था कि यदि कोई चोरी या डकैती की घटना उनकी सीमाओं में घटी और यदि वे अपराधियों का पता न लगा सके तो गाँव के मुकदमों को पकड़कर उनसे चोरी या डकैती की रकम वसूल कर ली जाए। अभियुक्त को उसके विरुद्ध चोरी या डकैती का अपराधी सिद्ध होने के पश्चात् शरीयत के विधान के अनुसार उसे दंड दिया जाता था। इसी प्रकार यदि किसी की हत्या हो जाती थी तो हत्यारे का पता लगाने के लिए मुकदमों को पकड़ लिया जाता था, किंतु उसे यह छूट दी जाती थी कि निश्चित अवधि में वह हत्यारे का नाम व पता आदि का ब्योरा दे दे तो उसे मुक्त कर दिया जाएगा। पकड़े जाने पर हत्यारों को मृत्युदंड दिया जाता था। यदि गाँव का मुकदम निर्धारित अवधि में हत्यारे का पता लगाने में विवश होता था तो उसे ही मृत्युदंड भोगना पड़ता था।

शेरशाह का यह अटूट विश्वास था कि जिस क्षेत्र में चोरी, डकैती अथवा अपराध होते हैं, उसमें अधिकतर स्थानीय मुकदमों और ग्राम वारिसों का हाथ होता है। इसलिए वह अपराधियों तक पहुँचने के लिए मुकदमों व ग्रामवासियों को अपने शिकंजे में ले लेता था। शेरशाह की यह स्पष्ट मान्यता थी कि मृत्यु जैसे भयानक दंड से उसका उद्‌देश्य दूसरों के लिए चेतावनी देना था, जिससे मुकदम तथा अन्य अपराधी इन कुकर्मों से बचे रहें।

इन कठोर नियमों का परिणाम यह हुआ कि सभी यात्री व व्यापारी निर्भीक होकर नगरों, जंगलों, पहाड़ियों तथा निर्जन रेगिस्तानों से होकर अपनी यात्रा कर सकते थे। एक बुढ़िया भी सोने की टोकरी लेकर घने जंगलों से सुरक्षित जा सकती थी। एक रात्रि के समय थानेसर में शेरशाह के शिविर से एक घोड़ा चुरा लिया गया। 50-50 कोस की दूरी पर रहनेवाले सभी जमींदारों को बुलाकर उन्हें यह चेतावनी दी गई कि तीन दिन की अवधि के भीतर चोर व घोड़ा न पकड़ा गया तो उनका जीवन संकट में पड़ जाएगा। परिणाम यह हुआ कि शीघ्र ही चोर और घोड़ा दोनों ही पेश कर दिए गए। चोर को मृत्यु दंड दे दिया गया। इसी प्रकार इटावा के समीप

एक भूमि संबंधी झगड़े में एक व्यक्ति का वध कर दिया गया। काफी समय तक हत्यारे का पता न लग सका। जब शेरशाह को इसकी जानकारी हुई तो उस गाँव के मुकदम को पकड़वा लिया गया। शेरशाह के इस व्यवहार से उस गाँव के सभी निवासी सहम गए और तीन दिन के अंदर उन्होंने हत्यारे को प्रस्तुत कर दिया, जिसे फाँसी दे दी गई। उसकी इसी हनक से उसके राज्य को अवरोध विहीन कर दिया गया। हर जगह सुख व शांति थी।

शासन की बहुत कुछ सफलता गुप्तचर विभाग के संगठन और उसकी सफलता पर निर्भर करती है। भारत के मुसलिम शासकों में सुल्तान बलवन पहला व्यक्ति था, जिसके गुप्तचर विभाग को नए ढंग से व्यवस्थित किया गया था, किंतु सुल्तान अलाउद्दीन खिलजी ने इस विभाग में व्यापक सुधार किए। शेरशाह ने भी गुप्तचर विभाग को इसके महत्त्व को समझते हुए इसे सुल्तान अलाउद्दीन खिलजी की डाक तथा गुप्तचर प्रणाली की तरह इसे व्यवस्थित किया। उसने 'दरोगा-ए-डाक चौकी' को इस विभाग का अध्यक्ष नियुक्त किया। प्रत्येक डाक चौकियों पर समाचार पहुँचानेवाले धावकों को नियुक्त किया गया। उसकी डाक व्यवस्था सरायों से व्यवस्थित होती थी। जहाँ पर धावक तथा दो घोड़े रखे जाते थे। इस प्रकार सब सरायों से मिलाकर साम्राज्य के प्रत्येक भाग में नित्य खबर पहुँचाने के लिए 3400 घोड़े नियत थे। ये डाक चौकियाँ इतनी द्रुत गति से कार्य करती थीं कि लोग दंग रह जाते थे। इस घोड़ों से एक दिन में 300 कोस तक की यात्रा किए जाने के प्रमाण हैं। शेरशाह का सीधा संपर्क गुप्तचर विभाग से रहता था, जिससे उसे प्रत्येक दिन की सूचनाएँ मिलती रहती थीं। उसने समाचार धावकों और विश्वासपात्र गुप्तचरों का पूरे राज्य में जाल सा बिछा रखा था। फलतः प्रत्येक प्रमुख शहरों व बाजारों से बादशाह को निरंतर सूचना मिलती रहती थी। शेरशाह का गुप्तचर विभाग इतना कार्यकुशल था कि कभी-कभी प्रांतों की सूचनाएँ प्रांत प्रमुखों से पहले उसके पास सीधे पहुँच जाया करती थी, जिससे लोग आश्चर्यचकित रह जाते थे।

सड़कों के निर्माण में शेरशाह प्राचीन भारतीय शासकों का अनुयायी था। शेरशाह की महानता उसके सड़कों के निर्माण में निहित थी। उसने सैनिकों, व्यापारियों तथा यात्रियों की सुविधा के लिए अनेक राजमार्गों का निर्माण कराया। उसने सड़क मार्ग से अपनी राजधानी आगरा को सभी प्रमुख नगरों से जोड़ दिया। यों तो उसने अनेक मार्गों का निर्माण कराया, किंतु चार मार्गों के निर्माण हेतु वह विशेष रूप से जाना जाता है। इसमें सबसे प्रथम और लंबी दूरी वाला मार्ग पूर्वी

बंगाल से सुनार गाँव (ढाका के निकट) से आगरा, दिल्ली, लाहौर से होकर सिंध तक पहुँचता था। इस मार्ग की कुल लंबाई 1500 कोस थी। यह 'सराय-ए-आजम' के नाम से जाना जाता था, जो आधुनिक ग्रांड-ट्रंक-रोड है। दूसरा मार्ग आगरा से बहरानपुर, तीसरा मार्ग आगरा से जोधपुर होकर चित्तौड़ तक और चौथा मार्ग लाहौर से सुल्तानपुर तक जाता था। यह सभी राजमार्ग साम्राज्य के प्रमुख नगरों से होकर जाते थे।

शेरशाह यात्रियों की सुविधा का बहुत ध्यान रखता था। सभी मार्गों के आस-पास गाँव बसाए गए थे। यात्रियों की सुविधा के लिए उसने सभी मार्गों पर सड़क के दोनों ओर छायादार फल के वृक्ष लगवाए। इन मार्गों पर दो-दो कोस की दूरी पर उसने सरायों का निर्माण कराया। विभिन्न मार्गों पर सब मिलाकर 1700 सराय थीं। प्रत्येक सराय में एक आवास-गृह था, जहाँ हिंदुओं व मुसलमानों के लिए विश्राम की अलग-अलग व्यवस्था थी। सरायों के द्वार पर हिंदुओं व मुसलमानों के लिए अलग-अलग ठंडे जल से भरे मटके रखे रहते थे। प्रत्येक सराय के लिए मुसलमानों के लिए भिश्ती अथवा जलवाहक और हिंदुओं के लिए ब्राह्मण रखे गए थे, जो मुसलमानों और हिंदुओं को अलग-अलग जल, भोजन, सोने के लिए खाट और घोड़ों के लिए चारे की व्यवस्था करते थे। इन सरायों में रुकनेवाले यात्रियों को उनके पद व स्थिति के अनुसार सरकार की ओर से भोजन की व्यवस्था की जाती थी। प्रत्येक सराय के भीतर एक मसजिद व एक कुआँ भी होता था। इन सरायों की देखभाल के लिए वहाँ अनेक चौकीदार व शहना (संरक्षक) रहते थे। सराय के पास की जमीन की आय से यहाँ के लोगों का भरण-पोषण होता था। इन सरायों में समाचार धावकों के अतिरिक्त दो-दो घोड़े रखे जाते थे, ताकि समाचार एवं सरकारी डाक को लाने व ले जाने में थोड़ा भी विलंब न हो। ये सराएँ डाक चौकियों का भी काम करते थे। ये डाक चौकियाँ इतने द्रुतगति से कार्य करते थे कि लोग चकित रह जाते थे।

□

राजा हसन खाँ की बड़ी राजकुमारी जाने कब से शेर खाँ की विशेषताओं को सुनती आ रही थी, लेकिन आज जब उसे यह पता चला कि सुल्तान शेरशाह सूरी अपनी सेना के साथ हसनपुर पधार रहे हैं तो वह खुशी से उन्मादित सी हुई जा रही थी। उनके पिताजी अपने सभासदों व बचगोती (वत्स गोत्रीय) बंधु व बांधवों के साथ शाह के स्वागत हेतु गाजे-बाजे के साथ उपस्थित थे। सम्राट् शाही हाथी

पर सवार आगे-आगे चल रहे थे, उनके आगे उनके निशान थे। उनके पीछे प्रमुख सभासद व अधिकारी भी थे। सेना ने नगर से कुछ दूर पर पड़ाव डाला था। कोट के सामने के मैदान में शाह के प्रमुख सभासदों व अधिकारियों के लिए सुंदर टेंट लगाए गए थे। उनके भीतर उनके सुख-सुविधा की सारी व्यवस्था की गई थी। कोट के अंदर शाह के निवास की व्यवस्था थी।

शेरशाह सूरी ने राज्यारोहण के अवसर पर राजा हसन खाँ ने सुल्तान को हसनपुर आने का न्योता दिया था। अब जब शाह को सराय-ए-आजम मार्ग से सहसाराम की ओर जाने का अवसर मिला तो उन्हें अपने विद्यार्थी जीवन के मित्र और शुभचिंतक राजा हसन खाँ के न्योते की याद आई। उन्होंने दो दिन पहले ही एक हरकारे द्वारा इसकी सूचना हसनपुर भिजवा दी।

जैसे ही राजा साहब को यह सूचना मिली, वे बहुत प्रसन्न हुए और जोर-शोर से शाह के आव-भगत की तैयारी की जाने लगी। शाह की पसंद व नापसंद भोजन सामग्री व उनकी दिनचर्या के अनुरूप अन्य व्यवस्थाएँ की जाने लगीं। मसजिद को कालीनों से सजाया गया तथा अपने प्रमुख बचगोती खानजादा व राजपूत सगे संबंधियों को सुल्तान के स्वागत हेतु आमंत्रित किया गया। इस अवसर पर नगर के मुख्य मार्गों को बंदनवार व तोरणद्वारों से सजाया गया। यह भी निर्णय लिया गया कि जब तक सुल्तान हसनपुर में निवास करेंगे, लोग उनके स्वागत में दीवाली मनाएँगे। सुल्तान शेरशाह सूरी की योजना हसनपुर में तीन दिन निवास करने की थी। लेकिन स्थितियाँ कुछ ऐसी बनती गईं कि ये तीन दिन कब बीत गए, किसी को पता ही नहीं चला। राजा हसन अली के स्वागत-सत्कार ने उन्हें अभिभूत कर दिया और जब राजा साहब ने अपने परिवार के साथ उनका परिचय कराया तो वे उनकी बड़ी साहबजादी को देखते ही रह गए। यहाँ उन्हें खानसामा के हाथ के बने भोजन और रसोई में तैयार भोजन का अंतर समझ में आया। बड़ी राजकुमारी से जब वे बात करने लगे तो उन्हें लगा कि राजकुमारी उन्हें उनसे अधिक जानती है। यहाँ तक कि उनके आगे की कार्य-योजना क्या होगी, इसके बारे में भी वह बताती चली गई। शेरशाह को लगा कि वे एक सम्मोहन में बँधते जा रहे हैं। बातों-बातों में रानी साहिबा के मुख से निकला—'हुजूर चाहें तो राजकुमारी जीवन भर उनके साथ रह सकती हैं।' और देखते-देखते सुल्तान शेरशाह सूरी राजा हसन अली के साथ संबंधों की डोर में बँध गए। शेरशाह तीन के स्थान पर हसनपुर में नौ दिन रहे और जब विदा होने लगे तो एक बचगोती दुलहन उनके साथ थी।

इस वैवाहिक संबंध ने राजा हसन अली खाँ के भाग्य को बदल दिया। अब वे सुल्तानपुर में केवल खानजादा समुदाय के ही अगुआ नहीं थे, बल्कि शेरशाह सूरी से संबंधों के कारण संपूर्ण अवध के सम्मानित सरदार थे। शेरशाह ने राजा हसन अली को सिंहासन पर अपने बगल में बैठाया तथा उन्हें 'दम-मशनदी-आला' की पदवी से सुशोभित किया। इसके साथ-ही-साथ राजा हसन अली को राजकीय समारोहों में ताल्लुकेदारों व राजाओं को तिलक लगाने का विशेषाधिकार भी प्रदान किया। जब राजा हसन अली किसी तालुकेदार या राजा को टीका अथवा तिलक लगाते थे तो एक लाख पच्चीस हजार चाँदी के सिक्कों पर खड़े होते थे। वह धन उनका नजराना होता था। इस प्रकार शेरशाह सूरी के शासन काल में राजा हसन अली का राजनीतिक प्रभुत्व बढ़ता गया। उस समय उनकी इच्छा पर ही अवध में कोई राजा बनाया जा सकता था।

□

शेरशाह सूरी की दानशीलता प्रसिद्ध थी, जिसका विस्तृत विवरण अब्बास शरवानी की पुस्तक 'तवारीख-ए-शेरशाही' में किया गया है। जब कभी शेरशाह विजय प्राप्त करता था तो उसकी दानशीलता एवं उदारता के द्वार खुल जाते थे। विजय के उपलक्ष्य में वह स्वर्ण को अपने खुले हाथों से बाँटता था। मोतियों को तो वह इस प्रकार लुटाता था, जैसे वर्षा हो रही हो।

प्रत्येक दिन शेरशाह के भोजनालय में जो हजारों जरूरतमंद लोगों को भोजन कराया जाता था, उसके पीछे उनकी पत्नी रानीशाह की महत्त्वपूर्ण भूमिका थी। इनके अतिरिक्त सैनिकों, फकीरों तथा किसानों आदि में यदि किसी को भी भोजन की आवश्यकता होती थी तो उन्हें शाही भोजनालय से भोजन दिया जाता था। अब्बासी शरवानी लिखता है कि शेरशाह की रसोई बहुत विशाल थी, जिसमें हजारों सैनिकों का भोजन तैयार होता था। शेरशाह का आदेश था कि यदि उसके किसी सैनिक, धर्माधिकारी या किसान को भोजन की आवश्यकता हो तो वह निस्संकोच शाही पाकशाला में आकर भोजन कर ले। उसके शिविर में कई स्थानों पर निर्धनों, फकीरों, अपाहिजों और दीन-दु:खियों के लिए लंगर स्थापित किए गए थे, जहाँ उन्हें स्वादिष्ट भोजन दिया जाता था। शेरशाह की शाही पाकशाला और लंगरों के प्रतिदिन का व्यय 500 स्वर्ण मुद्रा था। इस प्रकार के पुण्य कार्य करना शेरशाह अपना कर्तव्य समझता था। कहने की आवश्यकता नहीं कि शेरशाह के इन पुनीत कार्यों के फलस्वरूप कम-से-कम उसकी राजधानी अथवा उसके शिविर स्थलों

के निकटवर्ती स्थानों पर शायद ही ऐसा व्यक्ति हो, जिसे भोजन न मिलता हो। इन सभी निर्णयों के पीछे कहीं-न-कहीं उस बचगोती दुलहन का हाथ था, जो हसनपुर से शाह के हरम में आई थी।

बचगोती खानजादा होने के बावजूद राजा हसन अली का अपने सगोत्रियों के साथ आत्मीयता का संबंध बना रहा। यह संबंध तीज-त्योहारों में भी दिखाई देता था। होली, दशहरा, दीवाली, रक्षाबंधन के साथ ही ईद, बकरीद, मुहर्रम आदि के अवसर पर वे पारंपरिक उत्साह के साथ एक-दूसरे के यहाँ उपस्थित होकर उनका मान बढ़ाते थे। किसी भी तरह की धार्मिक कट्टरता कभी भी उनके बीच नहीं दिखाई दी। उन्होंने कभी भी सांप्रदायिक दृष्टि से एक-दूसरे को प्रभावित करने का प्रयास नहीं किया। उन्होंने केवल पूजा-पद्धति बदली थी, लेकिन पृथ्वीराज चौहान का वंशज होने का गर्व और भारतीय परंपरा के प्रति निष्ठा उनमें सदैव बनी रही। यही कारण है कि जब राजा हसन अली की रीवा नरेश से अनवन हो गई तो वे अपने सगोत्रियों तथा नव इसलाम धर्मियों को साथ लेकर रीवा पर आक्रमण करने की व्यूह-रचना करने लगे, परंतु बघेल राजा ने युद्ध करना उचित नहीं समझा। इस निर्णय में शेरशाह को भी हस्तक्षेप करना पड़ा, तब कहीं जाकर मामला शांत हुआ।

शेरशाह का तो समस्त जीवन संघर्ष का था ही, वह युग भी संघर्ष का था और इस संघर्ष के बीच उसने अपनी असाधारण प्रतिभा एवं सैनिक योग्यता के आधार पर इस विशाल साम्राज्य की स्थापना की थी। अपने इस अनुभव में उसने सेना के महत्त्व को भली-भाँति समझ लिया था। अत: उसने अपने साम्राज्य की सुरक्षा एवं संगठन के लिए एक विशाल और शिक्षित सेना का संगठन किया था। अपने सैन्य संगठन में शेरशाह ने अलाउद्दीन खिलजी के सैन्य सुधारों के प्रमुख सिद्धांतों को स्वीकार किया था और अपनी व्यक्तिगत योग्यता एवं अनुभव के आधार पर उसे अधिक सुदृढ़ एवं योग्य बनाया। वह इस सिद्धांत का पोषक था कि सैनिक और सम्राट् के बीच सीधा संबंध होना श्रेयस्कर है। फलत: उसने संगठन में सामंती प्रथा का अंत कर दिया, जिसमें सैनिकों की स्वामिभक्ति सामंत के प्रति हुआ करती थी। वह स्वयं सिपाहियों की भरती करता और व्यक्तिगत निरीक्षण के बाद स्वयं ही वेतन निश्चित करता था। इसके पूर्व सेना प्रांतीय शासकों के अधीन रहती थी तथा उन्हें ही अपना स्वामी समझती थी। अत: कभी-कभी वह सम्राट् के विरुद्ध प्रांतीय शासकों का ही साथ देती थी। शेरशाह ने इस प्रथा को बंद करा दिया और सेना के स्थान परिवर्तन, उसका प्रशिक्षण तथा उसे आदेश देना एकमात्र अपने अधीन कर लिया।

इसके फलस्वरूप अब प्रांतों में विद्रोह की आशंका बहुत कम रह गई।

शेरशाह ने सेना के राष्ट्रीयकरण के लिए शाही सेना में हिंदुओं को ऊँचे-ऊँचे पद देना प्रारंभ किया। उसके योग्यतम सेनापतियों में एक ब्रह्मजित गौड़ भी था, जो चौसा एवं कन्नौज के युद्ध के पश्चात् हुमायूँ का पीछा करने के लिए भेजा गया था। इसी प्रकार ग्वालियर का राजाराम शाह भी शेरशाह की सेवा में था। शाही सेना में हिंदुओं का एक अलग तोपखाना भी था। कुछ सरदारों को वह उनकी योग्यता के कारण 'मसनदे-आला' की पदवी भी देता था, किंतु वह उच्च पद का द्योतक न होकर केवल व्यक्तिगत सम्मान का सूचक था।

शाही सेना साम्राज्य के विभिन्न भागों में विभक्त थी और छावनियों में रखी जाती थी। इन छावनियों में दिल्ली और रोहतास की छावनियाँ प्रमुख थीं। प्रत्येक छावनी में रखी जानेवाली सेना फौज कहलाती थी और वह एक फौजदार के अधीन रहती थी, जिनका कार्य पूर्णत: सैनिक का था। स्वयं सुल्तान के अधीन एक विशाल सेना थी, जिसमें डेढ़ लाख अश्वारोही और पचास हजार पैदल सैनिक थे, जो बंदूकों और धनुष-बाणों से सुसज्जित रहते थे। शाही सेना में पाँच हजार हाथी और एक बहुत बड़ा तोपखाना भी था। विभिन्न छावनियों तथा दुर्गों में रहनेवाली सेना की संख्या भी कम न थी। इनमें गक्खरों तथा काबुल के मार्ग की सुरक्षा के लिए हैवत खाँ नियाजी के पास 30,000 सवार थे। इनके अतिरिक्त ग्वालियर के दुर्ग में 1,000 बंदूकची, बयाना में 500 बंदूकची, रणथंभौर में 1,500 बंदूकची, चित्तौड़ में 3,000 बंदूकची, रायसीन के दुर्ग में 1,000 तोपची, चुनार में 1,000 बंदूकची, बिहार के पास रोहतास के दुर्ग में 10,000 बंदूकची तैनात थे।

लेकिन शेरशाह भी अपनी जातीय परंपराओं की उपेक्षा न कर सका और उसकी अधिकांश सेना अफगानों के जातीय संगठन पर ही आधारित थी। शेरशाह जैसा शासक भी अफगानों के इस फिरका बंदी को स्वीकार करने के लिए विवश था। इतना अवश्य था कि शेरशाह ने इन फिरका बंदी नेताओं पर अंकुश लगाने में कभी संकोच नहीं किया। स्वजातीय सैनिक टुकड़ियों के अतिरिक्त भी शेरशाह की अपनी एक विशाल सेना थी। इस सेना में 1,50,000 सवार 25,000 पैदल, एक तोपखाना और 500 जंगी हाथी थे। यद्यपि शेरशाह की कुल सोलह छावनियों का उल्लेख मिलता है, किंतु यह संख्या इससे अधिक रही होगी। शाही सेना के अतिरिक्त जमींदारों की भी टुकड़ियाँ थीं, कुल मिलाकर शेरशाह के सैनिकों की संख्या-4 लाख थी। अपने सैन्यबल को और सुदृढ़ करने के लिए शेरशाह ने अनेक

दुर्गों का भी निर्माण कराया था। इनमें खुरासान के मार्ग पर लाहौर से 60 मील की दूरी पर रोहतास का प्रसिद्ध दुर्ग था, जिसे शेरशाह 'रोहतास दुर्ग' कहता था। इसके निर्माण पर उस समय लगभग 40 लाख 25 हजार रुपए की भारी रकम व्यय हुई थी। दिल्ली में यमुना तट पर दो दुर्गों का निर्माण कराया गया।

शेरशाह ने खिलजी सुल्तान अलाउद्दीन की भाँति घोड़ों को दागने और उनकी हुलिया लिखाने की प्रथा प्रारंभ की, जिससे न घोड़े बदले जा सकें और न कोई बेईमानी हो सके। घोड़ों के अतिरिक्त सिपाहियों की हुलिया भी दर्ज की जाती थी और निरीक्षण के समय उसे मिलाया भी जाता था। इस प्रकार शेरशाह ने सेना के भीतर होनेवाले भ्रष्टाचार को लगभग समाप्त कर दिया।

वह सेना के अनुशासन पर विशेष ध्यान देता था। सैनिक-नियम कठोर थे और उनका कठोरता के साथ पालन भी किया जाता था। सिपाहियों व सेनापतियों को यह आदेश था कि सैन्य संचालन के समय खेती को किसी भी तरह की क्षति न पहुँचाई जाए। फिर भी यदि कोई क्षति होती थी तो शाही खजाने से उसकी पूर्ति की जाती थी तथा क्षति पहुँचानेवाले को कठोर दंड दिया जाता था। सम्राट् यदि किसी सैनिक को क्षति पहुँचाते देखता तो अपने हाथों से उसका कान काट लेता था और अनाज के पौधों को उसके गले में लटकाकर उसे पड़ाव के चारों ओर घुमाता था। सिपाहियों व सेनापतियों का वेतन जागीर के रूप में नहीं वरन् नकद रुपयों में दिया जाता था। उसके राज्य में शरीर से खाल खिंचवाने का भयानक दंड भी दिया जाता था। इन प्रावधानों के कारण उसके शासन काल में सुशासन एवं अनुशासन उच्च स्तर पर देखने को मिलता था।

सत्ता सँभालने के बाद शेरशाह निरंतर विजय अभियान पर लगा रहा। 1541 ई. में उसने बंगाल के सूबेदार खिज खाँ के विद्रोह को कुचला तथा शासक को नई व्यवस्था दी। 1542 ई. में उसने गुजरात के शासक बहादुर शाह के निधन के पश्चात् मालवा के सूबेदार मल्लू खाँ (कादिर शाह) को हटाकर मांडू, उज्जैन और सारंगपुर पर अधिकार कर लिया। दिल्ली वापस लौटते समय उसने रणथंभौर के किले को भी अपने अधिकार में लिया। 1543 ई. में रायसीन पर विजय प्राप्त करके राजपूतों पर अपना प्रभुत्व स्थापित किया। 1544 ई. में उसने राजस्थान विजय की तथा मारवाड़ के शासक मालदेव को परास्त किया। 1545 ई. में वह कालिंजर (बुंदेलखंड) अभियान पर निकला। यह दुर्ग इतना सुदृढ़ था कि इस पर आक्रमण करने के शेरशाह के समस्त प्रयास असफल हो गए। यह राजपूतों का एक अभेद्य

दुर्ग था, जो घने जंगलों, पर्वतों, गहरी खाइयों के लगभग 160 फीट ऊँची तथा 35 फीट ऊँची दीवार से घिरा था। दुर्ग का घेरा काफी दिनों तक चलता रहा, फिर भी सफलता न मिली। ऐसे में उसने दुर्ग पर भारी गोलाबारी का आदेश दिया। दुर्भाग्य से बारूद का एक गोला किले के दरवाजे से टकराकर फट गया और फिर उलटकर वहाँ गिरा, जहाँ इन गोलों का भंडार था। देखते-ही-देखते भयंकर विस्फोट के बीच शेरशाह के सारे गोले नष्ट हो गए। स्वयं शेरशाह बुरी तरह से जख्मी हो गया, फिर भी वह दुर्ग जीतने के लिए अपने सैनिकों को प्रेरित करता रहा। सायंकाल के नमाज के समय शेरशाह को यह समाचार मिला कि कालिंजर के दुर्ग को फतह कर लिया गया है। इस समाचार से वह बहुत प्रसन्न हुआ, लेकिन शीघ्र ही उसकी जीवन-लीला समाप्त हो गई। यह घटना 22 मई, 1545 ई. को घटित हुई। वह 5 वर्ष तक भारत का सम्राट् रहा और जिस समय उसकी मृत्यु हुई, उसकी आयु 60 वर्ष थी।

□

: पाँच :

जिस समय सहसाराम में शेरशाह सूरी सुपुर्दे खाक किया गया, राजा हसन अली वहाँ उपस्थित थे। 25 मई, 1545 ई. को जब शेरशाह का द्वितीय पुत्र जलाल खाँ इसलाम शाह के नाम से सिंहासन पर आरूढ़ हुआ, तब भी राजा हसन अली वहाँ उपस्थित थे। इसलाम शाह को अपने छोटे से शासन काल में अनेक विद्रोहों का सामना करना पड़ा। अत: वह उन सफलताओं से वंचित रहा, जिसका वह हकदार था। दुर्भाग्य से वह एकाएक गंभीर बीमारी की चपेट में आने के कारण नवंबर 1554 ई. में काल का ग्रास बन गया। उसके बाद उसका 12 वर्षीय पुत्र फिरोजशाह सूरवंश का शासक बना, लेकिन तीन दिन बाद ही उसके मामा मोवारिज खान ने उसकी हत्या करके सिंहासन पर अपना अधिकार कर लिया तथा मोहम्मद आदिलशाह के नाम से सिंहासनारूढ़ हो गया। वह एक चरित्रहीन एवं मूर्ख शासक था। अपव्ययी व विलासी होने के कारण अफगान सरदार उससे रुष्ट थे। उसने केवल एक ही बुद्धिमानी का काम किया था और वह यह कि उसने हेमचंद्र को अपना सेनापति एवं मंत्री नियुक्त किया था, जो अपने अयोग्य शाह के हितों की रक्षा के लिए समर्पित था। हेमू ने आदिलशाह के विरोधियों को कुचलने के लिए 22 लड़ाइयाँ लड़ीं और सबमें विजय प्राप्त की। असफलता नामक शब्द शायद उनके शब्दकोश में था ही नहीं और जब उन्होंने दिल्ली को जीता तो वे संप्रभु सम्राट् बन बैठे, लेकिन पानीपत के दूसरे युद्ध ने उनका भाग्य पलट दिया।

पानीपत का दूसरा युद्ध जारी था। हेमू के पर्वताकार हाथी काल की भाँति मुगल सेना को रौंद रहे थे। वे अपने विकराल सूँड़ों से मुगल घुड़सवारों को घोड़े सहित आकाश में उछाल रहे थे। हाथियों पर बैठे कवच से आच्छादित बंदूकधारी व धनुर्धर चारों ओर कहर बरपा कर रहे थे। हेमू 'हवाई' नामक विकराल हाथी पर सवार होकर सिंह की भाँति अपनी सेना का प्रभावी नेतृत्व कर रहे थे। बस वे

जीतने ही वाले थे कि घोड़ों पर सवार मुगल धनुर्धरों ने उन्हें चारों ओर से घेरकर दूर से ही उन पर बाणों की वर्षा करना प्रारंभ कर दिया। उनका शरीर तो कवच से ढका था। बस आँखें भर खुली थीं और दुर्भाग्य से एक बाण उनकी आँख में लगा और मस्तिष्क तक भेदता चला गया। क्षण भर के लिए आँखों के सामने अँधेरा छा गया। मर्मांतक पीड़ा ने उन्हें किंकर्तव्यविमूढ़ कर दिया। विगत साढ़े तीन सौ वर्षों के तुर्कों और मुगलों के भारत पर किए गए अत्याचार उन्हें याद आने लगे। उन्हें याद आया कि कैसे बाबर के सिपहसालार मीर बांकी ने अयोध्या में विक्रमादित्य द्वारा बनवाया गया भगवान् राम का मंदिर तोड़कर वहाँ बाबरी मसजिद बनाई थी। देश भर में यही सब तो किया गया था। अब जब दिल्ली पर एक हिंदू का शासन है, यह नहीं चलेगा। इन आक्रांताओं से हमें भारत की पवित्र धरती को मुक्त करना ही होगा। हमने पुनः हिंदू साम्राज्य कायम किया है। हम इसे मिटने नहीं देंगे और हाथ से आँख में घुसे बाण को खींचकर बाहर निकाल लिया। बाण के साथ पुतली भी बाहर आ गई। इसे रुमाल में लपेटा। आँख पर पट्टी बाँधी और गूँज उठी सिंह की दहाड़—आगे बढ़ो! विजय हमारी होगी। हमें मुगलों को इस पवित्र धरती से खदेड़ना ही है। बढ़ो...और बेहोश होकर वे हाथी के हौदे पर ही लुढ़क गए।

☐

पानीपत के दूसरे संग्राम में उपर्युक्त कहानी के अमर पात्र दिल्ली सम्राट् हेमचंद्र 'विक्रमादित्य' हिंदुत्व की पताका को आकाश की ऊँचाइयों तक फहरानेवाले भारत माँ के अद्वितीय सपूत थे। उनका जन्म आश्विन शुक्ल 10 विजया दशमी संवत् 1558 विक्रमी अर्थात् 1501 ई. में राजस्थान के अलवर जिले के मछेरी (देवली-सजरी) नामक गाँव में राय पूरनदास के यहाँ हुआ था। वे धूसर वैश्य थे और धर्म-कर्म में उनकी बड़ी आस्था थी। बाद में वे मछेरी छोड़कर मेवात (वर्तमान में हरियाणा) के रेवाड़ी कस्बे के पार्श्व में बसे कुतुबपुर (अब हेमूनगर) में आ बसे।

युवावस्था में प्रवेश करते ही हेमू भी अपने पिता की तरह व्यापार करने लगे। इसी समय उन्हें शेरशाह सूरी की सेना को खाद्यान्न व उनकी तोपों हेतु सोरे की आपूर्ति का सुयोग मिला। 1540 ई. में शेरशाह सूरी ने मुगल सम्राट् हुमायूँ को परास्त कर देश से बाहर खदेड़ दिया तथा स्वयं सम्राट् बन बैठा। 1545 ई. में कालिंजर दुर्ग में घटी दुर्घटना में उसकी मृत्यु के पश्चात् उसका पुत्र इसलाम शाह उत्तर भारत का सम्राट् बना। उन्होंने हेमू की योग्यता और प्रशासनिक क्षमता से प्रभावित होकर उन्हें अपना व्यक्तिगत सलाहकार नियुक्त किया। इसलाम शाह की मृत्यु के पश्चात्

अफगान सरदारों ने उसके पुत्र फिरोजशाह को ग्वालियर के सिंहासन पर बैठाया। उस समय फिरोजशाह की अवस्था मात्र 12 वर्ष की थी। अभी वह तीन दिन भी शासन न कर पाया था कि शेरशाह के भाई निजाम खाँ सूर का पुत्र मुवारिज खाँ युवक सम्राट् की हत्या करके स्वयं अफगान शासक बन बैठा तथा उसने स्वयं को आदिलशाह कहलवाना प्रारंभ कर दिया। वह एक विलासी शासक था और सदैव राग-रंग में डूबा रहता था। फिरोजशाह की हत्या के विरोध में उसके सम्राज्य में अनेक स्थानों पर अफगान सामंतों ने विद्रोह कर दिया। अतः स्थिति पर नियंत्रण स्थापित करने के लिए उसके हेमू को अपना वजीर एवं प्रधान सेनापति नियुक्त किया। इस पद पर रहते हुए हेमू ने विद्रोह को कुचलने हेतु बंगाल से दिल्ली तक अनवरत 22 लड़ाइयाँ लड़ीं और सभी में उन्हें निर्णायक सफलता मिली। उन्होंने मुगलों को आगरे और दिल्ली से खदेड़ का दिल्ली की गद्दी पर अपना अधिकार कर लिया तथा स्वयं को एक स्वतंत्र हिंदू शासक घोषित किया। उसके विजय अभियान को देखते हुए स्मिथ जैसे इतिहासकारों ने उसे 'मध्यकालीन भारत का नेपोलियन' घोषित किया। दिल्ली की गद्दी पर आरूढ़ होने के पश्चात् उन्होंने 'विक्रमादित्य' की उपाधि धारण की तथा अपने नाम के सिक्के भी ढलवाए। उनके इस राज्याभिषेक में सम्मिलित होकर उन्हें मुबारकबाद देनेवालों में हसनपुर के राजा हसन अली भी रहे।

सम्राट् हेमचंद्र 'विक्रमादित्य' ने अपने शासन काल में हिंदुओं पर लगनेवाले 'जजिया कर' तथा 'तीर्थयात्रा कर' को समाप्त किया तथा साम्राज्य में सुव्यवस्था स्थापित करने हेतु नए अधिकारियों तथा मुकदमों की नियुक्ति की। अनेक स्थानों पर एक साथ दो-दो अधिकारियों की नियुक्ति की गई, जिनमें एक हिंदू अधिकारी होता था।

सम्राट् हेमचंद्र 'विक्रमादित्य' दिल्ली की गद्दी पर केवल 29 दिन ही शासन कर सके थे कि उन्हें अकबर के संरक्षक बैरम खाँ के नेतृत्व में मुगल सेना के दिल्ली की ओर बढ़ने की सूचना मिली। इस सूचना के मिलते ही हेमू ने अपने तोपखाने को आगे भेजा, लेकिन कुछ विश्वासघातियों के कारण बैरम खाँ ने इस पर अपना अधिकार कर लिया। हेमू को यह सूचना मिली, लेकिन फिर भी वे अपनी विशाल सेना के साथ पानीपत के मैदान की ओर बढ़े। यह सेना मुगल सेना से काफी बड़ी और शक्तिशाली थी।

5 नवंबर, 1556 ई. को हेमू तथा मुगलों की सेना पानीपत के मैदान में एक दूसरे के सामने आकर डट गई। हेमू की सेना के प्रधान अंग थे उसके पंद्रह सौ दैत्याकार हाथी। इसके अतिरिक्त 30 हजार राजपूत और अफगान घुड़सवार भी उसकी सेना में थे। हेमू का भानजा रमइया भी प्रधान सेनापति के रूप में उसके साथ था। मुगल सेना

में 10 हजार घुड़सवार थे, लेकिन एक शक्तिशाली तोपखाना भी उनके साथ था, जो अली कुली के नियंत्रण में था। 13 वर्ष का अकबर बैरम खाँ के साथ पानीपत से पाँच किलोमीटर पीछे भागने के लिए तैयार खड़ा था कि जैसे ही मुगल सेना हारती है, वह भारत छोड़कर अपने संरक्षक बैरम खाँ के साथ अफगानिस्तान वापस भाग जाएगा। इससे सिद्ध होता है कि मुगलों को अपनी जीत पर भरोसा नहीं था।

युद्ध प्रारंभ हुआ और हेमू अपने भयंकर हाथी पर सवार होकर मुगल सेना को रौंदते हुए आगे बढ़ने लगा। उसने मुगलों के दोनों पार्श्वों को ध्वस्त कर दिया और मध्यवर्ती पार्श्व पर निर्णायक आक्रमण किया, किंतु सामने एक गहरी खाई आ जाने के कारण उसकी सेना आगे न बढ़ सकी। अली कुली खाँ ने इस स्थिति का लाभ उठाकर हेमू की सेना पर पीछे से आक्रमण कर दिया। फिर भी हेमू का आगे बढ़ना जारी रहा। यद्यपि मुगल सेना लड़ रही थी, तथापि हेमू की विजय प्राय: निश्चित लगने लगी। इसी बीच मुगलों ने अंतिम लड़ाई हेतु उन्मत्त होकर भालों, बरछों व तोपों से ऐसा हमला किया कि हेमू की हाथियों की सेना भड़ककर अनियंत्रित हो गई। हाथी पीछे मुड़कर भागने लगे। इससे हेमू की सेना अव्यवस्थित सी हो गई। फिर भी हेमू 'हवाई' नामक अपने विशालकाय हाथी पर सवार अपने चार हजार घुड़सवारों के साथ मुगल सेना के मध्य वीरता के साथ युद्ध करता रहा, किंतु इसी समय अचानक आँख में बाण लगने के कारण वह अपने हाथी के हौदे में गिर गया। उसकी सेना ने अनुमान लगाया कि वह मारा गया और वह नेतृत्व विहीन होकर भाग खड़ी हुई।

इसी अवस्था में शाहकुली मरहम के नेतृत्व में मुगल घुड़सवारों से घिरे हेमू के हाथी को अकबर के सामने लाया गया, लेकिन अभी भी मूर्च्छित हेमू के पास जाने की किसी की भी हिम्मत नहीं हो रही थी। ऐसे में बैरम खाँ ने अकबर को अपने हाथ से बेहोश हेमू को मारकर गाजी की उपाधि धारण करने का परामर्श दिया और जैसा कि अहमद यादगार और आरिफ कंधारी ने लिखा है कि अकबर ने बैरम खाँ के परामर्श को स्वीकार करते हुए मूर्च्छित हेमू की गरदन को तलवार से उड़ा दिया।

हेमू की मृत्यु का विश्वास दिलाने के लिए उनके सिर को काबुल भेज दिया गया तथा उसके घड़ को दिल्ली के पुराने किले के गेट के सामने लटका दिया गया, जहाँ उसने अपना राज्याभिषेक कराया था। उसके 80 वर्षीय पिता को भी इसलाम स्वीकार न करने के कारण मार दिया गया तथा हेमू के सजातीय दोसर वैश्यों को पूरे क्षेत्र में खोज-खोजकर प्रताड़ित किया गया। सम्राट् हेमू के पराभव का प्रभाव हसनपुर पर भी पड़ा, लेकिन सुवाई राजनीति में उसका प्रभाव बना रहा।

□

प्रसंग-2

काल का प्रवाह—तक्षक का प्रतिरोध

: छह :

मैं काल हूँ और स्पष्ट देख रहा हूँ कि कैसे इस देश ने समय-समय पर विश्व का मार्गदर्शन किया और कैसे इसलाम के प्रादुर्भाव से पूर्व लगभग संपूर्ण एशिया में धम्म घोष निनादित होने लगा था। तक्षशिला और नालंदा जैसे विश्वविद्यालय कैसे संपूर्ण विश्व को ज्ञान का अनुदान दे रहे थे। सम्राट् अशोक के ही समय से यहाँ के बौद्ध भिक्षु कैसे अनेक देशों में गए और अपने ज्ञान के आलोक से कैसे उन्हें आलोकित किया। इस देश ने केवल देना सीखा, कभी भी किसी पर न तो आक्रमण किया, न किसी का कुछ छीना। विवशता में कभी यदि ऐसा करना भी पड़ा तो समस्या का समाधान करके जीता राज्य संबंधित के उत्तराधिकारी को वापस कर दिया, फिर चाहे राम की श्रीलंका-विजय रही हो, चाहे 1971 में पूर्वी पाकिस्तान पर विजय, लेकिन यह सब इकतरफा था। बाहरी शक्तियों में न तो ऐसा धैर्य था और न ही इतना वैभव। जब इसलाम का उदय हुआ तो वे एक हाथ में अपनी धार्मिक पुस्तक और दूसरे हाथ में तलवार लेकर अपना विस्तार और धर्मांतरण करने को आतुर हो आगे बढ़े और अपनी सफलता हेतु साम, दाम, दंड, भेद के साथ आतंक और छल को अपना सबसे बड़ा हथियार बनाया।

भारत में मुसलमान आक्रमणों की श्रृंखला 712 ई. में मोहम्मद बिन कासिम के सिंध आक्रमण से प्रारंभ हुई, परंतु यह आक्रमण भारत के इतिहास में एक प्रासंगिक घटना मात्र ही बनकर रह गया। इस आक्रमण के दौरान अरब अपनी प्रारंभिक विजयों के बाद सिंध और मुल्तान के आगे न बढ़ सके। अरब के पहले मुसलिम आक्रमणकारी मोहम्मद बिन कासिम के आतंकवादियों ने मुल्तान-विजय के बाद हिंदुओं गाँवों व शहरों में हिंदुओं पर अकथनीय अत्याचार किया। हजारों स्त्रियों की छातियाँ नोच डाली गईं, इस कारण हजारों स्त्रियाँ व किशोरियाँ अपनी लाज बचाने के लिए कुओं व तालाबों में डूब मरी। लगभग सभी युवाओं को या

तो मार डाला गया या उन्हें गुलाम बना लिया गया। भारतीय समाज ने ऐसी बर्बरता पहली बार देखी थी।

एक बालक तक्षक का पिता भी कासिम की सेना के साथ लड़ता हुआ वीरगति को प्राप्त हुआ था। लुटेरी अरबसेना जब तक्षक के गाँव में पहुँची तो हाहाकार मच गया। स्त्रियों को घर से खींच-खींचकर उनकी देह लूटी जाने लगी। भय से आक्रांत तक्षक के घर में भी सभी चिल्ला रहे थे। तक्षक और उसकी दो बहनें काँप उठीं। तक्षक की माँ पूरी स्थिति समझ चुकी थी, उसने कुछ देर तक अपने बच्चों को देखा और जैसे एक निर्णय पर पहुँच गई। माँ ने अपनी तीनों बच्चों को खींचकर छाती से लगा लिया और रो पड़ी और फिर देखते-देखते उस क्षत्राणी ने म्यान से तलवार निकाल दोनों बेटियों के सिर काट डाले। उसके बाद अरबों द्वारा उसकी काटी जा रही गाय की ओर तथा बेटे की ओर अंतिम दृष्टि डाली और तलवार को अपनी छाती में उतार लिया। आठ वर्ष का बालक तक्षक एकाएक समय को पढ़ना सीख गया था, उसने अंतिम बार मृत पड़ी माँ के आँचल से अपनी आँखें पोंछी और घर के पिछले दरवाजे से निकलकर जंगल की ओर भाग गया।

25 वर्ष बीत गए। अब वह बालक बत्तीस वर्ष का युवक होकर कन्नौज के गुर्जर प्रतिहार वंश के प्रतापी शासक नागभट्ट प्रथम का मुख्य अंगरक्षक बना। वर्षों से किसी ने उसके चेहरे पर भावना का कोई चिह्न नहीं देखा था। वह न कभी खुश होता था, न कभी दुःखी। उसकी आँखें सदैव प्रतिरोध के धधकते अंगारे सी लाल रहती थीं। उसके पराक्रम के किस्से पूरी सेना में सुने-सुनाए जाते थे। अपने तलवार के एक वार से हाथी को मार डालनेवाला तक्षक सैनिकों के लिए आदर्श था। कन्नौज नरेश नागभट्ट अपने अतुल्य पराक्रम से अरबों के सफल प्रतिरोध के लिए ख्यात थे। सिंध पर शासन कर रहे अरब कई बार कन्नौज पर आक्रमण कर चुके थे, पर हर बार योद्धा गुर्जर प्रतिहार उन्हें खदेड़ देते थे। युद्ध के सनातन नियमों का पालन करते नागभट्ट कभी उनका पीछा नहीं करते थे, जिसके कारण मुसलिम शासक आदत से मजबूर बार-बार मजबूत होकर पुनः आक्रमण करते थे। ऐसा 15 वर्षों से हो रहा था। इस बार फिर से सभा बैठी थी। अरब के खलीफा से सहयोग लेकर सिंध की विशाल सेना कन्नौज पर आक्रमण हेतु प्रस्थान कर चुकी थी और दो-तीन दिन के भीतर वह कन्नौज की सीमा पर पहुँचनेवाली थी। इसी संबंध में रणनीति बनाने के लिए महाराज नागभट्ट ने यह सभा आहूत की थी। सारे सेनाध्यक्ष अपनी-अपनी राय दे रहे थे, तभी अंगरक्षक तक्षक उठा खड़ा हुआ और बोला,

"महाराज, हमें इस बार दुश्मन को उसी की शैली में उत्तर देना चाहिए।" महाराज ने ध्यान से अपने अंगरक्षक को देखा और बोले, "अपनी बात खुलकर कहो तक्षक, हम समझ नहीं पा रहे हैं।"

"महाराज, अरब सैनिक महाबर्बर हैं, उनसे सनातन नियमों के अनुरूप युद्ध करके हम अपनी प्रजा के साथ घात की करेंगे। उनको उन्हीं की शैली में हराना होगा।" महाराज के माथे पर लकीरें उभर आईं, बोले, "किंतु हम धर्म और मर्यादा नहीं छोड़ सकते सैनिक।"

तक्षक ने कहा, "मर्यादा का निर्वाह उनके साथ किया जाता है, जो मर्यादा का अर्थ समझते हों, ये बर्बर धर्मोन्मत्त राक्षस हैं, महाराज। इनके लिए हत्या और बलात्कार ही धर्म है।"

"पर यह हमारा धर्म नहीं है वीर।"

"राजा का केवल एक ही धर्म होता है महाराज, और वह है प्रजा की रक्षा। देवल और मुल्तान का युद्ध याद करें महाराज, जब कासिम की सेना ने राजा दाहिर को पराजित करने के पश्चात् प्रजा पर कितना अत्याचार किया था। ईश्वर न करे, यदि हम पराजित हुए तो बर्बर अत्याचारी अरब हमारी स्त्रियों, बच्चों और निरीह प्रजा के साथ कैसा व्यवहार करेंगे, यह आप भली-भाँति जानते हैं।"

महाराज ने एक बार पूरी सभा की ओर निहारा, सब मौन तक्षक के तर्कों से सहमत दिखाई दे रहे थे। महाराज अपने मुख्य सेनापतियों, मंत्रियों एवं तक्षक के साथ गुप्त मंत्रणा कक्ष की ओर चले गए। अगले दिवस की संध्या तक कन्नौज की पश्चिम सीमा पर दोनों सेनाओं का पड़ाव हो चुका था और आशा थी कि अगला प्रभात एक भीषण युद्ध का साक्षी होगा।

आधी रात बीत चुकी थी। अरब सेना अपने शिविर में निश्चिंत सो रही थी, अचानक तक्षक के संचालन में कन्नौज की एक चौथाई सेना अरब शिविर पर टूट पड़ी, अरबों को किसी हिंदू शासक से रात्रि युद्ध की आशा न थी। वे उठते, सावधान होते और हथियार सँभालते, इसके पूर्व ही आधे अरब गाजर-मूली की तरह काट डाले गए। इस भयंकर निशा में तक्षक का शौर्य अपनी पराकाष्ठा पर था। वह घोड़ा दौड़ाता जिधर निकल जाता, उधर की भूमि शवों से पट जाती थी। आज माँ और बहनों की आत्मा को ठंडक देने का समय था। ऊषा की प्रथम किरण के पूर्व अरब की दो-तिहाई सेना मारी जा चुकी थी। सुबह होते ही बची सेना पीछे भागी, किंतु आश्चर्य महाराज नागभट्ट अपनी शेष सेना के साथ उधर तैयार खड़े थे। दोपहर

होते–होते सारी अरब सेना काट डाली गई। अपनी बर्बरता के बल पर विश्वविजय का स्वप्न देखनेवाले आतंकियों को पहली बार किसी ने ऐसा उत्तर दिया था।

विजय के बाद महाराज ने अपने समस्त सेनानायकों की तरफ देखा, उनमें 'तक्षक' का कहीं पता नहीं था। सैनिकों ने युद्धभूमि में 'तक्षक' की खोज प्रारंभ की तो देखा लगभग हजार अरब सैनिकों के शवों के बीच तक्षक की मृत देह चमक रही है। उसे शीघ्र उठाकर महाराज के सामने लाया गया। कुछ क्षण तक इस अद्‍भुत योद्धा की ओर चुपचाप देखने के पश्चात् महाराज नागभट्ट आगे बढ़े और तक्षक के चरणों में अपनी तलवार रखकर उसकी मृत देह को प्रणाम किया और युद्ध के पश्चात् युद्ध भूमि में पसरी नीरवता में भारत का यह महान् सम्राट् गरज उठा—

"आप आर्यावर्त की वीरता के शिखर थे, तक्षक! भारत ने अब तक मातृभूमि की रक्षा में प्राण न्योछावर करना सीखा था, आपने मातृभूमि के लिए प्राण लेना सिखा दिया। भारत युगों–युगों तक आपका आभारी रहेगा।"

इतिहास साक्षी है, इस युद्ध के बाद अगले तीन शताब्दियों तक अरबों की भारत की ओर देखने की हिम्मत नहीं हुई। तक्षक ने सिखाया कि मातृभूमि की रक्षा के लिए प्राण दिए नहीं, लिये भी जाते हैं, साथ ही यह भी सिखाया कि दुष्ट केवल दुष्टता की भाषा जानता है, इसलिए उसके दुष्टतापूर्ण कुकृत्यों का प्रत्युत्तर उसकी ही भाषा में देना चाहिए, अन्यथा वह आपको कमजोर समझता रहेगा।

सबकुछ पूर्ववत् हो गया, लेकिन दसवीं शताब्दी के उत्तरार्ध में गजनी के तुर्क शासकों की कुदृष्टि से भारत बच न सका। विशेषकर महमूद गजनवी, जब 889 ई. गजनी का शाह बना तो बगदाद के खलीफा ने उसके पद को मान्यता प्रदान की तथा उसे 'यमीन–उद्–दौला' तथा 'यमीन–उल–मिल्लाह' की उपाधियों से विभूषित किया। कहा जाता है कि जिस समय खलीफा ने उसके पास मान्यता–पत्र भेजा था, उस समय उसने उसे भारत के विरुद्ध प्रतिवर्ष एक अभियान का नेतृत्व करने की आज्ञा प्रदान की थी। तदनुसार महमूद ने भारत के काफिरों के विरुद्ध प्रतिवर्ष आक्रमण की प्रतिज्ञा की थी।

□

प्रसंग–3

गजनबी से चौहान तक

: सात :

महमूद के पहले आक्रमण सीमावर्ती नगरों पर हुए। इन आक्रमणों द्वारा उसने सीमांत के अनेक किलों पर अपना अधिकार कर लिया। महमूद का दूसरा आक्रमण राजा जयपाल पर हुआ। जयपाल भी युद्ध के लिए सन्नद्ध था। 27 नवंबर, 1001 ई. को पेशावर के निकट भीषण युद्ध हुआ, लेकिन वीरतापूर्वक लड़ने के बाद भी इस युद्ध में जयपाल की पराजय हुई तथा उसे उसके अनेक संबंधियों के साथ बंदी बना लिया गया। जयपाल ने एक संधि द्वारा बहुत सा धन तथा 50 हाथी देने का वचन दिया। इसके बावजूद महमूद ने जयपाल की राजधानी वैहिंद पर आक्रमण किया तथा अपार धन-जन की हानि पहुँचाई। जयपाल ने इस असहनीय आक्रमण के कारण आत्महत्या कर ली। उसकी मृत्यु के पश्चात् 1002 ई. में उसका पुत्र आनंदपाल उसका उत्तराधिकारी बना।

इसके बाद महमूद ने मुल्तान पर आक्रमण किया, जहाँ का शासक फतेह दाऊद करमाथी संप्रदाय का अनुयायी था। वह कट्टर इसलाम का समर्थक नहीं था, इसलिए महमूद उसे राजपूतों के समान काफिर समझकर उससे घृणा करता था। मुल्तान पर अधिकार करने से पहले महमूद ने झेलम के बाएँ किनारे पर स्थित भेरानगर पर आक्रमण किया, क्योंकि मुल्तान का मार्ग पंजाब से होकर जाता था। जयपाल के पुत्र आनंदपाल ने उसका विरोध किया, परंतु वह पराजित हुआ। 1006 ई. में महमूद ने मुल्तान पर अधिकार कर लिया। महमूद जयपाल के पौत्र सुखपाल को मुल्तान का राज्य सौंपकर गजनी लौट गया। लेकिन शीघ्र ही सुखपाल ने महमूद की अधीनता तथा इसलाम धर्म का त्याग कर विद्रोह कर दिया। 1008 ई. में सुखपाल को दंड देने के लिए महमूद ने पुनः आक्रमण किया। सुखपाल को पराजित करके बंदीगृह में डाल दिया गया और मुल्तान को अपने साम्राज्य का अंग बना लिया।

महमूद का विश्वास था कि पंजाब पर पूरी तरह अधिकार किए बिना भारत में आगे बढ़ना असंभव है। इसके साथ ही आनंदपाल द्वारा दाऊद करमाथी को सहायता दिए जाने पर महमूद नाराज था। आनंद पाल ने महमूद के विरुद्ध युद्ध लड़ने के लिए अजमेर, दिल्ली, उज्जैन, कन्नौज, कालिंजर तथा ग्वालियर आदि के राजाओं का एक संघ भी बनाया था। दोनों के बीच घमासान युद्ध हुआ तथा ऐसा लगने लगा कि महमूद गजनबी पराजित होने ही वाला है कि एक घटना घटी। आनंद पाल का हाथी भयभीत होकर युद्धक्षेत्र से भाग खड़ा हुआ। अपार धन-जन की हानि हुई एवं इन पराजयों के फलस्वरूप हिंदू शाही राज्यों का प्रभाव कम होने लगा।

1009 ई. में महमूद ने काँगड़ा के पर्वतीय प्रदेश नगरकोट पर आक्रमण किया। मुसलमानों ने नगरकोट के किले को घेर लिया, जिसमें हिंदुओं ने अथाह धन एकत्र कर रखा था। नगरकोट वासी महमूद की विजयों तथा विशेषकर आनंदपाल की पराजय के समाचार से पहले से ही हतोत्साहित थे। परिणामस्वरूप उन्होंने बिना किसी प्रतिरोध के ही दुर्ग के फाटक खोल दिए। महमूद की सेना ने ज्वालामाई के मंदिर को जी भरकर लूटा। इस अतुल्य संपत्ति को प्राप्त करके न केवल महमूद की और अधिक धन प्राप्त करने की तृष्णा बढ़ी वरन् उसकी और अधिक विजयों की आकांक्षा भी बढ़ गई। इन आक्रमणों का लक्ष्य था लूट और धर्मांतरण।

निरंतर परास्त होने के बाद भी हिंदूशाही शासक आनंद पाल हतोत्साहित नहीं हुआ, वरन् परास्त होते-होते उसमें महमूद के प्रतिरोध की भावना और अधिक दृढ़ हो गई। उसने नकक की पहाड़ियों में अपनी एक छोटी सी सेना एकत्र करके अपनी स्थिति को सुदृढ़ करने का प्रयास किया तथा 'नंदन' नामक नगर को अपनी राजधानी बनाया। इसी बीच उसकी मृत्यु हो गई और उसका पुत्र त्रिलोचन पाल उसका उत्तराधिकारी हुआ। महमूद ने उसे भी चैन की साँस नहीं लेने दी और 1014 ई. में अल्पकालीन घेरे के बाद 'नंदन' पर अधिकार कर लिया। यद्यपि त्रिलोचन के पुत्र भीमपाल ने अद्‌भुत वीरता का परिचय दिया। त्रिलोचन पाल ने भागकर कश्मीर में शरण ली, परंतु महमूद ने उसे वहाँ भी चैन नहीं लेने दिया तथा त्रिलोचन पाल और 'कश्मीर' के सेनापति तुंग की सेनाओं को पराजित किया, लेकिन त्रिलोचन पाल के मन से अभी पंजाब पर शासन करने की आकांक्षा समाप्त नहीं हुई थी, वह कश्मीर में शरणार्थी की तरह और अधिक समय काटना भी नहीं चाहता था। अतः उसने पूर्वी पंजाब में लौटकर शिवालक की पहाड़ियों में अपनी शक्ति को पुनर्गठित किया। उसने बुंदेलखंड के चंदेल शासक विद्याधर से मैत्री संबंध स्थापित किए,

क्योंकि वह उस समय उत्तरी भारत का एक शक्तिशाली शासक था। इस संगठन को तोड़ने के इरादे से महमूद ने 1019 ई. में पुन: भारत पर आक्रमण किया तथा रामगंगा के निकट लड़े गए युद्ध में त्रिलोचन को परास्त किया। इस युद्ध ने त्रिलोचन पाल की कमर तोड़ दी तथा उसके अनुयायियों में फूट पड़ गई। 1021-22 ई. में त्रिलोचन का बध कर दिया गया एवं उसका पुत्र भीमपाल उसका उत्तराधिकारी बना, जिसकी स्थिति एक सामंत जैसी थी। 1026 ई. में उसकी मृत्यु के साथ उत्तर पश्चिमी भारत के उस शक्ति संपन्न एवं गौरवशाली हिंदूशाही राज्य का पतन हो गया, जिसने मुसलमानों के भारत वर्ष में प्रसार का सर्वाधिक प्रतिरोध किया था। इस राज्य के पतन से महमूद के उत्तरी भारत में प्रवेश का कार्य आसान हो गया।

उपर्युक्त आक्रमणों के अतिरिक्त 1014 ई. में महमूद ने थानेश्वर पर आक्रमण किया। वहाँ के राजा द्वारा डटकर प्रतिरोध करने के बाद भी उसकी पराजय हुई। यहाँ भी महमूद के लूट में अपार धनराशि प्राप्त हुई।

महमूद ने 1015 एवं 1021 ई. के बीच दो बार कश्मीर को जीतने का प्रयास किया, परंतु असफल रहा। अंत में असंभव जान उसने कश्मीर-विजय का विचार छोड़ दिया। इसके बाद महमूद 1918 ई. में गंगा की घाटी की ओर बढ़ा और उत्तरी भारत के सबसे घने बसे हुए, समृद्धिशाली एवं धार्मिक दृष्टि कोण से अत्यधिक महत्त्वपूर्ण नगर मथुरा की ओर प्रस्थान किया। इस आक्रमण में महमूद को सेना ने श्रीकृष्ण जन्मभूमि के अनेक मंदिरों को नष्ट किया और युगों से संचित संपत्ति को लूट लिया तथा नगर का विध्वंस किया। यही हाल वृंदावन का भी किया गया। वहाँ का राजा आक्रमण का समाचार सुनते ही भाग खड़ा हुआ।

मथुरा से महमूद 1919 में कन्नौज की ओर अग्रसर हुआ कन्नौज हर्ष के समय से ही उत्तर भारत का एक महत्त्वपूर्ण और समृद्धिशाली नगर था। उस समय वहाँ गुर्जर प्रतिहार वंश का शासन था। तत्कालीन शासक राज्यपाल महमूद के आक्रमण का समाचार सुनते ही भाग खडा हुआ। महमूद ने नगर को घेरकर दुर्गों पर अपना अधिकार कर लिया तथा नगर को खुलकर लूटा।

बुंदेलखंड के चंदेल राजा (गंड/विद्याधर) को गुर्जर प्रतिहार शासक राज्यपाल द्वारा बिना किसी प्रतिरोध के आत्मसमर्पण करना अत्यधिक अपमानजनक लगा। उसने विदेशी आक्रमण के विरुद्ध अपने देश और धर्म की रक्षा के लिए कुछ प्रमुख राजपूत राजाओं का संघ बनाया। सर्वप्रथम उन्होंने राज्यपाल पर आक्रमण करके उसकी हत्या कर दी। इस संघ के विरुद्ध 1019 ई. में महमूद आगे बढ़ा। चंदेल राजा

ने इस संघर्ष में अत्यधिक वीरता का परिचय दिया तथा उसकी विशाल सेना को देखकर महमूद को भी अपनी पराजय निकट जान पड़ी, परंतु इसी बीच जाने क्या हुआ कि रात्रि में चंदेल राजा अचानक युद्धभूमि से भाग खड़ा हुआ। महमूद के लिए यह अप्रत्याशित सफलता थी। महमूद ने चंदेल राज्य को बुरी तरह से लूटा और इस धनराशि के साथ 1022 ई. में गजनी वापस लौट गया।

1022 ई. में ही चंदेलों की शक्ति को पूर्णत: समाप्त करने के उद्‌देश्य से वह पुन: वापस आया। मार्ग में ग्वालियर के किले को जीतने का असफल प्रयास करते हुए महमूद कालिंजर के दुर्ग की ओर बढ़ा। उसने अपनी स्थिति को सुदृढ़ करने के उद्‌देश्य से ग्वालियर के कछवाह राजा से संधि कर ली। तत्पश्चात् वह कालिंजर की ओर बढ़ा तथा कालिंजर को घेर लिया। दीर्घ काल तक घेरा पड़ा रहने के बाद दोनों में संधि हो गई, जिसके अनुसार चंदेल राजा ने महमूद को बहुत सारा धन दिया तथा उसकी अधीनता स्वीकार कर ली।

इसके बाद 1025 ई. में महमूद का सर्वाधिक प्रसिद्ध आक्रमण काठियावाड़ के तट पर स्थित सोमनाथ के मंदिर पर हुआ। पूरी तैयारी एवं सतर्कता बरतते हुए एक अत्यधिक विशाल सेना लेकर महमूद अचानक अन्हिलवाड़ा जा पहुँचा। वहाँ का शासक भीम द्वितीय इस आक्रमण का सामना करने के लिए तैयार न था। अत: प्रतिरोध व्यर्थ जान वह अपनी राजधानी छोड़कर भाग खड़ा हुआ। महमूद का आक्रमण इतना अप्रत्याशित था कि विरोध का कोई मतलब नहीं था। राजधानी खाली होने के कारण महमूद ने निर्विरोध रूप से लूट और कत्लेआम किया। महमूद ने सोमनाथ के शिवलिंग को भी तोड़कर गजनी भेज दिया। अन्हिलवाड़ा का शासन भीम द्वितीय को सौंपकर अथाह धनराशि के साथ वह गजनी वापस लौट गया।

गजनी लौटते हुए मार्ग में महमूद गजनबी ने अंतिम आक्रमण 1027 ई. में सिंध के उन जाटों पर किया, जिन्होंने उन्हें पिछले वर्ष मार्ग में क्षति पहुँचाई थी। इन जाटों तथा खोखरों का बुरी तरह दमन कर महमूद वापस गजनी लौट गया, जहाँ अप्रैल 1030 ई. में उसकी मृत्यु हो गई।

□

: आठ :

सोमनाथ की लड़ाई में महमूद गजनबी के साथ उसके भानजे सैयद सालार मसूद गाजी ने भी भाग लिया था। 1030 ई. में महमूद गजनबी की मृत्यु के पश्चात् उत्तर भारत में इसलाम का प्रसार करने की जिम्मेदारी मसूद ने अपने कंधों पर ली, लेकिन 10 जून, 1034 ई. को बहराइच की लड़ाई में वहाँ के शासक महाराजा सुहेलदेव के हाथों वह डेढ़ लाख जेहादी सेना के साथ मारा गया। इसलामी सेना की इस पराजय के बाद भारतीय शूरवीरों का ऐसा आंतक विश्व में व्याप्त हो गया कि उसके बाद आनेवाले 150 वर्षों तक किसी भी आक्रमणकारी को भारतवर्ष पर आक्रमण करने का साहस नहीं हुआ।

ऐतिहासिक सूत्रों के अनुसार श्रावस्ती नरेश राजा प्रसेनजित ने बहराइच राज्य की स्थापना की थी, जिसका प्रारंभिक नाम 'ब्रह्माइच' था। इसी कारण उन्हें ब्रह्माइच नरेश के नाम से भी संबोधित किया जाता था। इन्हीं महाराजा प्रसेनजित को माघ माह की बसंत पंचमी के दिन 990 ई. को एक पुत्ररत्न की प्राप्ति हुई, जिसका नाम सुहेलदेव रखा गया। अवध गजेटियर के अनुसार इनका शासन काल 1027 ई से 1077 ई. तक स्वीकार किया गया है। वे जाति के पासी थे, राजभर थे अथवा जैन, इस पर सभी एकमत नहीं हैं।

महाराजा सुहेलदेव का साम्राज्य गोरखपुर (महराजगंज सहित) तथा पश्चिम में सीतापुर तक फैला हुआ था। गोंडा, बहराइच, लखनऊ, बाराबंकी व उन्नाव इस राज्य की सीमा के अंतर्गत समाहित थे। इन सभी जिलों में राजा सुहेलदेव के सहयोगी राजा राज्य करते थे, जिनकी संख्या 21 थी। ये थे—(1) राय सायब (2) राय रायब (3) अर्जुन (4) भग्गन (5) गंग (6) मकरन (7) अंकर (8) करन (9) बीरबल (10) जयपाल (11) श्रीपाल (12) हरपाल (13) हरकरन (14) हरखू (15) नरहर (16) भल्लर (17) जुधारी (18) नारायण (19) भल्ला

(20) नरसिंह तथा (21) कल्याण। ये सभी वीर महाराजा सुहेलदेव के आदेश पर धर्म तथा राष्ट्र-रक्षा हेतु सदैव आत्म-बलिदान के लिए तत्पर रहते थे। इनके अतिरिक्त राजा सुहेलदेव के दो भाई बहरदेव व मल्ल देव भी थे, जो अपने भाई के ही समान वीर थे तथा पिता की भाँति उनका सम्मान करते थे।

□

महमूद गजनबी की मृत्यु के पश्चात् अपने पिता सैयद सालार साहू गाजी के साथ एक बड़ी जेहादी सेना लेकर सैयद सालार मसूद गाजी भारत की ओर बढ़ा और दिल्ली पर आक्रमण किया। एक माह तक चले इस युद्ध ने सालार मसूद के मनोबल को तोड़कर रख दिया। वह हारने ही वाला था कि गजनी से बख्तियार साहू, सालार सैफुद्दीन, अमीर सैयद एजाजुद्दीन, मलिक दौलत मियाँ, रजब सालार और अमीर सैयद नसरूल्लाह आदि एक बड़ी घुड़सवार सेना लेकर मसूद की सहायता को आ गए। पुनः भयंकर युद्ध प्रारंभ हो गया, जिसमें दानों ही पक्ष के अनेक योद्धा हताहत हुए। इस लड़ाई के दौरान राय महीपाल व राय हरगोपाल ने अपने घोड़े दौड़ाकर मसूद पर गदा से प्रहार किया, जिससे उसकी आँख पर गंभीर चोट आई तथा उसके दो दाँत टूट गए। हालाँकि ये दोनों ही वीर इस युद्ध में लड़ते हुए शहीद हो गए, लेकिन उनकी वीरता व साहस अद्वितीय था।

मेरठ का राजा हरिदत्त मुसलमान हो गया तथा उसने मसूद से संधि कर ली। यही स्थिति बुलंदशहर व बदायूँ के शासकों की भी हुई। कन्नौज का शासक भी मसूद का साथी बन गया। अतः सालार मसूद ने कन्नौज को अपना केंद्र बनाकर हिंदुओं के तीर्थ-स्थलों को नष्ट करने हेतु अपनी सेना भेजना प्रारंभ किया। इसी क्रम में मलिक फैसल को वाराणसी भेजा गया तथा वह स्वयं सतरिख (सप्त ऋषि) की ओर बढ़ा। मिरआते मसूदी के विवरण के अनुसार सतरिख (बाराबंकी) हिंदुओं का एक बहुत बड़ा तीर्थ स्थल था। एक किंवदंती के अनुसार इस स्थान पर भगवान् राम व लक्ष्मण ने शिक्षा प्राप्त की थी। यह सात ऋषियों का स्थान था, इसलिए इस स्थान का नाम सप्तऋर्षि पड़ा था, जो कालांतर में 'सतरिख' हो गया।

सालार मसूद बिलग्राम, मल्लावा, हरदोई, संडीला, मलीहाबाद, अमेठी व लखनऊ होता हुआ सतरिख पहुँचा। उसने अपने गुरु सैयद इब्राहीम बाराहजारी को धुंधगढ़ भेजा, क्योंकि धुंधगढ़ के किले में उसके मित्र मोहम्मद सरदार को राजा रायदीन दयाल व अजय पाल ने घेर रखा था। इब्राहीम बाराहजारी जिधर से गुजरते गैर-मुसलमानों का बचना मुश्किल था। बचता वही था, जो इसलाम स्वीकार कर

लेता था। आइनऐ मसूदी के अनुसार—

विशाल सतरिख से लहराता हुआ बाराहजारी का
चला है धुंधगढ़ को काफिला बाराहजारी का।
मिला जो राह में मुनकिर, उसे दोजख में पहुँचाया
बचा वह जिसने कलमा पढ़ लिया बाराहजारी का।

इस लड़ाई में राजा दीन दयाल व तेज सिंह बड़ी ही वीरता से लड़े, लेकिन वीरगति को प्राप्त हुए, परंतु दीनदयाल के भाई राय करनपाल के हाथों इब्राहीम बाराहजारी मारा गया। कड़े के राजा देव नारायण व मानिकपुर के राजा भोजपात्र ने एक नाई को सैयद सालार मसूद गाजी के पास भेजा कि वह विष से बुझी नहन्नी से उसके नाखून काटे, ताकि सैयद सालार मसूद की जीवनलीला समाप्त हो जाए, लेकिन इलाज से वह बच गया। इस सदमे से उसकी माँ खुतुर मुअल्ला चल बसी।

इस प्रयास के असफल होने के पश्चात् कड़े मानिकपुर के राजाओं ने बहराइच के राजाओं को संदेश भेजा कि हम अपनी ओर से इसलामी सेना पर आक्रमण करें और तुम अपनी ओर से। इस प्रकार हम इसलामी सेना का सफाया कर देंगे, परंतु संदेशवाहक सैयद सालार के गुप्तचरों द्वारा बंदी बना लिया गया। इन संदेशवाहकों में दो ब्राह्मण व एक नाई था। ब्राह्मणों को छोड़ दिया गया, लेकिन नाई को फाँसी दे दी गई। इस भेद के खुल जाने पर मसूद के पिता सालार साहू ने एक बड़ी सेना के साथ कड़े मानिकपुर पर धावा बोल दिया। दोनों राजा देवनारायण व भोजपात्र बड़ी वीरता से लड़े, लेकिन परास्त हुए। इन राजाओं को बंदी बनाकर सतरिख भेज दिया गया। वहाँ से सैयद सालार के आदेश पर इन राजाओं को सालार सैफुद्दीन के पास बहराइच भेज दिया गया। जब बहराइच के राजाओं को इस बात का पता चला तो उन्होंने सैफुद्दीन को घेर लिया। इस पर सालार मसूद उसकी सहायता के लिए बहराइच की ओर आगे बढ़ा। इसी बीच उसके पिता सालार साहू का निधन हो गया।

बहराइच के पासी/राजभर राजा भगवान् सूर्य के उपासक थे। बहराइच में सूर्य कुंड पर स्थित भगवान् सूर्य की मूर्ति की वे पूजा करते थे। उस स्थान पर प्रत्येक ज्येष्ठ माह में प्रथम रविवार, जो बृहस्पतिवार के बाद पड़ता था, एक बड़ा मेला लगता था। यह मेला सूर्यग्रहण, चंद्रग्रहण तथा प्रत्येक रविवार को भी लगता था। वहाँ यह परंपरा काफी प्राचीन थी। बालार्क ऋषि व भगवान् सूर्य के प्रताप से इस कुंड में स्नान करनेवाले कुष्ठ रोग से मुक्त हो जाया करते थे। सालार मसूद के बहराइच आने का समाचार पाते ही बहराइच के राजागण—रायरायब, राय साहब, अर्जुन,

भीखन, गंग, अंकर, करन, बीरबर, जयपाल, श्रीपाल, हरपाल, हरखू, जोधारी व नरसिंह महाराजा सुहेलदेव के नेतृत्व में लामबंद हो गए। ये राजागण बहराइच शहर के उत्तर की ओर लगभग आठ मील की दूरी पर भकला नदी के किनारे अपनी सेना सहित उपस्थित हुए। अभी ये युद्ध की तैयारी कर ही रहे थे कि सालार मसूद ने उन पर रात्रि में आक्रमण (शबखून) कर दिया। मगरिब की नमाज के बाद अपनी विशाल सेना के साथ वह भकला नदी की ओर बढ़ा और उसने सोती हुई हिंदू सेना पर आक्रमण कर दिया। इस अप्रत्याशित आक्रमण में दोनों ओर के अनेक सैनिक मारे गए, लेकिन बहराइच की इस पहली लड़ाई में सालार मसूद विजयी रहा।

पहली लड़ाई में परास्त होने के पश्चात् पुनः अगली लड़ाई हेतु हिंदू सेना संगठित होने लगी तथा उन्होंने रात्रि-आक्रमण पर ध्यान नहीं दिया। उन्होंने महाराजा सुहेलदेव के परामर्श पर आक्रमण के मार्ग में हजारों विषबुझी कीलें अवश्य धरती में छिपाकर गाड़ दी। ऐसा रातोरात किया गया। इसका परिणाम यह हुआ कि जब मसूद की घुड़सवार सेना ने पुनः रात्रि आक्रमण किया, जो वे इसकी चपेट में आ गए। हालाँकि हिंदू सेना इस युद्ध में परास्त हो गई, लेकिन इसलामी सेना के एक तिहाई सैनिक इस युक्ति प्रधान युद्ध में मारे गए। भारतीय इतिहास में इस प्रकार युक्तिपूर्वक लड़ी गई यह एक अनूठी लड़ाई थी।

दो बार धोखे का शिकार होने के बाद हिंदू सेना सचेत हो गई तथा अब वह महाराजा सुहेलदेव के नेतृत्व में युद्ध लड़ने के लिए सन्नद्ध थी। कहते हैं कि प्रत्येक हिंदू परिवार से युवा हिंदू इस लड़ाई में सम्मिलित हुआ। महाराजा सुहेलदेव के इस युद्ध में सम्मिलित होने से हिंदुओं का मनोबल बढ़ा हुआ था। लड़ाई का क्षेत्र चित्तौरा झील से हठीला और अनार कली (सूर्य कुंड) तक फैला हुआ था। जून 1034 ई. को हुई इस लड़ाई में सालार मसूर दाहिने पार्श्व (मैमना) की कमान मीर नसरूल्ला को तथा बाएँ पार्श्व (मैसरा) की कमान सालार रज्जब को सौंपी तथा स्वयं केंद्र (कल्ब) की कमान सँभाली और भारतीय सेना पर आक्रमण का आदेश दिया। इससे पहले इसलामी सेना ने हिंदू सेना के सामने हजारों गायों व बैलों को छोड़ दिया, ताकि हिंदू सेना प्रभावी आक्रमण न कर सके। लेकिन महाराजा सुहेलदेव की सेना पर इसका कोई प्रभाव न पड़ा। वे भूखे सिंहों की भाँति इसलामी सेना पर टूट पड़े। मीर नसरूल्लाह बहराइच के उत्तर में बारह मील की दूरी पर स्थित ग्राम दिकोली के पास मारा गया। सैयद सालार मसूद के भानजा सालार मिया रज्जब बहराइच के पूर्व में तीन किलोमीटर की दूरी पर स्थित ग्राम शाहपुर

जोत युसूफ के पास 8 जून, 1034 ई. को मार दिया गया।

अब भारतीय सेना ने राजा करन के नेतृत्व में इसलामी सेना के केंद्र पर आक्रमण कर दिया, जिसका नेतृत्व सालार मसूद स्वयं कर रहा था। उसने सालार मसूद को घेर लिया। इस पर सालार सैफुद्दीन अपनी सेना के साथ उनकी सहायता के लिए आगे बढ़ा। भयंकर युद्ध हुआ, जिसमें हजारों लोग मारे गए। स्वयं सालार सैफुद्दीन भी मारा गया। उसकी समाधि बहराइच नानपारा रेलवे लाईन के उत्तर में बहराइच शहर के पास ही है। शाम हो जाने के बाद युद्ध बंद हो गया और सेनाएँ अपने शिविरों में लौट गईं। 10 जून, 1034 ई. को महाराजा सुहेलदेव के नेतृत्व में हिंदू सेना ने सालार मसूद गाजी की फौज पर तूफानी गति से आक्रमण किया। इस युद्ध में सालार मसूद अपनी घोड़ी पर सवार होकर बड़ी वीरता के साथ लड़ा, लेकिन अधिक देर तक ठहर न सका। महाराजा सुहेलदेव ने शीघ्र ही उसे अपने बाणों का निशाना बना लिया और उनके द्वारा छोड़ा गया एक विषबुझा तीर सालार मसूद के गले में लगा, जिससे उनका प्राणांत हो गया। इसके दूसरे ही दिन शिविर की देखभाल करनेवाला सालार इब्राहीम भी बचे हुए सैनिकों के साथ मारा गया। यह एक जनयुद्ध था, जो लगभग 25 कि.मी. के दायरे में लड़ा गया। सैयद सालार मसूद गाजी को उसकी डेढ़ लाख इसलामी सेना के साथ समाप्त करने के बाद महाराजा सुहेलदेव ने विजय पर्व मनाया और इस महान् विजय के उपलक्ष्य में कई पोखरे खुदवाए। वे एक विशाल 'विजय स्तंभ' का निर्माण करवाना चाहते थे, लेकिन इसे पूरा न करवा सके। संभवत: यह वही स्थान है, जिसे एक टीले के रूप में श्रावस्ती से कुछ दूरी पर इकोना–बलरामपुर राजमार्ग पर देखा जा सकता है।

□

: नौ :

महमूद गजनबी से लेकर मसूद तक भारत पर जो लगातार आक्रमण किए गए, उसका लक्ष्य भारतवर्ष से मूर्तिपूजा को समाप्त करके इस देश का इसलामीकरण करना था। महमूद गजनबी के आक्रमण के साथ ही मध्य एशिया से अनेक सुन्नी, सूफी व शेख आकर भारत में बसने प्रारंभ हो गए थे। ग्यारहवीं शताब्दी के मध्य तक सूफी पंजाब व उसके आस-पास के क्षेत्रों में अनेक स्थानों पर आकर बस गए। इन सूफियों ने भारत में इसलामीकरण का कार्य अधिक स्थिरता के साथ किया, जिसे महमूद गजनबी व मसूद तलवार के बल पर भी न कर सके।

कुछ लोगों का विश्वास है कि सूफीवाद भारतीय दर्शन के भक्ति व ध्यान योग की ही उपज है, जिसका प्रभाव इसलाम के प्रवेश से पहले मध्य एशिया और उसके आस-पास के क्षेत्रों में व्यापक रूप से हो गया था। इस संदर्भ में एक बात तो स्पष्ट है कि चाहे सूफीवाद के विकास में भारतीय दर्शन की कोई भूमिका रही हो या न रही हो, सूफी हर प्रकार से कट्टर धर्मनिष्ठ मुसलमान होते हैं और वे हिंदू काफिरों, मूर्ति पूजकों इत्यादि को इसलाम में दीक्षित करना अथवा उनको समूल नष्ट कर देना अपना धार्मिक कर्तव्य समझते रहे हैं। इनकी अनेक परंपराएँ रही हैं। इनके ध्यान व भजन (कव्वाली) में अनेक भेद हो सकते हैं, परंतु हिंदुओं के प्रति उस सबका दृष्टिकोण वही रहा है, जो एक कट्टर धर्मनिष्ठ मुसलमान का होता है।

महमूद गजनबी के आक्रमण के साथ ही भारत के इसलामीकरण का जो दूसरा चरण प्रारंभ हुआ, आक्रामक तलवार और कुरान लेकर भारत में प्रविष्ट हुए और तलवार के बल पर इसलाम के विस्तार का कार्य किया। दूसरी ओर सूफी लोग मुँह में भजन, चमत्कार के दावे और बगल में तलवार तथा कुरान लेकर आए। इसमें से अधिकांश ने प्रकट रूप से तलवार का प्रयोग नहीं किया, किंतु कुछ ऐसे भी थे, जो आवश्यकता पड़ने पर स्वयं तलवार लेकर जिहाद के लिए उतर पड़ते थे।

कुछ ऐसे भी सूफी हुए हैं, जो वर्षों तक जंगलों में कथित रूप से योग-साधना और तपस्या (?) करते थे। धीरे-धीरे जब उनकी योगी, तपस्वी व ब्रह्मचारी होने तथा चमत्कार करने की झूठी ख्याति आस-पास की हिंदू जनता में फैल जाती थी तो हिंदू उनके भक्त बनने लगते थे और प्रारंभ हो जाता था—'धर्मांतरण का सिलसिला'।

इन सूफियों ने भारत में न केवल हिंदुओं, बौद्धों और जनजातियों का बड़े पैमाने पर धर्मांतरण किया, अपितु दक्षिण पूर्व एशिया के हिंदू-बौद्ध उपनिवेशों, जावा साम्राज्य व मलाया आदि में जाकर वहाँ के राजाओं का धर्मांतरण करके इन देशों को मुसलिम देश बना दिया। स्व. गिरीलाल जैन के लेख—'इसलाम में भरती करनेवाली संस्था' में कहा गया है—

"अकसर लोगों को इस बारे में बहम हो जाता है कि हिंदुस्तान में जो मुसलमान सूफी, फकीर व पीर हुए हैं, वे इसलाम पर भारतीयता या हिंदुत्व के असर के प्रतीक हैं, इसलिए उन्हें उदारवादी मानकर अपने नजदीक समझना चाहिए। यह इतिहास की समझ न रखने और इन सूफियों के बारे में कोई तथ्यात्मक जानकारी न रखने का परिणाम है, क्योंकि ये सूफी या फकीर चाहे और जो भी हों, लेकिन भारतीयता या हिंदुत्व के निकट नहीं हैं, न ही ये इसलाम और हिंदुत्व के मध्य भाईचारे या मेल-जोल का द्विअर्थी पुल है। पुल अगर इन्हें कहा भी जाए तो इसे एक मार्गी पुल कह सकते हैं, जिस पर सवार होकर हिंदू तो इसलाम की ओर जा सकते हैं, पर इसलाम से हिंदुत्व की ओर कोई सफर नहीं हो सकता। इस लिहाज से मैं सूफियों और पीरों को इसलाम में भरती करनेवाली संस्था मानता हूँ और मेरी चुनौती है कि कोई इसके विपरीत तथ्य नहीं ला सकता।"

सूफियों के कारनामों पर प्रकाश डालनेवाली महत्त्वपूर्ण पुस्तकों में सैयद अतहर अब्बास अली रिजवी की पुस्तक 'दि हिस्टरी ऑफ सूफिज्म इन इंडिया' (दो खंड), पी.एम. करी की पुस्तक—'श्राइन एंड कल्ट ऑफ मुईनुद्दीन चिस्ती', डॉ. के.एस. लाल की पुस्तक 'इंडियन मुसलिम्स हू दे आर' व 'लीगेसी ऑफ मुसलिम रूल इन इंडिया' तथा पुरुषोत्तम सिंह योग की 'सूफियों द्वारा भारत का इसलामीकरण' विशिष्ट हैं।

इलियट एंड डाउसन की पुस्तक 'हिस्टरी ऑफ इंडिया बाई इट्स ओन हिस्टोरियंस' के खंड दो के पृ.-526 से 547 के बीच भारत के इसलामीकरण की दृष्टि से सालार मसूद की चर्चा की गई है, जिसे गाजी मियाँ, 'बाले मियाँ' के नाम से भी जाना जाता है। इसका प्रचार महान् करिश्माई सूफी के रूप में भी याद किया

जाता है। यह ऐसा सूफी था, जिसने पहले तलवार के बल पर इसलाम हेतु बड़े पैमाने पर धर्मांतरण कराया और बाद में महाराजा सुहेलदेव द्वारा मारे जाने के बहुत बाद सूर्य कुंड का प्रताप व प्रभाव को उनके उत्तराधिकारियों द्वारा उसके (मसूद के) प्रभाव के रूप में प्रचारित करने का छल किया। सांस्कृतिक अपहरण का ऐसा उदाहरण शायद ही कहीं मिले।

अपने अभियान के समय सालार मसूद का हिंदुओं के सामने एक ही प्रस्ताव होता था—'मृत्यु या इसलाम'। जिस मार्ग से चलकर वह पंजाब से बहराइच पहुँचा, उस मार्ग पर आज भी सहस्रों मजारें उसके उन साथियों व सैनिकों की हैं, जो हिंदुओं से युद्ध करते उस समय युद्ध में मारे गए थे। उन सबके नाम के आगे गाजी, शहीद, पीर अथवा बाबा आदि आदरसूचक शब्द जोड़ दिए गए। गाजी अर्थात् काफिर को मारनेवाला, शहीद अर्थात् जिहाद हेतु लड़ी गई लड़ाई में काफिर के हाथों मारा जानेवाला, पीर अर्थात् 'चमत्कारिक गुरु' तथा बाबा अर्थात् साधु, फकीर अथवा आदरणीय गुरु। ये सभी स्थान धर्मांतरण हेतु महत्त्वपूर्ण भूमिका का निर्वहन करते रहे हैं और आज भी कर रहे हैं।

मसूद गंगा नदी पार करके सतरिख (बाराबंकी जनपद) पहुँचा तो वहाँ हिंदुओं के उस पवित्र तीर्थ में घनी आबादी थी। मसूद ने वहीं डेरा डाल दिया और अपने सरदारों को सेना के साथ चारों ओर इस निर्देश के साथ रवाना किया कि "हम तुम्हें अल्लाह के सुपुर्द करते हैं। तुम जहाँ जाओ, पहले समझा-बुझाकर हिंदुओं को मुसलमान बनाओ। यदि वे इसलाम ग्रहण कर लें तो उन पर दया करना अन्यथा उनका कत्ल कर देना।" फिर वे गले मिलकर अपनी-अपनी दिशा में चल दिए।

एक मुसलिम इतिहासकार लिखता है—'कैसा अद्‍भुत दृश्य है, कैसी अद्‍भुत मित्रता है? कैसा अद्‍भुत विश्वास है कि केवल सत्य मत (इसलाम) के प्रचार के लिए बिना किसी भय के इस प्रकार कुफ्र के समुद्र में कूद पड़ना?' मीर बख्तियार दक्षिणी की ओर चल पड़ा और कानपुर तक पहुँच गया। वहाँ वह युद्ध में मारा गया, वहाँ उसकी मजार है। मसूद ने अमीर हसन अरब को महोना पर और मीर सैयद अजीजुद्दीन को गोपा मऊ पर आक्रमण करने के लिए भेजा। मीर सैयद अब 'लालपीर' के नाम से क्षेत्र में प्रसिद्ध है। बहराइच के प्रसिद्ध सूर्यमंदिर बालार्क व सूर्यकुंड में स्नान की प्राचीन हिंदू परंपरा बराबर मसूद को खटकती रही। यह बराबर कहा करता था कि वह कुफ्र के इस गढ़ को ध्वस्त कर देगा। यही कारण है कि बहराइच की लड़ाई में मारे गए मुसलिम सैनिकों को उसने सूर्य

कुंड में डालने का आदेश दिया। मसूद का विचार था कि उनकी दुर्गंध से हिंदू अपने तीर्थ को भ्रष्ट मानकर त्याग देंगे। मसूद की मृत्यु के बाद उसे वहीं कुटिला नदी के किनारे दफन कर दिया गया, जहाँ वह मारा गया था। बालार्क मंदिर ध्वस्त कर दिया गया था, अब केवल कुछ खँडहर तथा ईंटों का एक स्तंभ मात्र बचा है। मसूद की धारणा सत्य साबित हुई। हिंदू इस सूर्य मंदिर को भूल चुके हैं। यह सूर्य कुंड अब 'अनार कली' के रूप में बदल गया है। मसूद की मृत्यु के बाद भारतवर्ष लगभग 157 वर्षों तक विदेशी आक्रमण से मुक्त रहा, लेकिन इस दौरान सूफियों के माध्यम से धर्मांतरण के प्रयास जारी रहे। इन सूफियों में ख्वाजा मुईनुद्दीन चिश्ती का नाम बड़े ही अदब के साथ लिया जाता है। उन्हें उनके करिश्मों व सिद्धियों के लिए जाना जाता है। वे मोहम्मद साहब के वंशज़ 'सैयद' माने जाते हैं, जब कि मोहम्मद कुरैश थे। इनके उस्ताद सूफी उस्मान हरवानी थे। 'सियर-अल-अकताब' नामक पुस्तक के अनुसार उनके भारत में पदार्पण करने से यहाँ इसलाम की स्थापना हुई। उन्होंने अपने तर्क और विद्वत्ता से कुफ्र और शिर्क (हिंदू धर्म) के अँधेरे को नष्ट किया। इन्हें नबी-अल्-हिंद (हिंदुस्तान का पैगंबर) भी कहा जाता है। 'सियर-अल-आरिफीन' के अनुसार—ख्वाजा के आने के बाद उसकी तलवार के कारण इस कुफ्र की भूमि में मूर्तियों और मंदिरों के स्थान पर मसजिद, मिंबर और मेहराब बन गए। जिस भूमि पर मूर्तियों का गुणगान होता था, अब 'नारा-ए-तकवीर, अल्ला हो अकबर' सुनाई देता है। 'ख्वाजा मुईनुद्दीन चिश्ती का भारतीय इसलामीकरण में किसी जिहादी आक्रमणकारी से कम योगदान नहीं है। इसी प्रकार बंगाल के इसलामीकरण में कुतुबन आलम शेख नूरूल हक, सहारनपुर (उ.प्र.) के शेख अब्दुल गंगोही, शेख निजामुद्दीन औलिया (दिल्ली), शेख शिहाबुद्दीन सुहरावर्दी, शेख जलालुद्दीन तबरेजी, मख्दूम जहाँनिया उसका भाई राजू कत्ताल, शेख अलाउद्दीन सिसनानी, मीर सैयद अली हमदानी, नुरूद्दीन, ख्वाजा कुतुबुद्दीन बख्तियार काकी, बाबा फरीद, शेख अब्दुल काजी जिलानी, शेख अबू अली कलंदर आदि की भूमिका महत्त्वपूर्ण रही। इनके शिष्यों की सहस्रों दरगाहें और मजार संपूर्ण भारतवर्ष में बिखरी पड़ी हैं।

कहा जाता है कि ख्वाजा मुईनुद्दीन चिश्ती सोना बनाना जानते थे। उनकी रसोई में प्रतिदिन इतना भोजन बनता था कि नगर के सभी दरिद्र वहाँ आकर भोजन कर लेते थे। पाकशाला कानौकार जब उनके पास धन माँगने जाता था, तो वे अपने नमाज की दरी का एक कोना उठा देते थे। वहाँ अपार धनराशि सोने के रूप में पड़ी

रहती थी। वे नौकर से कह देते, 'जितना चाहे उठा ले जा।'

पैगंबर के आदेश पर वे इसलाम का प्रसार करने भारत आए थे। आदेश के अनुसार वे अजमेर आए और करिश्माई व्यक्तित्व होने के कारण विरोध के बावजूद वहीं बस गए तथा चमत्कारी शक्तियों के प्रदर्शन के बल पर हिंदुओं का धर्मांतरण प्रारंभ किया। इनमें कुछ ऐसे भी लोग थे, जो दिल्ली नरेश पृथ्वीराज चौहान से रुष्ट थे, जो विश्वासघात करने के लिए तैयार हो गए। ख्वाजा ने राय पिथौरा से सीधे-सीधे अनेक आग्रह करने प्रारंभ किए, जो कि तिरस्कारपूर्वक अस्वीकार कर दिए गए। इस पर ख्वाजा गजनी गए और वहाँ के सुल्तान शहाबुद्दीन गोरी को परिस्थितियाँ अनुकूल बताकर भारत पर आक्रमण करने के लिए आमंत्रित किया।

□

: दस :

शहाबुद्दीन गोरी और पृथ्वीराज चौहान की पहली लड़ाई सन् 1191 ई. में करनाल से सात मील दूर तराइन गाँव के पास हुई। शहाबुद्दीन ने सन् 1190 में भटिंडा के किले पर (जो लाहौर से 100 मील और दिल्ली से 180 मील पश्चिम में था) अधिकार कर लिया था और दिल्ली की ओर बढ़ा आ रहा था। पृथ्वीराज भटिंडा के किले पर पुन: अधिकार करने तथा शहाबुद्दीन गोरी को पराजित कर भारत से बाहर खदेड़ने के लिए राजपूत राजाओं की सहायता द्वारा एक विशाल सेना एकत्र कर तराइन की ओर बढ़ा। इस दोनों सेनाओं का सामना नदी के तट पर स्थित तराइन गाँव के निकट हुआ।

इस युद्ध में राजपूत सेना की संख्या तुर्क सेना से कहीं अधिक थी और वह तुर्क सेना के सामने दूर तक फैली हुई थी, जिसके कारण तुर्क राजपूत सेना पर उसके किसी भी पार्श्व की ओर आक्रमण नहीं कर सकते थे। राजपूत सेना ने जो व्यूह-रचना की थी, उसमें सामने की ओर हाथी खड़े किए गए थे, जिनके पीछे और दोनों पार्श्वों में अश्वारोही थे तथा उनके पीछे पैदल सैनिकों को लगाया गया था। गोरी की सेना में आगे, पीछे व दोनों पार्श्वों पर घुड़सवारों को लगाया गया था तथा पृष्ठ भाग में घुड़सवारों के पीछे ऊँटों की सेना लगाई गई थी।

राजपूत सेना से हाथियों की पीठ पर से शंख ध्वनि करके तथा तुर्क सेना ने नगाड़े व बिगुल बजाकर लड़ाई आरंभ की। तुर्क सेना में सबसे आगे अफगान और खोखर थे, जो लड़ते समय बहुत की चीखते-चिल्लाते व गर्जना करते थे। तुर्क घुड़सवारों का मुख्य हथियार धनुष-बाण था और राजपूत घुड़सवारों के पास तलवार और भाला। यह लड़ाई मुख्य रूप से राजपूत और तुर्क घुड़सवारों के बीच हुई। राजपूतों ने आगे बढ़कर तुर्क सेना के अग्रवर्ती अफगान और खोखर सैनिक दस्ते पर भालों से हमला बोल दिया तथा अपने प्रहारों से इस सैनिक दस्ते को शीघ्र

ही खदेड़ दिया। इसके उपरांत राजपूत तुर्क सेना के दोनों पार्श्वों पर आक्रमण करते और उन्हें तितर-बितर करते हुए तुर्क सेना के मध्य में जा पहुँचे। जहाँ शहाबुद्दीन गोरी सेना का नेतृत्व कर रहा था। इस समय राजपूत सैनिक बाढ़ की तरह बढ़े चले आ रहे थे और तुर्क घुड़सवार व धनुर्धर सैनिक राजपूतों के भालों के प्रहारों का सामना करने में असमर्थ थे। इस लड़ाई में सुल्तान शहाबुद्दीन गोरी घायल होने के पश्चात् युद्धभूमि से भाग निकला। इससे तुर्क सेना में भगदड़ मच गई, लेकिन राजपूत सेना भागती हुई तुर्क सेना का पीछा करके उसे पूर्णतया नष्ट नहीं कर सकी। इसका एक कारण यह भी था कि राजपूत सैनिकों के घोड़े तुर्की घोड़ों के समान तेज नहीं दौड़ सकते थे। पृथ्वीराज (राय पिथौरा) ने इस युद्ध का इतना ही लाभ उठाया कि उसने आगे बढ़कर भटिंडा के किले को घेर लिया और तेरह महीने घेरा डाले रहने के पश्चात् उसपर अधिकार कर लिया।

तराइन की पहली लड़ाई में गोरी पराजित अवश्य हुआ, लेकिन उसकी विजयी होने की महत्त्वाकांक्षा परास्त नहीं हुई। लौटते ही उसने पुनः आक्रमण की तैयारी प्रारंभ कर दी। जिन सरदारों ने तराइन की पहली लड़ाई में कायरता दिखलाई थी, उनका सार्वजनिक अपमान किया गया तथा उन्हें उनके उच्च पदों से हटा दिया गया। भारत पर पुनः आक्रमण करने के लिए उसने तुर्क व अफगानों की विशाल सेना एकत्र करना प्रारंभ कर दिया और डेढ़ वर्ष के अंदर ही 1,20,000 कवचधारी अश्वारोही सैनिकों की सेना में भरती कर ली। अब शहाबुद्दीन इस विशाल सेना के साथ देहली पर आक्रमण करने हेतु आगे बढ़ा। पेशावर पहुँचकर उसने उन सैनिक सरदारों को जिन्हें वह पदच्युत कर चुका था, पुनः बहाल कर दिया और उनसे कहा कि इस बार वे अपनी बहादुरी का प्रदर्शन कर अपने कलंक को दूर करें। इसका परिणाम यह हुआ कि ये सरदार भी अपनी सेना लेकर गोरी की सेना से आ मिले। इस प्रकार तुर्क सेना, जिसकी संख्या डेढ़ लाख से भी अधिक थी, देहली की ओर आगे बढ़ी।

राय पिथौरा ने सेना एकत्र करने में न तो शीघ्रता ही की और न कोई तत्परता ही दिखाई। उसके मित्र राजपूत राजाओं में से बहुत से इस बार पुनः उसकी सहायता के लिए अपनी सेना भेजने के इच्छुक नहीं थे और जो राजागण अपनी सेना भेज भी रहे थे, उन्होंने अपनी सेना की लाभबंदी करने और उनको देहली भेजने में देर कर दी। कुछ राजपूत राजाओं से विशेषकर कन्नौज के राजा जयचंद से पृथ्वीराज की शत्रता थी। अतः उनसे सहायता मिलने का प्रश्न ही नहीं था। फलस्वरूप वह इस बार पहली जैसी विशाल राजपूत सेना एकत्र न कर सका। जब उसको गोरी की सेना के देहली के पास पहुँचने की सूचना मिली, उसने जितनी भी सेना एकत्र हो चुकी

थी उसे ही लेकर तराइन के पहले वाले युद्धक्षेत्र के निकट अपना पड़ाव डाल दिया।

शहाबुद्दीन गोरी ने राजपूत सेना के मोर्च से दस मील दूरी पर अपना पड़ाव डाला। यहाँ पर उसे पृथ्वीराज द्वारा भेजी गई एक चेतावनी मिली, जिसमें कहा गया था कि यह राजपूतों की बहादुरी देख चुका है। अतः यदि वह अपने सैनिकों की सुरक्षा चाहता है तो बिना लड़े ही वापस लौट जाए। वापस लौटने पर राजपूत सेना उसकी सेना को किसी भी प्रकार की हानि नहीं पहुँचाएगी। वास्तव में ऐसा प्रतीत होता है कि पृथ्वीराज अभी लड़ना नहीं चाहता था, क्योंकि उसकी सैन्य संख्या कम थी। शहाबुद्दीन ने इस घटना का लाभ उठाते हुए एक कूटयोजनात्मक चाल चली और उत्तर में कहला भेजा कि "आपके इस मित्रतापूर्ण प्रस्ताव के लिए मैं आपका आभारी हूँ। मैं अपने भाई के पास, जो कि वास्तव में सुल्तान है, यह संदेश भेज रहा हूँ कि वे इस शर्त पर आप से संधि करने की अनुमति दे दे कि भटिंडा, पंजाब और मुल्तान गौरवंश के अधीन रहे और शेष भारत पर राजपूतों का शासन हो और जब तक उनका उत्तर न मिले, तब तक के लिए आप युद्ध न करने की कृपा करें।"

शहाबुद्दीन की यह चाल सफल रही। राजपूतों ने उसके उत्तर पर विश्वास कर लिया और लड़ाई के लिए तैयारी करने की कोई आवश्यकता ही नहीं समझी। सामान्य देखभाल व शत्रु के सामने होने पर जो चौकन्ना रहने की आवश्यकता होती है, उसकी ओर भी ध्यान नहीं दिया। दूसरी ओर शहाबुद्दीन ने फौरन ही राजपूत सेना पर आक्रमण करने की योजना बना ली, क्योंकि देर करने से राजपूत सेना की संख्या के और अधिक बढ़ जाने की आशंका थी और उसकी अपनी रसद सामग्री भी कम होती जा रही थी, साथ ही इस समय राजपूत सेना असावधान थी। मोहम्मद गोरी ने भारी-भारी सामान, हाथी तथा असैनिक कर्मचारी, वहीं छोड़कर केवल लड़ाकू सैनिकों के अगले दिन प्रातः होने से पहले अँधेरे में ही आगे बढ़कर राजपूत सेना के सामने पहुँचा दिया। राजपूतों को तुर्की सेना के आ पहुँचने का पता तब चला, जब वह उनके सामने लड़ने के लिए मोर्चा बनाए तैयार थी। इस समय अधिकांश राजपूत सैनिक शौच आदि क्रियाओं में संलग्न थे। राजपूत शिविर बहुत दूरी में फैला हुआ था और शहाबुद्दीन ने अपनी सेना को इस शिविर पर आक्रमण करने के लिए फैलाया नहीं था, जिससे राजपूतों को लड़ाई के लिए अपने अस्त्र-शस्त्र लेकर तैयार होने का समय मिल गया और बहुत शीघ्र ही वे गोरी की सेना के सामने आ डटे। फिर भी राजपूतों को मोहम्मद गोरी की तुर्की सेना से बिना कोई पूर्व योजना बनाए ही युद्ध लड़ने के लिए विवश होना पड़ा। साथ ही उन्हें भोजन या कलेवा आदि लेने का समय भी नहीं मिला।

शहाबुद्दीन की योजना यह थी कि राजपूत अश्वारोही सैनिकों को अपनी सेना के समीप न आने दिया जाए, ताकि वे अपने भालों का प्रयोग न कर सकें। इस हेतु उसने अपने धुनर्धर घुड़सवार सैनिकों को चार भागों में बाँटा, जो क्रमशः अग्र गारद, दाहिना पक्ष, वाम पक्ष तथा पृष्ठ गारद के रूप में लगा दिए। प्रत्येक भाग में 10,000 धनुर्धर सैनिक थे। इनके अतिरिक्त उसने सेना के मोर्चे से कुछ दूर पीछे बारह हजार लौह कवच धारी तथा भालों व तलवार से सज्जित चुने हुए घुड़सवार योद्धा रिजर्व के रूप में रखा।

उसके अग्रगारद तथा दाहिने व वाम पक्ष के सैनिक राजपूत सैनिकों से थोड़ा दूर रहते हुए उन पर बाणों की वर्षा करते। लेकिन जैसे ही राजपूत सैनिक समीप आने का प्रयास करते वे पीछे हट जाते थे। वे राजपूत सैनिकों को अपने समीप नहीं आने देते थे, अपितु अपने घोड़ों को आगे-पीछे, दाहिने-बाएँ दौड़ाकर राजपूतों को अपने आगे-पीछे दौड़ने के लिए विवश करते थे। यदि दाहिने पक्ष या वाम पक्ष या अग्रगारद के सैनिकों की शक्ति कहीं दुर्बल दिखाई देती तो पृष्ठ गारद के सैनिक वहाँ तुरंत पहुँच जाते। इस प्रकार यह लड़ाई प्रातः नौ बजे से दोपहर बाद 3 बजे तक चलती रही। राजपूत घुड़सवार तुर्क घुड़सवारों के पीछे इधर-उधर दौड़ते-दौड़ते बुरी तरह से थक गए। भूखे-प्यासे होने के कारण उनकी लड़ाई करने का क्षमता शिथिल होने लगी। शहाबुद्दीन ने यही उचित समय समझा और उसने अपने तरोताजा रिजर्व चुने हुए कवचधारी घुड़सवार सैनिकों को राजपूतों पर धावा करने का आदेश दिया। राजपूत सेना, जो विश्रृंखलित हो चुकी थी, इस नई सेना द्वारा किए गए आक्रमण का सामना न कर सकी। कवचयुक्त तुर्क घुड़सवार सैनिकों पर राजपूत सैनिकों के प्रहार का कोई कारगर प्रभाव भी नहीं पड़ रहा था। जब कि तुर्क सैनिक उन पर तीखे प्रहार कर रहे थे। परिणाम यह हुआ कि हजारों राजपूत सैनिक हताहत हुए तथा उनमें भगदड़ मच गई। राय पिथौरा का भाई गोविंद राज जो कि राजपूत सेना का नेतृत्व कर कर रहा था, पहले ही मारा जा चुका था। पृथ्वीराज चौहान को भी बंदी बना लिया गया और बाद में उनकी हत्या कर दी।

इस लड़ाई में पृथ्वीराज के साथ उनके 150 सहयोगी राजपूत राजा भी खेत रहे। इस लड़ाई के फलस्वरूप देहली पर तुर्की साम्राज्य की स्थापना हुई।

*हिंदुस्तान, 9 अप्रैल, 2010

□

प्रसंग–4

अग्नि कुल

: ग्यारह :

एक कथा के अनुसार एक बार भगवान् परशुराम ने क्रोधित होकर पृथ्वी मंडल से क्षत्रियों का संहार कर दिया था, जिससे धरती क्षत्रिय विहीन हो गई और सर्वत्र अराजकता का साम्राज्य व्याप्त हो गया। इस अराजकता को दूर करने के उद्देश्य से देवताओं से प्रार्थना की गई। ब्रह्माजी ने आबू पर्वत पर विशाल यज्ञ का आयोजन किया, जिससे एक दैवीय आकृति प्रकट हुई। इसी से चार राजपूत वंशों की उत्पत्ति हुई। ये हैं—प्रतिहार अथवा परिहार, चाहमान अथवा चौहान, चालुक्य अथवा सोलंकी तथा परमार अथवा पवार। इसलिए इन चारों राजपूत परिवारों को 'अग्नि कुल' भी कहा जाता है। अब चाहे आप इसे चारणों के मन की उपज मानें चाहे कुछ और, ये अग्नि कुल से उत्पन्न राजपूत पाँच सौ वर्षों तक भारत की सीमा के पहरेदार बने रहे।

आधुनिक राजस्थान, सौराष्ट्र, मालवा, कच्छ, काठियावाड़ और गुजरात के प्रदेश छठीं शताब्दी में गुर्जर देश के नाम से विख्यात थे। गुर्जर प्रतिहार आर्यों की इसी शाखा से संबंधित थे, जो प्रारंभ में पंजाब में रहती थी और बाद में गुर्जर नाम से विख्यात हुई। जहाँ तक इनको प्रतिहार कहने का संबंध है, प्रतिहार का अर्थ होता है 'द्वारपाल'। प्रतिहारों के अभिलेख स्वयं को लक्ष्मण का वंशज मानते हैं, जिन्होंने अपने अग्रज राम के बनवास काल के दौरान उनके 'द्वारपाल' अथवा 'प्रतिहार' का कार्य किया। इसी कारण लक्ष्मण के वंशज प्रतिहार कहलाए। इन प्रतिहार क्षत्रियों ने विदेशी आक्रांता अरबों को सिंध पर ही रोक दिया था तथा उन्हें भारत के भीतरी भागों में नहीं बढ़ने दिया। इस प्रकार उन्होंने भारत की रक्षा के लिए 'प्रतिहार' अथवा 'रक्षक' का कार्य किया।

विभिन्न अभिलेखों से गुर्जरों के भारतीय मूल तथा क्षत्रिय होने की पुष्टि होती है। ग्वालियर अभिलेख में इस वंश के एक शासक वत्सराज को 'एक क्षत्रिय

पुंगवेभु' कहा गया है। राजशेखर नामक प्रसिद्ध संस्कृत कवि ने अपने संरक्षक प्रतिहार नरेश महेंद्रपाल एवं उनके पुत्र महीपाल को क्रमश: 'रघुवर तिलक' एवं 'रघुवंश मुकुटमणि' कहा है। ग्वालियर अभिलेख में एक अन्य प्रतिहार शासक भोजदेव को सूर्यवंशी क्षत्रिय कहा गया है। कन्नड़ कवि पम्पा ने प्रतिहार नरेश महीपाल को गुर्जर राज कहा है, जब कि अरब लेखकों ने भी कान्यकुब्ज के प्रतिहार शासकों को 'जुज्र' (गुर्जर) बताया है। विभिन्न राष्ट्रकूट लेखों में भी उन्हें गुर्जर कहा गया है। इससे प्रतिहारों की भारतीय उत्पत्ति की पुष्टि होती है।

मिले प्रमाणों के आधार पर पता चलता है कि गुर्जर प्रतिहारों की दो शाखाएँ थीं, जिनमें से एक शाखा उज्जैन में और एक शाखा 'कन्नौज' में शासन करती थी। इन दोनों ही शाखाओं का उदय पश्चिमी भारत में हुआ था, इन दोनों ही शाखाओं के कुछ नरेशों के नाम भी समान हैं तथा दोनों की शाखाएँ स्वयं को लक्ष्मण वंशीय मानती हैं। वास्तव में प्रतिहारों ने धीरे-धीरे अपनी स्थिति में सुधार करके अपने राज्य का विस्तार किया। त्रिपक्षीय संघर्ष में प्रतिहारों को सफलता मिलने के पश्चात् उज्जैन व कन्नौज उनके साम्राज्य के प्रमुख अंग बन गए।

गुर्जर प्रतिहारों की सत्ता का संस्थापक था, भागभट्ट प्रथम, जिसने संभवत: 725 से 756 ई. तक शासन किया। उसके संबंध में उल्लेख मिलता है कि उसने शक्तिशाली म्लेच्छराज की सेना को परास्त किया तथा भड़ौच पर अपना अधिकार कर लिया। यहाँ म्लेच्छों से तात्पर्य पश्चिमी भारत के अरब लुटेरों से है, जिन्हें परास्त करके नागभट्ट प्रथम ने सिंधु प्रदेश से आगे बढ़ने नहीं दिया। उसके राज्य में मालवा, राजपूताना व गुजरात के कुछ भाग सम्मिलित थे।

गुर्जर प्रतिहार वंश को प्रतिष्ठापूर्ण स्थान दिलाने में नागभट्ट प्रथम के पौत्र तथा देवराज के पुत्र वत्सराज का महत्त्वपूर्ण स्थान है। वह एक वीर एवं साहसी शासक था, जिसने अपनी विजयों के माध्यम से पर्याप्त कीर्ति अर्जित की। उसने संभवत: 775 से 805 ई. तक शासन किया। वह एक महत्त्वाकांक्षी व्यक्ति था, जिसने मध्य राजपूताना की मंडी जाति को परास्त करके उनका राज्य छीन लिया। उसने त्रिपक्षीय संघर्ष में भाग लिया तथा बंगाल के शासक धर्मपाल को परास्त किया। लेकिन धर्मपाल एवं वत्सराज के बीच संघर्ष का लाभ उठाकर राष्ट्रकूट शासक ध्रुव ने वत्सराज को परास्त किया, जिससे वत्सराज राजस्थान के मरुस्थल में शरण लेने के लिए बाध्य हुआ। इस पराजय से प्रतिहारों की प्रतिष्ठा एवं साम्राज्य-विस्तार की महत्त्वाकांक्षा को बड़ा आघात पहुँचा तथा उनका राज्य केवल मध्य राजपूताना

तक ही सीमित रह गया। लेकिन वत्सराज का पुत्र नागभट्ट द्वितीय इस वंश का एक प्रतापी शासक था, जिसने अपने पूर्वजों के साम्राज्य में वृद्धि करने का प्रयास किया। त्रिपक्षीय संघर्ष में वह राष्ट्रकूट शासक गोविंद तृतीय से परास्त हुआ, परंतु इस पराजय से प्रतिहारों की प्रतिष्ठा को विशेष आघात नहीं पहुँचा। इसका कारण यही था कि राष्ट्रकूट शासक के वापस दक्षिण लौट जाने पर तथा गृहयुद्ध में फँस जाने पर नागभट्ट द्वितीय ने कन्नौज पर आक्रमण करके वहाँ के राजा चक्रायुध को परास्त किया तथा कन्नौज को अपनी राजधानी बना लिया।

नागभट्ट द्वितीय के बाद उसका पुत्र रामभद्र द्वितीय उसका उत्तराधिकारी बना, लेकिन वह मात्र तीन वर्ष ही शासन कर सका। लेकिन उसके पश्चात् इस वंश के शक्तिशाली शासक मिहिर भोज ने 835 से 885 ई. तक शासन किया। वह राष्ट्रकूटों को नर्मदा पार करके उत्तरी भारत में साम्राज्य-प्रसार करने से रोकने में सफल हुआ। उसके समय में अरब यात्री सुलेमान भारत आया था, जिसने उसके शासन प्रबंध व सैन्य शक्ति आदि की बड़ी प्रशंसा की। उसका राज्य समृद्ध, खनिज पदार्थों से परिपूर्ण व डाकुओं से सुरक्षित था। वह विष्णु का उपासक था तथा उसने 'आदिवाराह' की उपाधि धारण की थी। वह एक सुयोग्य शासक था तथा मुसलिम आक्रमणों के सामने एक अभेद्य दीवार की तरह था।

मिहिर भोज के पश्चात् उसका पुत्र महेंद्र पाल प्रथम सिंहासनारूढ़ हुआ, जो निर्भयराज के नाम से जाना जाता है। उसने अपने शासन काल के प्रारंभ में मगध और उत्तरी बंगाल को परास्त किया। उसका साम्राज्य सौराष्ट्र तक विस्तृत था, जहाँ उसके अधीनस्थ सामंत शासन करते थे। उसने 885 से 910 ई. तक शासन किया। कर्पूर मंजरी, बाल रामायण, बाल महाभारत एवं काव्य मीमांसा का लेखक संस्कृत का विद्वान् राजशेखर उसका दरबारी कवि था। इस वंश के अंतिम शासक राज्यपाल व त्रिलोचन पाल आदि ने 1027 ई. तक शासन किया, पर वे महमूद गजनबी पर अंकुश न लगा सके। इस प्रकार प्रतिहार शासकों ने उत्तरी भारत पर लंबे समय तक शासन किया। उन्होंने एक विशाल साम्राज्य की स्थापना की तथा दो शताब्दियों से भी अधिक समय तक उत्तरी भारत की विदेशी आक्रामकों से रक्षा की। उनका शासन शांति एवं समृद्धि के साथ-साथ विद्या एवं कला की उन्नति का भी युग था।

गुर्जर प्रतिहारों के समान अग्निकुंड से मालवा के परमारों की भी उत्पत्ति मानी जाती है। 'नव सहसांक चरित' में पद्म गुप्त ने परमारों की उत्पत्ति अंबुदांचल से जोड़ी है, जिसके अनुसार इक्ष्वांकु कुल के पुरोहित वसिष्ठ की कामधेनु गाय

को विश्वामित्र द्वारा चुराये जाने पर वसिष्ठ की क्रोधाग्नि को तीव्र कर दिया। इसी अवस्था में वसिष्ठ ने यज्ञ किया। उनकी अग्नि में फेंकी गई आहुति से हाथ में धनुष बाण धारण किए हुए एक तेजस्वी योद्धा की उत्पत्ति हुई। अग्नि से उत्पन्न इस वीर ने विश्वामित्र से बलपूर्वक कामधेनु को छीनकर वसिष्ठ को प्रदान किया। कृतज्ञ ऋषि वसिष्ठ ने उस वीर को परमार (शत्रु का मारक) कहा और उसे पृथ्वी के शासन की शक्ति दी। अग्निकुंड से उत्पन्न उसी वीर का वंश परमार वंश के नाम से विख्यात हुआ। इन्हें राष्ट्रकूट भी कहा गया, क्योंकि परमारों ने भी राष्ट्रकूटों की 'अमोघ वर्ष' तथा 'पृथ्वी बल्लभ' जैसी उपाधियाँ ग्रहण की। आरंभ में इनका स्थान उज्जयिनी था। बहुत लंबे समय तक उज्जैनी (मालवा) के राष्ट्रकूटों और प्रतिहारों का युद्धक्षेत्र बने रहने के कारण परमारों ने धारानगरी को अपनी राजधानी बनाया। ये पहले प्रतिहारों के सामंत थे।

उपेंद्र राज अथवा कृष्ण राज को परमार वंश का संस्थापक माना जाता है। वह एक महत्त्वाकांक्षी तथा वीर शासक था। उसका समय 790 एवं 817 ई. के मध्य माना गया है। उस समय पाल, राष्ट्रकूटों एवं प्रतिहार राजवंशों में सत्ता के लिए संघर्ष चल रहा था। उपेंद्र राज ने तात्कालिक अव्यवस्थित राजनीतिक परिस्थितियों का लाभ उठाकर अपनी स्वतंत्र सत्ता की स्थापना कर ली। 'उदयपुर प्रशस्ति' में उसके बारे में कहा गया है कि उसने अपने निजी शौर्य से राजत्व का उच्च पद प्राप्त किया तथा अनेक यज्ञों का संपादन भी किया। उसके बाद उसके पुत्र वैरीसिंह प्रथम ने 818 से 842 ई. तक शासक किया, लेकिन 843 ई. से 893 ई. के बीच परमारों के विषय में अधिक कुछ सामग्री उपलब्ध नहीं है।

894 ई. से 920 ई. तक इस वंश के शासक कृष्णराज ने शासन किया, जिसका वास्तविक नाम 'वाक्पति' था। हर्सोल अभिलेख में इसे 'वप्पयराज' कहा गया है। उदयपुर प्रशस्ति में उनकी विजय गाथा का विस्तार के साथ उल्लेख किया गया है। गुर्जर प्रतिहार शासक महेंद्रपाल प्रथम की मृत्यु के पश्चात् गुर्जर प्रतिहार साम्राज्य की आंतरिक कमजोरियों का लाभ उठाकर वाक्पति ने अपने प्रभाव में चामत्कारिक वृद्धि की। हर्षदेव अथवा सीयक द्वितीय 945 से 972 ई. तक इस वंश का शासक रहा। अपने 25-30 वर्षों के शासन काल में उसने परमार राज्य को एक स्पष्ट भौगोलिक सीमा प्रदान की। उसकी उपलब्धियों की सुदृढ़ नींव पर वाक्पति द्वितीय (भुंजराज) और भोज ने परमार साम्राज्यों को और अधिक दृढ़ता और प्रसिद्धि प्रदान की।

हर्षदेव का पुत्र वाक्पति द्वितीय (मुंजराज जिसे हर्षदेव ने गोद लिया था) उसका उत्तराधिकारी बना। वह 937 ई. से 996 ई. तक परिहार वंश का शासक रहा। उसने न केवल परमार साम्राज्य का विस्तार किया वरन् सांस्कृतिक एवं प्रशासनिक क्षेत्रों में भी मालवा की बहुमुखी उन्नति का सूत्रपात किया। मुंजराज को प्रारंभ से ही विभिन्न राजवंशों के महत्त्वाकांक्षी शासकों की चुनौतियों का सामना करना पड़ा। कल्याणी के चालुक्य तैलप द्वितीय के नेतृत्व में पश्चिम के चालुक्य मूलराज प्रथम के नेतृत्व में तथा उत्तर-पश्चिम में चाहमान एवं उत्तर-पूर्व में चंदेल उसकी सत्ता को चुनौती देने के लिए कटिबद्ध थे। इन पूर्णतया विपरीत परिस्थितियों में मुंज ने अपनी वीरता, साहस तथा बुद्धिमत्ता का परिचय देते हुए अभूतपूर्व सफलता प्राप्त की।

उसका पहला सैन्य अभियान मेवाड़ के गुहिल राज्य के विरुद्ध था, जिसमें गुहिल राज्य की ओर से कोई गुर्जर शासक भी लड़ा था। इस युद्ध में गुहिल शासक शक्ति कुमार बुरी तरह से परास्त हुआ। उसकी राजधानी आघाट को नष्ट कर दिया गया तथा गुहिल राज को भागने पर विवश कर दिया गया। मेवाड़ पर अधिकार करने के पश्चात् मुंजराज का संघर्ष हुआ मारवाड़ के चाहमानों से, लेकिन लंबे समय तक चलनेवाला यह संघर्ष अनिर्णीत ही रहा।

मुंज ने हूणों को भी परास्त किया, जिसकी पुष्टि चालुक्य शासक विक्रमादित्य पंचम के 'कौथेम अभिलेख' से होती है। भुंजराज ने दक्षिण-पूर्व में त्रिपुरी के कलचुरि राजा युवराज द्वितीय को भी बुरी तरह से परास्त किया तथा कुछ समय के लिए उनकी राजधानी पर भी अधिकार कर लिया, परंतु बाद में कलचुरियों से संधि करके मुंज ने उनका राज्य वापस लौटा दिया। अपनी इन महत्त्वपूर्ण सफलताओं से प्रोत्साहित होकर अब भुंज ने मालवा के दक्षिण में स्थित चालुक्य राज्य से लोहा लेने की ठानी। उसका संघर्ष चालुक्यों के शक्तिशाली सेनापति तैलप द्वितीय से हुआ। तैलप को छह मुठभेड़ों में परास्त करने के पश्चात् मुंज ने चालुक्य राज्य में प्रवेश करने का निर्णय लिया। अपने मंत्री रुद्रादित्य के बार-बार समझाने पर भी मुंज ने अपना गोदावरी पार करने का निर्णय नहीं त्यागा। युद्ध में तैलप ने छद्म और बल का प्रयोग करके मुंजराज को बंदी बना लिया। कारगार में तैलप की विधवा बहन मृणालवती से, जिसे मुंज की देख-रेख के लिए रखा गया था, मुंज के प्रेम संबंध हो गए। मुंज ने अपने मंत्री के द्वारा सुरंग बनाकर उसे कारागार से छुड़वाने की योजना मृणालवती को भी बता दी, जिसने तैलप को यह सूचना दे दी। परिणामस्वरूप तैलप

ने पहले तो कल्याणी की सड़कों पर घुमाकर मुंज का अपमान किया और बाद में उसे मार डाला।

इतिहास में मुंज की प्रसिद्धि न केवल इस दृष्टिकोण से है कि उसने अपने पिता से उत्तराधिकार में प्राप्त छोटे से राज्य को अत्यधिक विस्तृत कर दिया, अपितु इतिहास में उसकी सर्वाधिक प्रसिद्धि एक महान् विद्वान्, कवि, विद्वानों के आश्रयदाता एवं निर्माता के रूप में है। 'नव सहसांक चरित' का लेखक पद्मगुप्त उसके दरबार में आश्रय प्राप्त करनेवाला महत्त्वपूर्ण कवि था। धनिक एवं उसके बड़े भाई धनंजय ने मुंज के ही राज्याश्रय में अपना साहित्य सृजन किया। तिलक मंजरी का प्रसिद्ध जैन लेखक घनपाल उसी के दरबार की शोभा बढ़ाता था। मुंज केवल विद्वानों का आश्रयदाता ही नहीं था, वरन् वह स्वयं भी उच्चकोटि का विद्वान् एवं कवि था। उसने मुंज प्रतिदेश व्यवस्था नामक भूगोल का ग्रंथ लिखा। उसके द्वारा स्थापित बौद्धिक विकास की परंपरा ने धारानगरी को भारतवर्ष की साहित्यिक राजधानी बना दिया।

मुंज के बाद उसका छोटा भाई सिंधुराज उसका उत्तराधिकारी बना। वह भी एक शक्तिशाली शासक था, जिसने मुंज से प्राप्त विस्तृत परमार राज्य को न केवल अक्षुण्य रखा वरन् अनेक क्षेत्रों पर विजय प्राप्त करके उसका विस्तार ही किया। सर्वप्रथम उसने तैलब द्वितीय के पुत्र कल्याणी के चालुक्य शासक सत्याश्रय से परमारों की शत्रुता का बदला लिया। इसमें सिंधुराज को इस कारण सफलता मिली कि क्योंकि सत्याश्रय चोल राजा राजराजा प्रथम से संघर्ष में फँसा हुआ था। इसके पश्चात् उसने दक्षिणी कौशल पर विजय प्राप्त की, इस विजय के पश्चात् पश्चिम और दक्षिण पश्चिम में लाट, अपरांत और मुरल की विजय की। सिंधुराज की एक महत्त्वपूर्ण उपलब्धि थी—हूणों की पराजय। उसने हूणों का सर्वदा के लिए दमन किया, क्योंकि उसके बाद हूणों के आक्रमण का कोई उल्लेख नहीं मिलता। यद्यपि उसकी सैनिक उपलब्धियाँ महत्त्वपूर्ण थीं, परंतु वह गुजरात के चालुक्य शासक चामुंड राय से युद्ध में परास्त हुआ और बाध्य होकर युद्धक्षेत्र से भाग खड़ा हुआ। उसने नव सहसांक, कुमार नारायण, अवंतीश्वर, परमार महिभूत तथा मालवराज जैसी उपाधियाँ धारण कीं तथा मुंज के ही समान उसने भी विद्वानों को आश्रय दिया। इससे उसके समय में भी बड़ी मात्रा में साहित्य का सृजन किया गया। नव सहसांक चरित में इसी के चरित का वर्णन इसके लेखक पद्मगुप्त द्वारा किया है। वह इसका दरबारी कवि था।

□

: बारह :

सिंधराज का पुत्र भोज उसका उत्तराधिकारी बना, जिसका शासन काल परमार सत्ता का चरमोत्कर्ष था। उसकी उपलब्धियाँ एवं कृतित्व किवदंतियों की तरह प्रचलित हो गए हैं। विभिन्न अभिलेखों एवं ग्रंथों में उसकी उपलब्धियों एवं विस्तृत विजयों का उल्लेख मिलता है। उसके सैनिक जीवन की सर्वप्रथम घटना उसका चालुक्य राज्य से संघर्ष था। इस समय कल्याणी का चालुक्य शासक जयसिंह द्वितीय था। इस संघर्ष के प्रथम दौर में भोज की सफलता का आभास मिलता है। सभी युद्ध गोदावरी के तट पर लड़े गए, इससे भी यही निष्कर्ष निकला कि भोज ने आक्रमण करके चालुक्य शासक को प्रतिरक्षात्मक युद्ध के लिए बाध्य किया। भोज ने लाट और कोंकण पर भी विजय प्राप्त की, यद्यपि बाद में जयसिंह ने कोंकण पर से भोज के प्रभाव को समाप्त कर दिया। उदयपुर प्रशस्ति में भोज की तोग्गल और तुरुष्क विजयों का भी उल्लेख मिलता है, परंतु यह किसके विरुद्ध थी, यह निश्चित रूप से कह पाना कठिन है। भोज ने महत्त्वाकाक्षी एवं शक्तिशाली कलचुरि शासक गांगेय देव को भी परास्त किया। यशोवर्मन के कल्वन अभिलेख से भोज के कलचुरि के चेदि शासक पर भी विजय का उल्लेख मिलता है।

भोज का संघर्ष चालुक्य राज भीम प्रथम से भी हुआ। प्रारंभिक दौर में भोज को भीम के विरुद्ध सफलता मिली, पर यह संघर्ष चलता रहा। भोज अपने 45 वर्षों के शासन काल में अधिकांश समय उत्तर भारत की राजनीति पर छाया रहा, परंतु जैसे-जैसे उसकी आयु ढलती गई एवं शारीरिक क्षमता कमजोर पड़ने लगी, वह साहित्यिक कार्यकलापों की ओर प्रवृत्त हो गया। इससे उसके उन समस्त शत्रुओं अथवा उनके उत्तराधिकारियों को, जो उससे पहले परास्त हुए थे, बदला लेने का अवसर मिल गया। गुजरात के चालुक्य शासक जय सिंह द्वितीय के उत्तराधिकारी पुत्र सोमेश्वर प्रथम ने 1047 ई. के लगभग मालवा पर चढ़ाई कर धारा को लूटा।

प्राणरक्षा हेतु राजा भोज ने धारा से पलायन किया, इस प्रकार उसकी राजधानी धारा पर चालुक्यों का अधिकार हो गया। जिस प्रकार स्पेन में नेपोलियन बोनापार्ट की विफलता ने छोटे-छोटे राज्यों को नेपोलियन को चुनौती देने का अवसर प्रदान किया था, उसी प्रकार चालुक्यों के हाथों पराजय ने भोज की अपराजेयता को भी मिथ्या सिद्ध कर दिया। एक ओर से कलचुरि शासक लक्ष्मीकर्ण ने (जिसके पिता गांगेयदेव को भोज ने परास्त किया था) मालवा पर चढ़ाई की योजना बनाई (इसी बीच भोज की मृत्यु हो गई तथा लक्ष्मीकर्ण ने धारा को खूब लूटा) तो दूसरी ओर से भीम भी टूट पड़ा। इस प्रकार भोज की समस्त उपलब्धियों को इन्होंने मटियामेट कर दिया, यद्यपि उसकी यश-कीर्ति आज भी अक्षुण्ण है।

भोज ने एक विस्तृत साम्राज्य की स्थापना की और परमार वंश को एक शक्तिशाली राज्य बना दिया। परंतु इतिहास में उसकी प्रसिद्धि उसकी सांस्कृतिक उपलब्धियों के कारण अधिक है। उसने धारा नगरी में सुंदर भवनों और झीलों का निर्माण कराया तथा उसे महलों एवं मंदिरों से सजाया। उसने (भोजपुर) भोजपाल नगर नामक नगर का भी निर्माण कराया। राजा भोज ने इस नगर के समीप एक समुद्र के समान विशाल तालाब का भी निर्माण कराया था, जो पूर्व और दक्षिण में भोजपुर के विशाल शिवमंदिर तक जाता था। आज भी भोजपुर जाते समय, रास्ते में शिवमंदिर के पास उस तालाब की पत्थरों की बनी विशाल पाल दिखाई देती है। उस समय उस तालाब का पानी बहुत पवित्र और बीमारियों को ठीक करनेवाला माना जाता था। कहा जाता है कि भोज को चर्मरोग हो गया था, तब किसी ऋषि/वैद्य ने उन्हें इस तालाब के पानी में स्नान करने और उसे पीने का परामर्श दिया था, जिससे उनका चर्म रोग ठीक हो गया। उस विशाल तालाब के जल से शिवमंदिर में स्थापित विशाल शिवलिंग का अभिषेक भी किया जाता था। उन्होंने एक भोजशाला (संस्कृत विश्वविद्यालय) का भी निर्माण किया था, जिसके अंदर एक सरस्वती मंदिर स्थापित था, जिसमें माँ सरस्वती की प्रतिमा भी थी। आज यह प्रतिमा ब्रिटेन के संग्रहालय की कला वीथिका की शोभा बढ़ा रही है। इसके साथ ही उन्होंने महमूद गजनबी द्वारा ध्वंश किए गए सोमनाथ मंदिर का भी जीर्णोद्धार कराया।

राजा भोज स्वयं बहुत बड़े विद्वान् थे और कहा जाता है कि उन्होंने धर्म, खगोल विद्या, कला, कोश-रचना, भवन निर्माण, ज्योतिष, अलंकार शास्त्र, योग शास्त्र, काव्य, औषधि शास्त्र आदि विभिन्न विषयों पर पुस्तकें लिखीं, जो आज भी विद्यमान है। वह विद्वानों का आश्रयदाता था तथा एक अच्छा कवि होने के कारण

'कविराज' के नाम से भी जाना जाता था। इनकी सभा सदैव बड़े-बड़े प्रकांड पंडितों से सुशोभित रहती थी। इनकी पत्नी का नाम लीलावती था, जो बड़ी विदुषी थी। जब भोज जीवित थे तो कहा जाता था—

अद्य धारा सदा धारा सदालम्बा सरस्वती।
पण्डिता मण्डिताः सर्वे भोजराजे भुवि स्थिते॥

अर्थात् आज जब भोजराज धरती पर स्थित हैं तो धारा नगरी सदाधारा (अच्छे आधार वाली) है। सरस्वती को सदा आलंब मिला हुआ है, सभी पंडित आदृत हैं, और जब उनका देहांत हुआ तो कहा गया—

अद्य धारा निरा धारा निरालम्बा सरस्वती।
पण्डितः खण्डिताः सर्वे भोजराजे दिवङ्गते॥

अर्थात् आज भोजराज के दिवंगत हो जाने से धारा नगरी निराधारा हो गई है, सरस्वती बिना आलंब की हो गई है तथा सभी पंडित खंडित हैं।

परमारों के शत्रु चालुक्यों के दरबारी कवि विल्हण को इस बात का खेद रहा कि वह भोज की मृत्यु के पश्चात् धारा नगरी पहुँचा। भोज ने अनेक काव्य तथा नाटकों की भी रचना की थी।

अन्हिलवाड़ा अथवा गुजरात के चालुक्य भी प्रतिहारों, चाहमानों एवं प्रतिहारों की ही भाँति अग्निकुंड की संतान बताए जाते हैं। यद्यपि उनकी दैवीय और मानवीय दोनों ही उत्पत्ति का उल्लेख मिलता है। एक ओर तो यह कहा जाता है कि ब्रह्म ने अपने चुलुक (हथेली) के जल से एक वीर की उत्पत्ति की, जिससे एक राजवंश चला जो बाद में चालुक्य कहलाया। इसके विपरीत कुमार पाल चरित्र के लेखक जयसिंह सूरी, इस वंश के मूल पुरुष का नाम 'चुलुक्य' बताया है, जिसके नाम से 'चालुक्य वंश' का नाम पड़ा।

इस वंश का संस्थापक मूल राज था, जिसने पंचाशर के चापोत्कट राजा सामंत सिंह को मारकर अन्हिलवाड़ा की गद्दी हथिया ली। इस कुल ने चालुक्यों से पहले गुजरात के एक भाग पर अधिकार किया था। एक विवरण के अनुसार मूलराज का पिता कन्नौज के कल्याणकटक का राजपुत्र राजी था और उसकी माता चावड़ा अथवा चापोत्टक राजकुल की कन्या थी। इससे मूलराज की आभिजात्यता का संकेत मिलता है।

मूलराज ने लाटराज बारप को परास्त किया तथा कुछ समय के लिए लाट पर अधिकार करने में सफल हो गया। उसने गुजरात पर हुए चाहमान शासक विग्रहराज

द्वितीय के आक्रमण का भी सामना किया, यद्यपि असफल होने पर विग्रहराज से संधि-याचना करनी पड़ी। मूलराज ने सौराष्ट्र और कच्छ की विजय कर अपनी सीमाओं को विस्तृत किया। अपने समकालिक चाहमानों और मरमारों से संघर्ष के माध्यम से उसने अपनी महत्त्वाकांक्षा का परिचय दिया। चापोत्कट वंश का अंत कर अन्हिलपाटक में उसने चालुक्य सत्ता स्थापित करके एक ऐसे राज्य की नींव डाली जो आगे चलकर एक साम्राज्य के रूप में विकसित हो गया और शिक्षा, साहित्य तथा धर्म-संस्कृति का बहुत बड़ा उन्नायक तथा पोषक सिद्ध हुआ। मूलराज प्रथम का कार्यकाल 941 ई. से 996 ई. माना जाता है।

मूलराज प्रथम के बाद उसका पुत्र चामुंड राज उसका उत्तराधिकारी हुआ, जिसका कार्यकाल 997 ई. से 1009 ई. माना जाता है। इसके समय में लाटराज वारप के पुत्र योगिराज ने लाट से चालुक्य सत्ता को समाप्त कर उसपर पुनः अपना अधिकार कर लिया। चामुंड राय का उत्तराधिकारी उसका पुत्र केवल छह माह ही शासन कर सका। उसके बाद उसके छोटे भाई दुर्लभराज ने 1009 ई. से 1024 ई. तक शासन किया। उसके काल में उसका उपलब्धि लाट की पुनर्विजय रही।

□

: तेरह :

भीम प्रथम (1024–1064) के समय की सर्वाधिक महत्त्वपूर्ण घटना थी, महमूद गजनवी का गुजरात पर आक्रमण। इस आक्रमण के दौरान भीम को युद्ध की तैयारी का अवसर न देते हुए महमूद गजनवी चालुक्यों की राजधानी में एकाएक घुस गया। ऐसे में भीम नगर छोड़कर अपनी रक्षा के लिए एक दुर्ग में जा छिपा, क्योंकि अचानक किए गए इस आक्रमण के कारण भीम को संगठित होकर प्रतिरोध करने का अवसर ही नहीं मिल पाया।

आठवीं सदी में सिंध के अरबी प्रतिहार राजा नागभट्ट ने 815 ई. में तीसरी बार इसका पुनर्निर्माण कराया था। इस मंदिर की महिमा और कीर्ति दूर–दूर तक फैली थी। अरब यात्री अलबरूनी ने अपने यात्रा–वृत्तांत में इस घटना का उल्लेख किया था, जिससे प्रेरित होकर महमूद गजनवी ने सन् 1024 में लगभग 5,000 सैनिकों के साथ सोमनाथ पर आक्रमण किया। उसकी संपत्ति लूटी और उसे नष्ट किया। लगभग 50,000 श्रद्धालुओं का मंदिर–परिसर में ही उसके द्वारा वध किया गया। इसके बाद भीम व राजा भोज द्वारा इसका पुनर्निर्माण कराया गया।

महमूद तूफान की तरह आया, विध्वंस का तांडव किया और लूटपाट कर चला गया। उसके इस आक्रमण का भीम के शासन पर कोई स्थायी प्रभाव नहीं पड़ा। इसके बाद न केवल उसने चालीस वर्ष तक एक महत्त्वपूर्ण एवं शक्तिशाली शासक के रूप में शासन किया, वरन् अनेक युद्धों में विजय भी प्राप्त की। उसने हम्मुक नामक सैंधव राजा को परास्त किया तथा आबू पर पुनः अधिकार कर लिया। लेकिन वह नाडोल–विजय नहीं कर सका। परमार शासक भोज से उसका संघर्ष महत्त्वपूर्ण था। घटना क्रम को देखने से पता चलता है कि प्रारंभ में राजा भोज भीम पर भारी पड़ा, परंतु बाद में कलचुरि शासक लक्ष्मीकर्ण के साथ संघ बनाकर मालवा पर आक्रमण कर दिया तथा परमारों की राजधानी धारा को खूब लूटा। बाद

में उसने अन्य राजाओं के सहयोग से भीम कर्ण को भी पराजित किया।

भीम के बाद उसका पुत्र कर्ण चालुक्य शासक बना। उसने अपने पिता के साम्राज्य को अक्षुण्य रखते हुए 1056 से 1093 ई. तक शासन किया। प्रतिहारों तथा चाहमानों के साथ उसके कई युद्ध हुए। कर्ण ने विभिन्न मंदिरों तथा नगरों का निर्माण कराया। कोछरब्बा देवी का मंदिर, कर्णावती नामक नगर, कर्णेश्वर मंदिर, कर्णसागर झील तथा अन्हिलवाड़ा का कर्णमेरू नामक मंदिर उसकी कीर्ति-पताका को आज भी फहरा रहे हैं। उसके बाद उसके पुत्र जयसिंह सिद्धराज ने 1094 ई. से 1142 ई. तक अन्हिलवाड़ा पर शासन किया। अपने लगभग 50 वर्ष के शासन काल में उसने महत्त्वपूर्ण उपलब्धियाँ अर्जित कीं। मालवा विजय उसकी सर्वाधिक महत्त्वपूर्ण विजय थी, जिसके उपलक्ष्य में उसने 'अवंतिनाथ' की उपाधि धारण की। उसने नाडोल के चाहमानों को परास्त किया तथा सौराष्ट्र को जीतकर उसपर अपना अधिकार कर लिया। उसने बर्बरक नामक किसी राक्षस राजा पर विजय प्राप्त करके 'बर्बरक जिष्णु' की उपाधि धारण की। उसने अनेक नए क्षेत्रों में भी अपनी विजय पताका फहराई तथा एक प्रतापी राजा के रूप में स्वयं को स्थापित किया।

सिद्धराज जयसिंह ने न केवल चालुक्य साम्राज्य को गुजरात तथा काठियावाड़ से बाहर अवंति एवं राजपूताना के प्रदेशों तक विस्तृत किया, वरन् उन पर अपने प्रशासकों की नियुक्ति भी की। वह एक दक्ष सेनानायक, कुशल प्रशासक तथा एक महान् विजेता होने के साथ-साथ एक उदार तथा धार्मिक प्रवृत्ति का व्यक्ति भी था। उसने सोमनाथ के दर्शन के लिए जानेवाले यात्रियों पर से 'कर' हटा दिया, यद्यपि इससे राजकोष को 72 लाख रुपए प्रतिवर्ष की हानि हुई।

वह एक शैव धर्मानुयायी था, लेकिन उसके समय में जैन धर्म के श्वेतांबर एवं दिगंबर दोनों ही शाखाओं का पर्याप्त विकास हुआ। जयसिंह विद्या एवं संस्कृति का महान् संरक्षक था। एक उल्लेख से पता चलता है कि मालवा विजय के पश्चात् वह परमार शासक भोज की अनेक हस्थलिपियाँ अपने साथ लाया था। प्रसिद्ध विद्वान् हेमचंद्र जयसिंह के ही समय में हुआ था, जिसने चालुक्य वंश की जानकारी प्रदान करनेवाले ग्रंथ द्वाश्रय काव्य तथा 'सिद्धहेम' नामक व्याकरण ग्रंथ की रचना की थी। हेमचंद्र के अतिरिक्त उसके दरबार में श्री पाल, रामचंद्र, आचार्य जय मंगल, यशचंद्र तथा प्रसिद्ध जैन विद्वान् देव सूरि को भी संरक्षण दिया गया था। उसने सहस्त्रलिंग सरोवर का भी निर्माण कराया, जिसके चारों ओर शिवलिंगों से युक्त

1,008 मंदिर थे। सरस्वती नदी के तट पर उसने भव्य दशावतार नारायण मंदिर का भी निर्माण कराया।

जयसिंह के बाद कुमार पाल चालुक्यों का शासक बना तथा उसने 1143 ई. से 1172 ई. तक शासन किया। उसका चाहमानों के साथ लंबे समय तक संघर्ष चला। उसने मालव राज बल्लाल को भी परास्त किया। कुमार पाल ने आबू के शासक विक्रम सिंह के व्यवहार से क्षुब्ध होकर उसे अपदस्थ कर दिया तथा उसके भतीजे यशोधवल को आबू का शासक बनाया। उसकी सेना ने कोंकण के शिलाहार राजा मल्लिकार्जुन को भी परास्त किया। उसके समकालीन लेखक जयसिंह सूरी ने उसे दिग्विजयी शासकों की श्रेणी में रखा है। उसकी शैव धर्म के प्रति अगाध आस्था थी। इसी कारण उसे महेश्वर नृपाग्रणी कहा गया है। यद्यपि जैन लेखकों के प्रभाव के कारण उसका जैन धर्म के प्रति भी झुकाव था, परंतु उसके शासन काल में चालुक्य साम्राज्य को कोई क्षति नहीं पहुँची।

कुमार पाल के बाद मूलराज द्वितीय अन्हिलवाड़ा का शासक बना। उसके काल में मुसलमान आक्रमणकारियों को निर्णायक पराजय का सामना करना पड़ा था। इस आक्रमणकारी को गुजरात के ग्रंथों में हम्मीर, म्लेच्छ अथवा तुर्क कहा गया है। संभवत: यह 1178 ई. में मुइजुद्दीन गोरी के नेतृत्व में किया गया आक्रमण था, जिसमें मुसलमान काशहद के मैदान में बुरी तरह से पराजित हुए थे। कुछ लेखक इस विजय का श्रेय भीम द्वितीय को देते हैं। इससे प्रतीत होता है कि मूलराज द्वितीय के शासन के अंतिम दिनों में यह युद्ध भीम द्वितीय के नेतृत्व में लड़ा गया होगा। भीम द्वितीय ने अपने भाई मूलराज द्वितीय की मृत्यु के बाद सत्ता सँभाली थी। उसने 1178 ई. से 1241 ई. तक अन्हिलवाड़ा की गद्दी सँभाली। उसका पहला संघर्ष चाहमान शासक पृथ्वीराज तृतीय से हुआ। नागौर और आबू की लड़ाइयों के बाद उनमें संधि हो गई थी।

यद्यपि एक बार परास्त होने के पश्चात् अगले 20 वर्षों तक तुर्कों ने आँख उठाकर गुजरात की ओर नहीं देखा, परंतु तराइन के द्वितीय संग्राम में चाहमानों और चंदावर के युद्ध में गहड़वालों को परास्त करने के पश्चात् गोरी के सेनापति कुतुबुद्दीन ने 1197 के लगभग गुजरात की ओर प्रस्थान किया। काफी समय तक तैयारी करने के पश्चात् मुसलमान सेनाओं ने गुजरात की सेना को बुरी तरह परास्त किया तथा अन्हिलवाड़ा पर अधिकार कर लिया, लेकिन यह सफलता स्थिर न रह सकी। 1201 ई. में भीम ने उसपर पुनः अपना अधिकार कर लिया। मुसलमान

आक्रमण के समय भीम की कठिनाइयों का लाभ उठाकर परमारों ने मालवा में अपनी स्थिति सुदृढ़ कर ली, परंतु शीघ्र ही भीम के शक्तिशाली सामंत लवण प्रसाद ने उन्हें वहाँ से पीछे हटा दिया। कुछ समय तक अन्हिलवाड़ा की गद्दी से उसे विरत भी रहना पड़ा। धीरे-धीरे उसकी सत्ता पर उसके जैन मंत्रियों लवण प्रसाद व उसके पुत्र वीर धवल का प्रभाव स्थापित हो गया और 1242 ई. में भीम की मृत्यु के पश्चात् उनका स्वतंत्र शासन स्थापित हो गया।

□

: चौदह :

शाकंभरी के चाहमान और दिल्ली के चौहानों को भी चार अग्नि कुलों में से एक माना जाता है। एक जनश्रुति के अनुसार सृष्टिकर्ता ब्रह्माजी ने पुष्कर क्षेत्र में एक यज्ञ किया था, जिसमें अग्नि देवता की अनुकंपा से एक वीर की उत्पत्ति हुई, जिसका नाम चाहमान था। इसी से इस वंश की बेल आगे बढ़ी। इस वंश के प्रारंभिक शासक प्रतिहारों के सामंत के रूप में शासन करते थे, जिन्होंने बाद में अपने स्वतंत्र राज्य की स्थापना की। चाहमानों की दो शाखाएँ प्रमुख थीं। इनमें पहली शाखा नर्मदा नदी के तट पर स्थित माहिषमती क्षेत्र में राज्य करती थी, तथा दूसरी शाखा शाकंभरी अथवा सांभर के राजपूतों की थी। यही शाखा दिल्ली एवं अजमेर के चौहानों के नाम से जानी जाती थी।

चाहमानों को शाकंभरी शाखा का आदि पुरुष वासुदेव था, जब कि इस वंश के सर्वप्रथम शासक के रूप में 'गूवक' का उल्लेख हुआ है। परंतु इस वंश का प्रथम स्वतंत्र शासक विग्रह राज द्वितीय था, जिसने गुजरात के चालुक्य शासक मूलराज को मार कर सत्ता प्राप्त की थी। विग्रहराज द्वितीय के पश्चात् अजय राज इस वंश का दूसरा प्रतापी राजा था, जिसने अजय मेरु अथवा अजमेर नगर बसाया और मंदिरों तथा महलों से उसकी शोभा में वृद्धि की। उसने अजमेर को अपनी राजधानी बनाया। अजय राज के बाद विग्रह राज चतुर्थ इस वंश का महाप्रतापी शासक बना, वह इतिहास में वीसल देव के नाम से प्रसिद्ध है। कहा तो यह जाता है कि उसने हिमालय से विंध्याचल के बीच की सारी भूमि पर अधिकार कर लिया था। उसने दिल्ली विजय की, जिससे उसके वंश की प्रतिष्ठा तथा शक्ति में अत्यधिक वृद्धि हुई। उसने संभवत: गहड़वाल शासक विजयचंद से दिल्ली जीती होगी। विग्रहराज चतुर्थ ने शिवालक प्रदेश तक अपने साम्राज्य का विस्तार किया तथा सम्राट् अशोक के एक स्तंभ पर अपना लेख उत्कीर्ण करवाया। उसने परमार नरेश पर आक्रमण

करके जबलपुर पर विजय प्राप्त की। शिवालक से लेकर जबलपुर तक अपने साम्राज्य का विस्तार करके उसने परमेश्वर तथा महाराजधिराज की उपाधि धारण की। उसने मुसलमानों के प्रसार को रोकने में भी महत्त्वपूर्ण भूमिका का निर्वहन किया। चौहानों को एक अखिल भारतीय सत्ता के रूप में प्रतिष्ठित करने का श्रेय उसी को जाता है।

एक विजेता के अतिरिक्त वह एक साहित्यानुरागी शासक था। वह प्रतिभाशाली कवियों तथा साहित्यकारों का संरक्षक भी था। महाकवि सोमनाथ ने 'ललित विग्रहराज' नामक ग्रंथ की रचना उसी की प्रशंसा करते हुए की है। 'ढाई दिन का झोंपड़ा' नामक मसजिद की दीवार में लगे पत्थर पर खुदे हरकेलि नाटक के कुछ भाग का पता चला है, जो कि विग्रहराज द्वारा रचा हुआ माना जाता है। इस वंश का अंतिम एवं सर्वाधिक प्रतापी एवं प्रसिद्ध शासक पृथ्वीराज चौहान तृतीय हुआ। मुसलिम इतिहासकारों ने उसे राय पिथौरा लिखा है तथा इतिहास में वह पृथ्वीराज चौहान के नाम से प्रसिद्ध हैं। प्रसिद्ध कवि चंदबरदाई उसका दरबारी कवि व मित्र था। अपनी प्रसिद्ध रचना पृथ्वीराज रासो में चंदबरदाई ने उसके शौर्य की अत्यधिक प्रशंसा करके उसे इतिहास में अमर कर दिया। उसका अपने पड़ोसी राज्यों से सदा संघर्ष होता रहा, जिनमें वह सदा विजयी रहा। कन्नौज के गहड़वाल शासक जयचंद की पुत्री संयोगिता से प्रेम होने के कारण उसकी गहड़वालों से शत्रुता थी, जिसके कारण मोहम्मद गोरी के आक्रमण के विरुद्ध उसको जयचंद की सहायता न मिल सकी। यद्यपि 1191 ई. में लड़े गए तराइन के प्रथम युद्ध में उसने मोहम्मद गोरी को बुरी तरह से परास्त किया था, लेकिन तराइन के द्वितीय संग्राम में मोहम्मद गोरी के छलपूर्ण युद्ध के कारण वह परास्त हुआ तथा बंदी बना लिया गया।

सम्राट् पृथ्वीराज चौहान को बंदी बनाने के पश्चात् मोहम्मद गोरी ने उन पर धर्मांतरण का दबाव डाला लेकिन इसके लिए तैयार न होने की स्थिति में उनको भीषण शारीरिक यातनाएँ दी गई तथा गरम शलाका से उन्हें अंधा कर दिया गया। इसी समय मोहम्मद गोरी के दरबार में पृथ्वीराज के दरबारी कवि चंदबरदाई पहुँचे तथा उन्होंने गोरी के सामने पृथ्वीराज चौहान के शब्दबेधी बाण की प्रशंसा की। यह जानकारी मिलने पर मोहम्मद गोरी ने पृथ्वीराज चौहान के शब्दबेधी बाण की परीक्षा लेने का निर्णय लिया। स्थान विशेष पर एक घंटा लटकाया गया तथा घंटे पर चोट पड़ते ही पृथ्वीराज को शब्दबेधी वाण छोड़ने के लिए कहा गया। घंटे पर चोट पड़ते ही पृथ्वीराज ने सर-संधान किया और उनके द्वारा छोड़ा गया बाण

सीधे लक्ष्य पर लगा। इस अवसर पर चंदबरदाई ने पृथ्वीराज चौहान को सचेत करते हुए कहा—

चार बाँस चौबीस गज अंगुल अष्ट प्रमान।
ता ऊपर सुल्तान है, मत चूके चौहान॥

बाण के लक्ष्य पर लगते ही सुल्तान गोरी वाह–वाह करने लगा। इन शब्दों को सुनकर पृथ्वीराज चौहान ने उस दिशा की ओर सरसंधान किया, जो सीधे सुल्तान मोहम्मद गोरी को लगा और उसका प्राणांत हो गया। गोरी को बाण लगते ही सभा में कोलाहल मच गया तथा सभी क्रोधित होकर पृथ्वीराज चौहान को मारने के लिए उसकी ओर बढ़े, लेकिन तभी चंदबरदाई व पृथ्वीराज चौहान ने एक–दूसरे को मारकर अपनी जीवन–लीला समाप्त कर ली। वह अंत तक धर्म पर अडिग रहा और मरते–मरते भी अपने सबसे प्रबल शत्रु को मारकर मरा, हो सकता है गोरी बच गया हो, लेकिन राय पिथौरा ने अपना प्रयास तो किया।

□

: पंद्रह :

पूर्वांचल के वत्स गोत्रीय क्षत्रियों का इतिहास अत्यधिक गौरवशाली रहा है। उन्हें कहीं चौहान, कहीं बचगोती, राजकुमार, रजवार और कहीं बजगोती रजवार खानजादा के नाम से जाना जाता है। इनकी उत्पत्ति अग्नि वंशीय चौहान क्षत्रियों से हुई है। वत्स गोत्रीय का अपभंश बचगोती या बजगोती है, जिन्होंने धर्म-परिवर्तन कर लिया, उन्हें 'खानजादा' कहा गया।

चौहान वंश मुख्यतया अजमेर में रहा। इनके अन्य निवास स्थल मैनपुरी व सांभर भी थे। कवि चंदबरदाई कृत पृथ्वीराज रासो के अनुसार चौहान वंशीय क्षत्रियों की 33वीं पीढ़ी के सोमेश्वर देव अजमेर के अधिपति हुए, जिनका विवाह इंद्रप्रस्थ (दिल्ली) के तोमर नरेश अनंगपाल की पुत्री से हुआ था। दिल्ली का पूर्वनाम इंद्रप्रस्थ ही था, जिसे पांडवों ने बसाया था। सोमेश्वर देव के दो पुत्र पृथ्वीराज व चाहिरदेव उत्पन्न हुए। पृथ्वीराज का जन्म संवत् 1220 (1163) ई. में गुजरात राज के पाटणपत्तन में हुआ था। उनकी माता का नाम कर्पूरी देवी था। पृथ्वीराज के नाना अनंगपाल को कोई पुत्र नहीं था, अतएव उन्होंने अपने दौहित्र पृथ्वीराज को दिल्ली का शासक मनोनीत कर दिया। अनंगपाल की दूसरी पुत्री का विवाह कन्नौज में हुआ था। उसका पुत्र जयचंद भी दिल्ली के राज में अपना अधिकार चाहता था। संयोगिता अपहरण को लेकर भी उनमें आपस में वैमनस्य था। इसका परिणाम तराइन के दूसरे संग्राम में पृथ्वीराज चौहान के पराजय व दिल्ली में सत्ता-परिवर्तन के रूप में दृष्टिगोचर हुआ। दिल्ली का सिंहासन राजपूतों से सदैव के लिए छिन गया।

पृथ्वीराज दिल्ली के अधिपति थे, जबकि उनके भाई चाहिरदेव सांभर नरेश थे। पृथ्वीराज के अंत के बाद भी उनमें भाई चाहिरदेव के पुत्र विजयराज का सांभर पर अधिकार पूर्ववत् बना रहा। इनके पुत्र लाखनसी के कई रानियाँ थीं,

जिनके 24 पुत्र उत्पन्न हुए। गजेटियर ऑफ अवध, गजेटियर कार नेविल्स तथा अंग्रेज इतिहासकार एच. इलियट के अनुसार पृथ्वीराज के चचेरे प्रपोत्र संगतराय के 22 पुत्र थे, जिनमें से छोटी रानी के पुत्र को एक वचनबद्धता व संकल्प के फलस्वरूप सांभर की गद्दी पानी थी, इसलिए उनके शेष पुत्र अपनी स्वयं की सत्ता स्थापित करने की दृष्टि से पूर्व दिशा की ओर चल पड़े। इनमें वरियारशाह भी थे। गोपाल कवि कृत 'वत्सगोत्र चौहान वंशारणव' के अनुसार वरियार शाह अपने दो भाइयों कंशराय और कर्णराय के साथ सैन्यबल सहित सांभर से हरिद्वार की ओर बढ़े। कर्णराय वहाँ से अपनी सेना के साथ नेपाल चले गए और वहाँ पर अपना राज्य स्थापित किया। वरियार शाह दूसरे भाई कंशराय के साथ अवध क्षेत्र की ओर चल पड़े। उन्होंने वर्तमान सुल्तानपुर नगर के दक्षिण में 15 किमी. दूर स्थित जमुवावाँ ग्राम परगना मीरानपुर में अपना डेरा डाला। उस समय इस भूमि के शासक बेलखर नरेश (जिला प्रताप गढ़) रामदेव थे, उनकी अनुमति से वरियार शाह ने ग्राम जमुवांवा में अपनी गढ़ी का निर्माण कराया। उनके शौर्य व पराक्रम से प्रभावित होकर बेलखर नरेश राजा रामदेव ने अपनी कन्या का विवाह भी वरियार शाह से कर दिया। वरियारशाह का अवध क्षेत्र में आगमन 1248 के आस-पास निर्धारित किया जाता है। वे बड़े प्रतापी व पराक्रमी थे। धीरे-धीरे चारों ओर उनका प्रभाव बढ़ने लगा। इससे उनके श्वसुर बेलखर नरेश रामदेव के मन में यह आशंका प्रकट हुई कि कहीं यह महत्त्वाकांक्षी व्यक्ति उनके राज्य को अपने आधिपत्य में न कर ले। रामदेव ने अपने प्रयाग-कल्पवास के दौरान एक पत्र बेलखर भेजा, जिसमें उल्लेख किया गया था कि वरियार शाह का इरादा ठीक नहीं है। वह एक दिन रास्ते का रोड़ा बनेगा, उसकी हत्या कर रास्ता साफ किया जाए। संयोग से यह पत्र बेलखर नरेश के हाथ लग गया। अंतः प्रतिशोध में उन्होंने अपने साले की हत्या कर दी और बेलखर राज्य पर अपना प्रभुत्व स्थापित कर लिया। इस समाचार से रामदेव बहुत दुःखी हुए और शोक में उनकी मृत्यु हो गई। भाई की हत्या से वरियार शाह की पत्नी अत्यंत मर्माहत हुई, लेकिन जब उन्हें सत्य का पता चला, उनका दुःख कुछ कम हुआ। इस घटना के पश्चात् रामदेव ने अपने भाई को भेजकर अपनी प्रथम पत्नी (जयपुर के कछवाह राजा की पुत्री) को अपने पास बुलवा लिया। इस प्रकार वरियार शाह 1253 ई. से इस क्षेत्र के राजा हो गए। उन्होंने अगल-बगल के भर जाति के शासकों को परास्त कर अपनी सीमा का विस्तार किया। उनके भाई कंशराय

अपने भाई से अनुमति लेकर आगे बढ़े और चंद्रकोना के राजा हुए। बिहार के आरा जनपद में राजकुमार व वत्सगोत्रीय क्षत्रियों के कई ग्राम व क्षेत्र हैं, संभवतः चंद्रकोना भी वहीं रहा होगा।

बेलखर नरेश राजा रामदेव बड़े प्रजावत्सल थे, उन्होंने बहुत से लोगों को भूमि दान दी थी। जब वरियार शाह ने उनसे अधिकांश भू-भाग छिन लिया तो उन्हीं लोगों ने दिल्ली सुल्तान से वरियार शाह की शिकायत की कि वह एक दिन रामदेव की ही तरह आप पर भी आक्रमण करके दिल्ली का विनाश कर देगा। इस पर दिल्ली के सुल्तान ने आवेश में आकर अपने सूबेदार को आदेश दिया कि वह बेलखर राज्य पर कब्जा करनेवालों पर आक्रमण करके उनका कत्ल कर दे। जब इसकी सूचना विश्वस्थ सूत्रों से वरियार शाह व उनके पुत्र राजशाह को बेलखर क्षेत्र में प्राप्त हुई तो उन्होंने अपने अमात्य से मंत्रणा करके यह तय किया कि यवनों को हिंदुओं के गोत्र, कुल जाति व भाषा की अबतक इतनी जानकारी नहीं है। इसलिए यहाँ चौहान वंशीय क्षत्रिय अपने को चौहान न कहकर वत्स गोत्रीय कहें, जिसका तद्भव कालांतर में 'बचगोती' हो गया।

दिल्ली सुल्तान के सूबेदार अपने सैन्यबल के साथ जब बेलखर राज्य आए तो उन्हें यह सूचना दी गई कि चौहान तो आगे बढ़ गए। यहाँ पर सभी बचगोती रहते हैं। इसलिए सूबेदार की सेना बेलखर से वापस चली गई। तब से यहाँ के अग्नि वंशीय चौहान बचगोती कहे जाने लगे। वरियार शाह की दो पत्नियाँ थीं। पहली पत्नी जयपुर घराने की थी तथा दूसरी पत्नी बेलखर नरेश की पुत्री थी। पहली पत्नी से राजशाह तथा दूसरी पत्नी से आसलदेव, घूँघेदेव और घाटमदेव पैदा हुए। चौहान वंशारणव इस बात की पुष्टि करता है—

वीरशाह वरियार के प्रगटत भए कुमार।
आसल, घूँघे, घाट में, राजशाह सहचार॥

आसलदेव ने जमुवावाँ से चलकर वर्तमान परगना मीरानपुर के नोनरा ग्राम में अपना कोट बनाया। उनके चार पुत्र मामदेव, भीसलदेव, वीरशाह तथा बिड़ियान हुए। इनके वंशज आगे चलकर गैरिकपुर, घटकौर, जमुवावाँ, खड़हरे, नरायनपुर, कल्याणपुर, नगर डीह, नेवड़िया, इस्माइलपुर, सवनगी, कस्तूरीपुर, दसईपुर, कैभे, मोचवा, रामपुर, लहना, गुडुरी, चंदापुर, भादर, बहादुरपुर, पीपरपुर, असरवन, उसका भदांव, त्रिसुंडी, भेवई, सोनारी, ढेमा, अग्रेसर, भवइया, माधौपुर, कैनोरा, कंधईपुर, कस्तूरी बसन्तपुर, पतीपुर, बुखारेपुर, बालमपुर, महेसुआ तथा

ढेकमा (आजमगढ़) आदि गाँवों में बस गए। ये सभी अपने को बचगोती कहने में गर्व का अनुभव करते हैं। आसल के ही नाम से सुल्तानपुर में परगना 'आसल' कायम हुआ।

रजवारों की उत्पत्ति के बारे में एक किंवदंती है कि वरियारशाह के दूसरे पुत्र घूँघेराय थे, जिनके पुत्र कनकराय और हरिमंगल थे। कनकराय गारवपुर (गारापुर) बसे और हरिमंगल ने अपना निवास महरूपुर (जनपद प्रतापगढ़) में बनाया। कनकराय के पुत्र गारवदेव अत्यंत पराक्रमी व प्रतिभाशाली थे। उन्होंने स्वयं को राजा घोषित कर दिया। वरियारशाह के दूसरे पुत्र राजशाह के पौत्रों को यह उपाधि असहाय हो गई। उन्होंने प्रतिशोध में गारवदेव पर आक्रमण कर दिया। विवाद जब आगे बढ़ा तो गारवदेव के पिता कनकराय व जयचंद ने दोनों दलों के बीच सुलह करवाई और यह निश्चित हुआ कि गारवदेव के वंशज अब राजा के बजाय 'रजवार' कहे जाएँगे। रजवारों के वंशज कोथरा, प्रतापपुर, कमैचा, रामपुर, अर्जुनपुर, दारापुर, पिलखिनी, ढेलहा, धनेछे, सूर्यभान पहरी, पांडेपुर, सदरपुर, गरमें आदि गाँवों में बसे हैं। रामदेव की शाखा धर्म परिवर्तन करने के पश्चात् खानजादा मुसलमान हो गए। इनके वंश में करमचंद खाँ बड़े बहादुर योद्धा थे। धर्म परिवर्तन के पश्चात् इस शाखा के लोग तातौ मुरैनी इनौली, सरपतहा आदि गाँवों में बस गए। इन्हें रजवार खानजादा के नाम से जाना जाता है। ये सभी गाँव परगना चाँदा में स्थित हैं।

अवध में कोथरा, रामपुर और प्रतापपुर के रजवार तालुकेदारों को तालुकेदारी की सनद प्राप्त थी। वरियारशाह के तीसरे पुत्र घाटमदेव थे। इनका राज्य प्रतापगढ़ और सुल्तानपुर जनपद की सीमा में पाँच कोस के विस्तार में था। घाटमदेव की पाँचवीं पीढ़ी में वृसिंहराय एवं संग्राम सिंह हुए। वृसिंहराम के पुत्र सूर्यभान शाह हुए और उन्होंने सूर्यभान पट्टी में अपना कोट बनवाया। अपने नाम से ही ग्राम का नामकरण भी कराया। तालाब पर एक लंबा बाँध भी बनवाया। उनके पुत्र हर्षसिंह व बली सिंह हुए। हर्षसिंह खानजादा मुसलमान होने के बाद हरख खाँ बन गए। उनके वंशज ग्राम खसड़े और केरी में बसे। बली सिंह के दो पुत्र गुलाब व उग्रसेन हुए, जिन्होंने अपना निवास महरूपुर में बनाया तथा अगल-बगल के क्षेत्रों में अपने राज्य का विस्तार किया। वृसिंह राय के छोटे भाई संग्राम सिंह के वंशज देवलपुर, बरहा, घरियामऊ और रसुलहा में आज भी विद्यमान हैं।

वरियार शाह के सबसे प्रतापी पुत्र राजशाह थे। उनके वंशजों का विस्तार

आज के प्रतापगढ़, सुल्तानपुर, जौनपुर, अंबेडकर नगर, फैजाबाद और आजमगढ़ जनपद तक हुआ। इनके वंश में अनेक प्रतापी और बलशाली राजा उत्पन्न हुए। हसनपुर, कुड़वार, दियरा, मेवपुर दहला, मेवपुर घवरू गंगापुर, गंगेव, मनियारपुर, नानेमऊ, दमोदरा (जनपद सुल्तानपुर) व पट्टी दलीपपुर, ताला, अमरगढ़, मधुपुर, रामगंज, अधारगंज, उड़ैयाडीह (प्रतापगढ़), भीटी, नरहरपुर, घबरूआ (अंबेडकर नगर) व खजुरहट (फैजाबाद) के राजघराने व सनदधारी तालुकेदार राजशाह के ही वंशज हैं। इन घरानों के अतिरिक्त जिन्हें जमींदारी का अधिकार प्राप्त हुआ, ऐसे भी कई ग्रामों में राजशाह के वंशज आज भी भारी संख्या में हैं।

राजशाह के तीन पुत्र हुए रामआसरे उर्फ इसरी सिंह, रूपसिंह और चक्रसेन। चक्रसेन सिंह को प्रतापगढ़ में बेलखर का इलाका मिला। आज की पट्टी दलीपपुर, मधुपुर, जमुआरी, अधारगंज, अमरगढ़, रामगंज और दरछुट के प्रसिद्ध घराने हुए। ये आज भी स्वयं को बचगोती कहते हैं। राजशाह के दूसरे पुत्र रूपसिंह थे। उनके दो पुत्र जयचंद सिंह व पृथ्वी सिंह हुए। इनमें जयचंद के पुत्र त्रिलोकचंद्र पराक्रमी और बलशाली राजा थे। उन्होंने पानीपत की पहली लड़ाई में इब्राहीम लोदी के साथ बाबर से मुकाबला किया था। वहाँ पर ये बंदी बनाए गए और बाद में इनका धर्म परिवर्तन कर दिया गया। तब से ये मुसलमान खानजादा हो गए। धर्म-परिवर्तन के बाद त्रिलोकचंद्र का नाम बदलकर तातार खाँ कर दिया गया। उनकी प्रथम पत्नी के पुत्र फतेहशाह थे, वे हिंदू बने रहे। फतेहशाह के वंशज सुल्तानपुर के धम्मौर तथा उसके निकट के चौदह ग्रामों में आज भी विद्यमान हैं। मुसलमान होने के पश्चात् तातार खाँ से जो संतान उत्पन्न हुई, उसका नाम वाजित खाँ था। ये नरवलगढ़ में रहने लगे। वाजिद खाँ की पहली पत्नी से हसन खाँ पैदा हुए। दूसरी पत्नी से जो पैदा हुए, वे सब धराएँ, लौहर और देहली मुबारक पुर के खानजादा हैं। हसन खाँ के पुत्र दाऊद खाँ थे। दाऊद खाँ के छोटे भाई कुतुब खाँ हुए, जिनके वंशज रनकेडीह, कुतुब पुर, बनकेपुर तथा उसके आस-पास बसे। दाऊद खाँ के एक पुत्र हरखपुर चले गए। रहमत खाँ के वंशज भाई ग्राम में जा बसे और ईदल खाँ फिरोजपुर चले गए। दलेल खाँ का खानदान ग्राम मूंगर और मुइली में रहने लगा। हयात खाँ का खानदान मनियारपुर और वजीर खान का परिवार गंगेव में आबाद हुआ। हसन खाँ की गद्दी पर दाऊद खाँ के बाद खान खानम खाँ आरूढ़ हुए। उसके बाद उसका पुत्र बहादुर खाँ राजा बना। बहादुर खाँ के भाई रहमत खाँ को 12 मौजा देकर

भाई का इलाका दे दिया गया। बहादुर खाँ के पुत्र इस्माइल खाँ राजा हुए। उनके दो भाई दलेल खाँ व हयाज भी थे, जो क्रमशः मूंगर, मुइली और मनियारपुर में आबाद हुए। चौथे भाई नजीर खाँ गंगेव स्टेट के खानजादा हुए। नरवलगढ़ तातार खाँ की राजधानी थी। जब उनकी शाखा में हसन खाँ वहाँ के शासक व राजा हुए तो उन्होंने उसका नाम बदलकर अपने नाम पर हसनपुर रख दिया। तब से आज तक वह स्थान हसनपुर जिला सुल्तानपुर के नाम से जाना जाता है। शेरशाह सूरी के शासन काल में हसनपुर राजघराने का बड़ा दबदबा था। उनका राज्य-विस्तार बहुत बड़ा था। रीवा के बघेलों से भी उन्होंने अपने हिंदू व मुसलिम सगोत्रियों को साथ लेकर व्यूह-रचना की थी।

राजा त्रिलोकचंद्र के चाचा पृथ्वीपति शाह थे, जिनके वंशज देवलपुर, भंडरा, नौगवाँ, नरई, बिसावाँ, केवटली, निरसैया, बहुरहवाँ, समरथपुर, डोमनेपुर, हथिगो, सरकौड़ा आदि गाँवों में फैले हुए हैं। पृथ्वीपति शाह की बारहवीं पीढ़ी में शंकरबख्श सिंह हुए, जिनमें चार पुत्र दुनियापति, सुखराज सिंह, वरियार सिंह व जबर सिंह हुए। सुखराज सिंह के पुत्र कुड़वार के राजा ईश्वरी बख्श सिंह हुए। उनके पुत्र राजा माधव प्रताप सिंह शंकर बख्श सिंह की तीसरी संतान थे। उन्हें फैजाबाद जिले का इलाका प्राप्त हुआ। शंकर बख्श सिंह के चौथे पुत्र जबर सिंह थे, उनके भी एक ही संतान महेश्वर बख्श सिंह उत्पन्न हुए। महेश्वर बख्श सिंह की पत्नी सुखराज कुँवर समरथ पुर कोट में रहती थी और जबर सिंह के नाम पर उन्होंने जबरगंज बाजार बनवाया। सुखराज कुँवर की मृत्यु के पश्चात् उनका राज्य कुड़वार राज्य में सम्मिलित हो गया। इसी वंश परंपरा और कुड़वार खानदान से मुकुटराय हुए, जिनके वंशज रामनगर कोट, कटावाँ, महमूदपुर, प्रताप पुर, इमिलिया, नकहा और उसके आस-पास के गाँवों में बसे। बाद में इनमें से कुछ बेला, अरसठ, थरिया आदि गाँवों में चले गए।

ईश्वरी सिंह राजकुमार राजशाह के पुत्र थे। उन्होंने भदैया में अपना कोट बनवाया था और कई पीढ़ी तक उनके वंशज वहीं रहे। शायद यही कारण है कि राजकुमार क्षत्रिय भदैया को अपनी चौरी का स्थल मानते हैं। ईश्वरी सिंह (रामआसरे) की छठी पीढ़ी में बीरभानु सिंह उत्पन्न हुए, उनके दो पुत्र महराज सिंह और जोगाजीत सिंह पैदा हुए। जोगाजीत सिंह ने ग्राम दिखौली को अपना आवास स्थल बनाया। महराज सिंह के दो पुत्र रामचंद्र और विजयचंद्र हुए। रामचंद्र पूरे बाघराव एवं अभियाँ ग्राम चले गए। विजयचंद के चार पुत्र हुए—हरिकरन

देव, जीतराय या जैतराय, जीवनारायण, जलपराया अथवा दिलीप राय। हरिकरन देव के नाने मऊ, जैतराम के वंशजों ने मेवपुर परस पट्टी, मेवपुर घबरुआ, मेवपुर दहला तथा मेवपुर बड़ा गाँव से अपने राज्य का विस्तार सुदूरपूर्व तक किया, जिसके काफी अंश आज के जौनपुर और अंबेडकर नगर जनपद में स्थित है।

जीव नारायण के दो पुत्र पृथ्वीचंद तथा खांडेराय थे। खांडेराय के वंशज हमजाबाद, मैरी, अठैसी, कैथवारा, नुमाएँ, घरसौली, पहाड़पुर, सरायभीखम तथा उसके आस-पास के ग्रामों में आबाद हुए। पृथ्वीचंद के पाँच पुत्र उत्पन्न हुए, जिसमें यादवराय दियरा में रहे। शेष चार पुत्र गौहानी, सेखनपुर, जगदीशपुर, बलुआ, सुदनापुर, गोपालपुर, सहिनवाँ, तंभुआ, सेमरी, हीड़ी पकड़िया व बूधापुर में बसे। यादवराय के तीन पुत्र हुए। बड़े पुत्र वीरभद्र दियरा में रहे। दूसरे पुत्र त्रिभुवन के वंशज दुमदुमा, कटघर, भुसौड़ी, रामनगर, नरेंद्रपुर पट्टी जनपद जौनपुर में बसे। तीसरे पुत्र कृष्णराय के वंशज शिवगढ़, परसरामपुर व सैतापुर सराय में बसे। चौथे पुत्र छत्रसिंह दियरा के राजा हुए। छत्रसिंह के दो पुत्रों का नाम रामकलंदर व गरुड़ सिंह था। गरुड़ सिंह को ग्राम बनी का इलाका मिला। इस खानदान के बाद के वर्षों में रानी दरियाव कुँवर के पश्चात् रुस्तम शाह को दियरा का राज्य मिल गया।

हरकरन सिंह, विजयचंद के द्वितीय पुत्र थे, जिनकी गढ़ी नानेमऊ, सरैया में थी। नानेमऊ के अतिरिक्त इनके वंशज सुल्तानपुर, अंबेडकर नगर व जौनपुर जनपद के कई गाँवों में पहुँच गए, जिसमें से वर्तमान का राजकुमार क्षत्रिय परिवार मीरपुर सरैया, लालशाह का पुरा, गूरेगाँव, रामगढ़, लोकनाथपुर, तदीपुर, कूने जनपद सुल्तानपुर में विद्यमान हैं। कुछ परिवार ईशापुर, जौनपुर में रहता है। रतनपुर, लोकनाथपुर, केवटाही, नरहरपुर (अंबेडकर नगर) में इसी शाख के लोग बसते हैं। मेवपुर घटना के प्रथम पुरुष जैतराय थे, जिनके चार पुत्र होलिराय—बसंतराय, भागवतराय, भूप या भूपतिराय पैदा हुए। इनके वंशज पाकड़पुर, बसौली, छपरे, भदैया, गजइनपुर, खनिया, शाढ़ापुर, शहाबुद्दीनपुर व मथानी में बसे। होलिराय के पुत्र मंगाराय बड़े पराक्रमी थे। इसके वंशज ग्राम सवाए (जौनपुर), खालिपुर जमौली, मिसिर पुर, कम्मरपुर, पोखरदहा, मिवरहा, सराय शाहपुर, समोधपुर, भूपतिपुर और सूरायपुर में बसे। जैतराय के दूसरे पुत्र भगवत राय के वंशज तेरयें-चौकिया में बसे। उनके चौथे पुत्र रामशाह या मधुकरशाह हुए। मधुकरशाह की छठी पीढ़ी में जालिम सिंह (मेवपुर) पैदा हुए।

इनके पौत्रों ने गोमती नदी के किनारे स्थित अपने द्वारका वाले कोट से ब्रिटिश सेना पर कई बार आक्रमण करके गोमती नदी से जा रहे खजाने को छीन लिया था, इसके कारण कंपनी की सेना से इन लोगों का भीषण युद्ध हुआ था। बाद में जालिम सिंह के वंशजों ने मेवपुर, गंगापुर और धवरुआ में अपने कोट बनवाए। जालिम सिंह के भाई पहलवान के पुत्र फतेहबहादुर की बहादुरी के चर्चे आम थे। इन लोगों के एक भागीदार रघुवर दयाल थे, उनके हिस्से को लेकर परिवार में ही जंग छिड़ गई थी। मेवपुर धवरुआ व दियरा के घरानों में राज्य विस्तार को लेकर प्रायः लड़ाई होती रही। पहला युद्ध ढेया के निकट श्रीरामपुर तहसील कादीपुर में सन् 1798 में हुआ था, जिसमें दोनों पक्षों के 300 योद्धा हताहत हुए। दियरा राजवंश के माधो सिंह तथा उनके 19 वर्षीय भाई बेनी बख्स सिंह ने युद्ध में मेवपुर घबरुआ के जालिम सिंह के विरुद्ध श्रीरामपुर के उसरीले मैदान में इसी ग्राम के आधिपत्य को लेकर संघर्ष किया था। इस लड़ाई में अंततः दियरा राज्य विजयी रहा, क्योंकि तिरवाहा विरादी खांडेराम के वंशजों ने दियरा का साथ दिया था। दियरा की ओर से जो लोग वीरगति को प्राप्त हुए थे, उनके वंशजों को दियरा राज्य की ओर से आजीविका के लिए संकल्प के रूप में काफी भूमि दान की।

उपर्युक्त दोनों परिवारों का पारस्परिक द्वंद्व रूक नहीं पाया। प्रतिशोध की भावना भीतर-ही-भीतर धधक रही थी, फलस्वरूप पलियार क्षत्रिय तालुकेदारों द्वारा दिए गए ग्राम मसौड़ा (निकट जलालपुर) परगना सुरहुर पुर को लेकर दोनों में पुनः भयंकर विवाद उत्पन्न हो गया। पलिवार क्षत्रियों के छह भागीदारों में से एक ने अपना अंश दियरा के राजा माधोसिंह को अंतरित कर दिया। पाँच भागीदारों में से एक ने अपना अंश मेवपुर घराने को बेच दिया। जब मेवपुर घराना कथित भूमि पर अधिकार करने के लिए ग्राम मसौड़ा (परगना सुरहुरपुर) पहुँचा तो विवाद होना स्वाभाविक था। दोनों ओर से काफी सैनिक हताहत हुए। इस युद्ध में जालिम सिंह के चौथे पुत्र जोरावर सिंह को 17 चोटें आईं। इस युद्ध में जालिम सिंह व उनके तीन पुत्र पहलवान सिंह, सुग्रीव सिंह व स्वभाव सिंह युद्ध में मारे गए। वैमनस्य का यह सिलसिला यहीं नहीं रुका। सात माह पश्चात् जालिम सिंह के पौत्र युवा सर्वदान सिंह के नेतृत्व में पुनः युद्ध हुआ। इस युद्ध में उसने अपने पितामह जालिम सिंह तथा तीनों चाचा की मृत्यु का बदला ले लिया, क्योंकि इस युद्ध में दियरा घराने के लोग तथा सैनिक अधिक संख्या में मारे गए। यह युद्ध 1808 ई. में हुआ।

विजयचंद के चौथे पुत्र जलपराय थे। ऐसी किंवदंती है कि वह रीवा के बघेलों से सेनापति जोगा सिंह के नेतृत्व में युद्ध करने गए थे। युद्ध स्थल पर वह घायल हो गए। साधुओं की एक मंडली ने जो वहाँ से गुजर रहे थे, इन्हें कराहते हुए देखा तथा इन्हें सहारा देकर अयोध्या ले गए। वे वहाँ साधु हो गए तथा उनका नाम रामदास हो गया। वे अयोध्या के बड़ी छावनी में शिष्य हो गए। मकर संक्रांति के समय प्रयाग के संगम पर होलीराय ने उन्हें पहचान लिया तथा अनुनय-विनय कर उन्हें घर लाए। उनका विवाह करवाया गया। उनके प्रथम पुत्र जुझार सिंह के वंशज, डड़िया, अमरेथू और पौधन रामपुर में बसे। मुकुंद के वंशज कटसारी, बरुवारीपुर, गोपालपुर तथा राई में बसे। तीसरे पुत्र की संतानें नूरपुर, मोहम्मदाबाद, मालापुर व तवक्कलपुर में आबाद हुई। रामदास बाद के वर्षों में बड़ी छावनी अयोध्या के महंत भी हो गए थे।

अवध गजेटियर में इस बात का उल्लेख किया गया है कि राव बरियार शाह के आगमन के ढाई सौ साल बाद उनका परिवार इतना बड़ा हो गया था कि गोमती नदी के दक्षिण जमुवावां से भदैयाँ तथा आस-पास के क्षेत्रों में विस्तार की गुंजाइश नहीं रह गई थी, इसलिए वे सब गोमती नदी के उत्तर में आ गए और छह स्थानों पर अपनी गढ़ियाँ स्थापित की। बलभद्रशाह दियरा, कीरत शाह—नानेमऊ, खांडेराय- कैथवारा, मधुकर शाह-मेवपुर, हरिराय-पाकड़पुर और जलपराय ने बसवारीपुर में अपनी किलेबंदी की। इन लोगों ने इन स्थानों पर पहले से आबाद लोगों को खदेड़ दिया। दियरा, मेवपुर, धमरुआ व तिरवाहा घराने परस्पर लड़ते हुए भी गैर लोगों के लिए एक हो जाया करते थे।

यह भी उल्लेखनीय है कि खपड़ाडीह व सीहीपुर के गर्गवंशीय क्षत्रिय तालुकेदार निहाल सिंह ने मनियारपुर सुल्तानपुर के बचगोती खानजादा की बेगम सोगरा बीबी का मनियारपुर का काफी इलाहा प्रबंधक होने के नाते अपने अधीन कर लिया। तत्कालीन नाजिम राजा दर्शनसिंह अयोध्या और वरियार सिंह भीटी ने उन्हें मार गिराया, लेकिन उनके भतीजे हरपाल सिंह व भाई स्वयंवर सिंह मोर्चे पर डटे रहे। इन लोगों ने दियरा राज्य के विरुद्ध भी बीरसिंह पुर इलाके में धावा बोल दिया। इसके बाद दियरा की रानी दरियाव कुँवर ने अपने गोत्र के सभी घरानों को युद्ध के लिए निमंत्रण भेजा। बीरसिंह पुर के निकट निंदूरा में जंग हुई, जिसमें स्वयंवर सिंह व हुबदार सिंह गर्गवंशीय मारे गए। उनकी तोप छीन ली गई। हरपाल सिंह ने तब मनियारपुर की कैद तालुकेदारिया सोगरा बीबी को

छोड़ा। इसके बाद मनियारपुर के इलाके के बारे में समझौता हुआ, फलस्वरूप मनियारपुर का इलाका काफी कम हो गया, क्योंकि वह खपड़ाडीह रियासत के हाथ लग गया था। सन् 1857 ई. के प्रथम स्वतंत्रता संग्राम में वरियार शाह के वंशजों में दियरा राजवंश के अतिरिक्त सभी लोगों ने अंग्रेजों के विरुद्ध भयंकर संग्राम किया था।

□

प्रसंग–5

अवध का विद्रोह

: सोलह :

बादशाह मोहम्मद शाह के शासनकाल में सादत खाँ को अवध का गवर्नर बनाकर भेजा गया। वे खुरासान के सैयद व शिया मुसलमान थे। उनकी पदवी बुरहानुल मुल्क की थी, वह अवध के प्रथम नबाब हुए। आगरा दरबार में अपनी प्रशासनिक क्षमता प्रदर्शित करने के बाद वे लखनऊ भेजे गए थे। तिलोई नरेश मोहन सिंह की गतिविधियों से सादत खाँ को काफी चिढ़ हो गई थी। अतएव उन्होंने मोहन सिंह-तिलाई पर आक्रमण कर दिया, इस युद्ध में मोहन को पराजित होना पड़ा और वे मार डाले गए। इस युद्ध का प्रभाव यह हुआ कि अवध के अन्य सरदार जो विद्रोह गतिविधियों में लिप्त थे, शांत हो गए और सादत खाँ के पूरे नियंत्रण में आ गए। चूँकि मोहन सिंह की संपत्ति तत्कालीन इलाहाबाद सूबे के अंतर्गत स्थित थी, इसलिए अवध सूबे का नबाब होने के कारण उस संपत्ति से उनका कुछ भी लेना-देना नहीं था। उनका लक्ष्य तो मोहन सिंह की गतिविधियों पर अंकुश लगाना था, जिसके कारण यह युद्ध हुआ। सादत खाँ की सन् 1739 में मृत्यु हो गई। जिस समय उनका देहांत हुआ, पूरे अवध पर उनका प्रभावी नियंत्रण था।

सादत खाँ की मृत्यु के पश्चात् उसका भतीजा और रिश्ते में दामाद सफदर जंग उनका उत्तराधिकारी बना। उस समय कुछ तूफानी लोग बगावत पर उतर आए, जिनका नेतृत्व अमेठी (निकट लखनऊ) के प्रमुख जमींदार शेख मुसर्रत कर रहे थे। सुल्तानपुर की हसनपुर स्टेट के राजा ने भी उनका साथ दिया। तिलाई और अमेठी के तालुकेदार भी इस विद्रोह में सम्मिलित हो गए। उस समय सफदर जंग के पास मुगल सेना की एक बड़ी टुकड़ी थी, परंतु उसने अपने इन अधीनस्थ राजाओं से लड़ना उचित नहीं समझा। इसके बावजूद हसनपुर के राजा रोशन अली खाँ ने नबाब से युद्ध छेड़ दिया, यद्यपि वे युद्ध करते हुए मारे गए। सन् 1743 ई. में रायपुर अमेठी के राजा गुरुदत्त सिंह भी सफदरजंग से विद्रोह कर बैठे।

फलस्वरूप सफदरजंग एक बड़ी सेना लेकर आया और अमेठी पर आक्रमण कर दिया। 18 दिनों तक उसने अमेठी के किले को घेरे रखा। अमेठी के राजा गुरुदत्त सिंह किसी तरह किले से निकलकर अमेठी के पास रामनगर के घने जंगलों में भाग गए। रायपुर का किला ध्वस्त कर दिया गया और तालुके की व्यवस्था भी उसने अपने हाथ में ले ली।

सन् 1753 ई. में सफदरजंग को रायल फौज का अधीक्षक बनाया गया और दिल्ली के बादशाह अहमदशाह ने 1748 ई. में उसे अवध का वजीर बना दिया। इसी समय सुल्तानपुर स्थित महौना के भाले सुल्तान खानजादा निहाल खाँ ने जगदीशपुर (निहालगढ़) में एक किले का निर्माण करा लिया। सत्थिन व किशनी का विशाल भू-भाग पहले से ही उनके आधिपत्य में था। फिर इस नए किले से उसने सफदरजंग के विरुद्ध एक नया मोर्चा खोल दिया। इसके पूर्व निहाल खाँ ने मंदरकिया राजपूतों से किशनी का बहुत बड़ा भू-भाग छीन लिया था, जिसके परिणामस्वरूप निहाल खाँ और मैगल खाँ के मध्य युद्ध प्रारंभ हो गया, जिसमें निहाल खाँ मारा गया। इस प्रकार निहाल खाँ की मृत्यु के पश्चात् जगदीशपुर की व्यवस्था तहसीलदार मिर्जा लतीफ बेग के सुपुर्द कर दी गई तथा निहालगढ़ का किला जमींदोज कर दिया गया। इसी समय किशनी एवं सातनपुर परगनों का भी मुख्यालय जगदीशपुर हो गया।

सफदरजंग सुल्तानपुर के राजाओं और ताल्लुदारों के सतत विद्रोह के कारण त्रस्त हो गया। उसकी कुछ गतिविधियों से दिल्ली का बादशाह अहमदशाह बहुत अप्रसन्न हो गया। अतएव उसने सफदरजंग को वजीर के पद से हटा दिया। इसका परिणाम यह हुआ कि उसने दिल्ली सिंहासन के विरुद्ध विद्रोह कर दिया। इतना ही नहीं, उसने परगना चाँदा स्थित पापरघाट के पास गोमती नदी के दक्षिणी तट पर एक नए नगर का निर्माण प्रारंभ करवा दिया। इसका काम तीव्र गति से चलने लगा। जब इसकी सूचना दिल्ली के सुल्तान को मिली तो बादशाह ने उसे पार्सल में सम्मान की पोशाक भेजी। जब पार्सल खोला गया तो उसके अंदर मरी भवानी की प्रतिमा मिली।

कहा जाता है कि इसी समय अकस्मात् सफदरजंग की संपूर्ण सेना में हैजा फैल गया, इससे काफी लोग काल कवलित हो गए। कनिंघम ने अपनी रिपोर्ट में हैजे की बजाय प्लेग फैलने की बात का उल्लेख किया है। इस संक्रामक बीमारी से छावनी में दहशत फैल गई। नए नगर का निर्माण अधूरा ही रह गया। सफदरजंग

स्वयं हैजे का शिकार हो गया। इसी समय उसके पैर में एक बड़ा फोड़ा निकल आया, जो बाद में बड़े घाव में बदल गया। इसके एक माह बाद उसका पैर पूरी तरह से खराब हो गया। नव निर्माण स्थल मरी देवी के लिए छोड़ दिया गया। लाख उपचार के बावजूद उसका पैर ठीक नहीं हुआ। निर्माण स्थल पापरघाट से लखनऊ जाते समय 5 अक्तूबर को रास्ते में ही उसकी मृत्यु हो गई। उसकी मृत्यु के बाद उसका पुत्र सुजाउद्दौला अवध तथा इलाहाबाद का सूबेदार बनाया गया।

□

: सत्रह :

जब 13 मार्च, 1856 को अवध के नवाब वाजिद अली शाह पर अनर्गल आरोप लगाते हुए उन्हें अपदस्त करके कानपुर भेजा गया तो अवध आश्चर्यचकित रह गया। वे अवध के लोकप्रिय नबाब थे। अत: अंग्रेजों की इस हरकत से पूरा अवध उबल पड़ा। चाहे अवध की जनता रही हो, चाहे किसान, ताल्लुकेदार व जमींदार, सभी आक्रोशित हो उठे। लखनऊ में क्रांतिकारी गतिविधियाँ तेज हो गईं। अपदस्त नबाब के 14 वर्षीय बालक बिरजिस कद्र को सिंहासन पर बैठाया गया। उनकी क्रांतिकारी सरकार बनाई गई, जिनमें सुल्तानपुर के बख्त खाँ का भी नाम था। आलमबाग के युद्ध में अमेठी के राजा लाल माधव अपने सैन्यबल के साथ अंग्रेजी सेना से मुकाबले के लिए स्वयं डटे रहे, जिसमें उनके सैकड़ों सैनिक हताहत हुए। आलमबाग की लड़ाई के दौरान अपने जाँबाज सियाहियों की हौसला अफजाई बेगम हजरत महल ने स्वयं की तथा हाथी की पीठ पर बैठकर वे युद्ध का नेतृत्व करती रही।

8 जून, 1857 की रात तथा 9 जून को सुल्तानपुर मुल्की सेना के नवजवान स्वतंत्रता के प्रथम संग्राम में अंग्रेजों के विरुद्ध कूद पड़े। एक सैनिक ने कर्नल फिसर की पीठ में गोली मार दी। यह घटना उस समय हुई, जब वह डिप्टी कमिशनर मि. ब्लॉक से मिलकर घोड़े पर चढ़कर लाइंस की ओर आ रहा था। घायल स्थिति में वह लाइंस में पहुँचा। वहाँ पर उसे उसके दो अधिकारी कैप्टन गिविंग्स व लेक्टोनेंट टकर मिल गए। वे सब अपनी सुरक्षा की व्यवस्था कर ही रहे थे कि तब तक स्वतंत्रता प्रेमी सैनिक वहाँ आ गए, इन सैनिकों ने फिसर तथा गिविंग्स को मौत के घाट उतार दिया।

हचिंसन ने अपनी पुस्तक 'नैरेटिव ऑफ म्यूटिनीज इन अवध' के पृ. 146 पर लिखा है कि टकर ने भागकर अपने को किसी तरह बचा लिया और भागते-भागते

किसी तरह दियरा के राजा रुस्तम शाह के यहाँ शरण ली। दूसरे दिन वहाँ पर कैप्टन बनवारी, कैप्टन स्मिथ, लेफ्टोनंट लेविस और डॉक्टर ओडोनल भी पहुँच गए। इन्हें राजा रुस्तम शाह ने अपनी व्यवस्था में बनारस भिजवाया। डिप्टी कमिश्नर ब्लॉक और असिस्टेंट कमिश्नर इस्ट्रोयन ने बचाव के लिए गोमती नदी को पार किया और वहाँ के जमींदार यासीन पठान के नौकर मौला बख्स के घर में शरण लेने की अनुनय की। तब तक विद्रोही जाँबाज सैनिक, कारिंदे, किसान सब पीछा करते हुए वहाँ पहुँच गए। मौला बख्स ने चिल्लाकर छिपने का स्थान बता दिया। इस पर ब्लॉक ने अतिनिकट आते हुए सैनिक पर अपनी पिस्तौल से फायर कर दिया और जान बचाने के लिए नदी में कूदा, परंतु वह उसी में डूब गया। इस्ट्रोयन को स्वतंत्रता प्रेमी सैनिकों ने मार गिराया। गविन्स ने 'हिस्टरी ऑफ म्यूटनीज इन अवध' में लिखा है कि 1857 ई. के पूर्व सुल्तानपुर छावनी में कर्नल फिसर के नेतृत्व में 1553 रेगुलर अश्व वाहिनी उसके साथ तैनात थी। 8 पैदल सेना का नेतृत्व कैप्टन इस्मेल्ट के हाथों में था। प्रथम मिलिट्री पुलिस के सर्वेसर्वा कैप्टन बनवारी थे। उन लोगों ने अनुमान लगा लिया था कि इस जिले में किसी भी समय विद्रोह की ज्वाला भड़क सकती है। इसलिए कर्नल फिसर ने अंग्रेज स्त्रियों व बच्चों को 6 जून को ही इलाहाबाद के लिए डॉ. कारबाइन व लेफ्टीनेंट जेनकिंस के साथ रवाना कर दिया था। वे सब प्रतापगढ़ तक किसी तरह सुरक्षित पहुँच गए, लेकिन उसके आगे गाँववालों ने उन्हें गोरा समझकर लूट लिया तथा हमला भी किया। तीन महिलाएँ इस्ट्रोयन, ब्लॉक एवं गोल्डनी और उनके बच्चे अन्य लोगों से अलग हो गए। वे सब अमेठी के राजा माधव सिंह के किले में लाए गए। वहाँ पर उनकी मानवीय आधार पर आवभगत हुई। कुछ दिन शरण देने के बाद राजा ने उन्हें सुरक्षित इलाहाबाद भिजवाया। इन सबके अतिरिक्त जो बचे थे, उन्होंने एक पड़ोसी जमींदार के घर शरण ली थी। बाद में वे सब भी इलाहाबाद पहुँचे।

राजमाता दियरा द्वारा लिखित 'राजमाता दियरा का जीवन-चरित' नामक पुस्तक के अनुसार, अंग्रेज भागते हुए दियरा के जंगलों में पहुँच गए। उनकी भेंट भोला नामक गोड़िया से हुई। वह पाँचों अंग्रेजों को राजा रुस्तम शाह के महल तक ले आया। राजा ने उनकी सुरक्षा की और जाने की व्यवस्था कराई। 22 जून, 1857 को कैप्टन बनवारी, लेफ्टीनेंट स्मिथ, लेफ्टीनेंट टी.एन.टकर, डॉ. ओडोनल और मेजर जे. पोप ने अपने हस्ताक्षर से रुस्तम शाह को एक पत्र लिखकर दिया, जिसमें उल्लेख था कि रुस्तम शाह अत्यंत विश्वासपात्र है, उसकी सहायता हर

तरह से होनी चाहिए। विद्रोह के समय उन्होंने अपने इलाके को शांत व सुरक्षित रखा। इससे प्रसन्न होकर अंग्रेजी हुकूमत ने बाद के वर्षों में लखनऊ में लालबाग का मकान, फैजाबाद, सुल्तानपुर और रायबरेली में डेढ़ लाख रुपए वसूली का इलाका भी प्रदान किया। इतना ही नहीं ब्रिटिश सरकार ने एक तलवार, मोतियों की माला, चाँदी का गुलदस्ता, सोने की घड़ी और सीप का सिंहासन उपहार में राजा को प्रदान किया। भोला गोड़िया को भी रायबरेली में तीन हजार लगान लाभ की भूमि दी गई।

□

: अठारह :

1857 में मेहँदी हसन सुल्तानपुर का नाजिम था। वह स्वयं एक प्रतिभा संपन्न लड़ाकू योद्धा था। दियरा रियासत को छोड़कर लगभग सभी तालुकेदार व राजा मेहँदी हसन के नेतृत्व में सुल्तानपुर में जंग की तैयारी कर चुके थे। इनका साथ देने के लिए अंग्रेजी फौज के विद्रोही सैनिक, किसान, कारिंदे और जमींदार भी तैयार बैठे थे। युद्ध संचालन हेतु मेहँदी हसन ने सुल्तानपुर से 10 किलोमीटर पश्चिम रियासत हसनपुर मुख्यालय को अपना केंद्र बना रखा था। यहाँ से ही एक रणनीति के अंतर्गत वह अंग्रेजों के विरुद्ध युद्ध का बिगुल फूँकने लगा।

उस समय मेहँदी हसन 15000 सैनिकों के साथ सुल्तानपुर से लेकर इलाहाबाद की सीमा तक जंग छेड़े हुए था। हसनपुर रियासत के राजा खुलकर उसका सहयोग कर रहे थे तथा अन्य ताल्लुकेदारों को संगठित करने में भी वे महत्त्वपूर्ण भूमिका का निर्वहन कर रहे थे। वाजिद अली शाह के सत्ताच्युत करने का गुस्सा इस जनपद के भी सिर चढ़कर बोल रहा था। इतना ही नहीं उसी समय अंग्रेजों ने भूमि का बंदरबाँट करने के लिए सरसरी बंदोबस्त (समरी सैटलमेंट) भी प्रारंभ कर दिया, जिसे भूमि मालिक सहन नहीं कर पाए। फलस्वरूप विद्रोह हो जाने के कारण बंदोबस्त को बंद कर देना पड़ा, क्योंकि स्वतंत्रता प्रेमी जनता ने अंग्रेजों द्वारा तैयार संपूर्ण अभिलेखों को आग के हवाले कर दिया, जिसमें सब राख हो गए।

सुल्तानपुर में मेहँदी हसन की गतिविधियों की खबर पाकर कंपनी के अंग्रेज अफसरों ने कर्नल राउटर के नेतृत्व में भारी पल्टन युद्ध करने के लिए भेजा। उसने चाँदा से 4 किलोमीटर दूर कोइरीपुर नाले के किनारे डेरा डाल दिया। इधर मेहँदी हसन ने भी 5000 सैनिक तथा घुड़सवार सेना के साथ भदैया के पास नाले पर किलेबंदी कर दी। दोनों दलों के बीच चाँदा में भयंकर युद्ध हुआ। मैल्सन के अनुसार यह इतना भयंकर युद्ध था कि दोनों ओर के सैकड़ों सिपाही मारे गए।

देशी सैनिकों के पास मात्र पाँच बंदूकें थीं, जब कि अंग्रेज दूर तक मार करनेवाली तोपों व बंदूकों से लैस थे। फलस्वरूप बाजी अंग्रेजों के हाथ लगी। इस युद्ध में कालाकाँकर रियासत के राजकुमार कुँवर लाल प्रताप सिंह वीरगति को प्राप्त हुए। अमेठी, मेवपुर, घबरुआ, हसनपुर सहित कई ताल्लुकेदारों तथा जमींदारों ने इस युद्ध में भाग लिया था। सुल्तानुपर के देशभक्त कंपनी की टुकड़ियों ने भी इस लड़ाई में बढ़-चढ़कर भाग लिया था। अभिलेखों के अनुसार भरैया कैंप में जो गणना हुई थी, उसके अनुसार नाजिम मेहँदी हसन के 900 सेनानी, नजीब रेजिमेंट के 200 सैनिक, तालुकेदार रामपुर के 200, मनियारपुर के 400, बचगोती ठाकुरों के 400, उदरेज सिंह मेवपुर घबरुआ के 400, अमरेज सिंह घबरुआ के 400, बैजनाथ सिंह शिवगढ़ के 200, अमहट के बख्तावर खाँ के 200, तालुकेदार नानेमऊ शीतलाबख्श सिंह के 100, अर्जुन सिंह जगेसर, बख्श सिंह बदलापुर के 50 सैनिक स्वतंत्रता के इस संग्राम में सम्मिलित हुए थे। घमासान युद्ध के बाद भी क्रांतिकारियों का मनोबल आसमान छू रहा था। वे सब ब्रिटिश सैनिक टुकड़ियों पर बराबर आक्रमण करते रहे और अंग्रेजी सेना के आगे बढ़ने में अवरोध उत्पन्न करते रहे। चाँदा के चप्पे-चप्पे पर लड़ाई लड़ी जा रही थी। उस समय मेहँदी हसन चाँदा से लगभग 4 मील दक्षिण बारी (प्रतापगढ़ जनपद) में अपना कैंप किए हुए था। वहाँ से वह युद्ध का संचालन करता रहा। ग्राम वारी उसके लिए सुरक्षित स्थान नहीं था। अतएव वह पुनः हसनपुर वापस आ गया। आजादी के इन रणबाँकुरों में अंग्रेजों के विरुद्ध प्रतिरोध की भावना भरी हुई थी। अतः पुनः चाँदा को केंद्र मानकर अंग्रेजों से युद्ध करने की सब लोगों ने ठान ली। फलस्वरूप 20,000 सैनिक युद्ध के लिए तैयार किए जाने लगे।

इन सैनिकों तथा उनके नेतृत्व को यह जानकारी मिली कि जौनपुर से भारी लश्कर के साथ जनरल फ्रैंक चाँदा होते हुए सुल्तानपुर की ओर चल पड़ा है तो भदैया और चाँदा में एकत्र संपूर्ण फौज 18 फरवरी, सन् 1858 को पुनः चाँदा की ओर चल पड़ी, जिसमें पैदल सेना के अतिरिक्त घुड़सवार सैनिक व तोपची भी थे। इस युद्ध में मेहँदी हसन की सहायता के लिए लखनऊ से बंदे हसन भी 8,000 सैनिकों के साथ चाँदा पहुँच गया। जनरल फ्रैंक अपना पड़ाव चाँदा में डाले हुए था। उसके साथ जनरल फुलमान व पहलवान के नेतृत्व में गोरखा सेना, 38 बनारस पैदल सेना तथा अश्वारोही सैनिक भी थे। फ्रैंक ने ब्रिटिश सरकार के सचिव को 18 फरवरी को जो पत्र सिंगरामऊ से लिखा था, वह इस प्रकार है—"मुझे रोकने के लिए 20,000 सैनिक, 14,000 घुड़सवार चल पड़े हैं। मैं अपनी सेना के साथ

कोइरीपुर की ओर बढ़ रहा हूँ। 20 फरवरी को चाँदा में दुश्मनों के ऊपर आक्रमण करूँगा। बचाव के लिए जौनपुर में 500 गोरखा सैनिकों की एक टुकड़ी अलग रख छोड़ी है।"

कुछ इस प्रकार का पत्र पी. कारनेगी ने 20 फरवरी को हुए युद्ध के बारे में इस प्रकार लिखा है—"हमने सुना है कि विद्रोहियों की चार कंपनी पहुँच चुकी हैं। गुप्तचरों की सूचनानुसार 20,000 सैनिक एकत्र है। तोपों से मोर्चेबंदी की गई है, समस्त विद्रोही सैनिक स्थानीय सराय व गढ़ी में ठहरे हुए हैं, शेष कैंप में हैं। मेहँदी हसन बारी में रुका हुआ है। 11 बजे दिन में वह बारी से चाँदा के लिए मार्च करेगा। चाँदा की अजेय किलेबंदी की गई है। वह आगे लिखता है—"इस युद्ध में सैकड़ों सैनिक मरे, जिसमें अपने भी जवान है। कर्नल नेविल्स को भाले की गंभीर चोट आई है। यह युद्ध जारी था कि थोड़े समय बाद मेहँदी सहन ने 8,000 सैनिकों के साथ दूसरी ओर से चढ़ाई कर दी, जिसमें 1,200 घुड़सवार थे। उसके पास 11 तोपें थी। घमासान युद्ध हुआ, इसमें हम लोगों से विद्रोह कर लड़नेवाले 2,500 सैनिक भी थे जो हमारी 22, 28, 46 और 61 नेटिव इन्फैंट्री के सिपाही थे। पाँच बजे शाम तक युद्ध होता रहा, किंतु हमारी आग उगलती तोपों के सामने मेहँदी हसन की सेना टिक न सकी। उसे मुँह की खानी पड़ी। मेहँदी हसन पुनः बारी लौट गया। इस प्रकार चाँदा पर ब्रिटिश सेना का आधिपत्य हो गया।"

दूसरे दिन चाँदा से पश्चिम में लगभग तीन मील चलने पर अमरूपुर ग्राम के निकट नाले के पार से ब्रिटिश सेना पर आक्रमण किया गया, परंतु ब्रिटिश सेना ने उन्हें पुनः वापस लौटेने पर विवश कर दिया। पराजित सैनिक भदैयाँ की ओर चल पड़े, क्योंकि भदैयाँ के नाले पर भी क्रांतिकारी सैनिकों की पहले से मोर्चेबंदी थी। अंग्रेजी सेना के लिए खाद्यान्न की आपूर्ति दियरा के राजा रुस्तम शाह बराबर करते रहे। चाँदा से भदैयाँ तक स्वतंत्रता प्रेमी सैनिक व ताल्लुकेदार कदम-कदम पर ब्रिटिश सेना से युद्ध करते रहे और गोरी पल्टन तथा उनके सहायकों के दाँत खट्टे करते रहे। स्वयं अंग्रेज जनरल व उनके इतिहासकारों ने चाँदा युद्ध में यहाँ के सैनिकों की शौर्य गाथा का वर्णन किया है।

चाँदा में पराजित होने का स्वतंत्रता संग्राम सेनानियों के मनोबल पर कोई भी प्रभाव नहीं पड़ा। भदैयाँ से कूच करने के पश्चात् मेहँदी हसन उसके सहयोगी राजा हसनपुर, अमहट के बख्तावर खाँ, मनियार पुर के इनचार्ज गफूर बेग, मेवपुर घबरूआ व मेवपुर खास की सैनिक टुकड़ियाँ, बचगोती व खपड़ा डीह के गर्गवंशी

तालुकेदारों के सिपाहियों ने एकजुट होकर सुल्तानपुर नगर के पश्चिम व दक्षिण में बहनेवाले गभड़िया नाले के पश्चिमी किनारे पर मीलों तक मोर्चा खोल दिया और पूर्व से आनेवाली अंग्रेज फौज से युद्ध करने की तैयारी करने लगे। गभड़िया नाले का चप्पा-चप्पा सन् 1858 ई. के क्रांतिकारी वीरों के शौर्य का साक्षी है, जहाँ पर फरवरी और मार्च के महीने में यहाँ के क्रांतिकारियों ने रंग के स्थान पर रक्त से होली खेली थी। यह नाला बीहड़ों के बीच से बहता है, जिसके किनारे उस समय घना जंगल हुआ करता था। अमहट के निकट बादशाहगंज की सराय थी, जिसे बख्तावर खाँ ने बनवाया था। 8-9 जून 1857 को यहाँ तैनात इर्रेगुलर आर्मी की टुकड़ी ने विद्रोह कर दिया था, जिसमें कई अधिकारी मारे गए थे। कुछ ने दियरा में शरण लिया था। जो अंग्रेज अधिकारी भाग कर बनारस पहुँचे, उन्होंने अपनी दारूण कथा का बयान जनरल फ्रैंक से किया, जिसका प्रभाव जनरल फ्रैंक पर पड़ा। इस कारण यहाँ के विद्रोह को कुचलने के लिए वह बनारस से मार्च करता हुआ सुल्तानपुर आया।

गभड़िया नाले के पूर्व पयागीपुर में अंग्रेजी सेना का पड़ा पड़ा। अवध दरबार से नियुक्त चकलेदार गफूर बेग इन दिनों मनियारपुर रियासत का प्रबंध देख रहा था, क्योंकि खड़ाडीह सीहीपुर के तालुकेदार ने मनियारपुर का बड़ा हिस्सा अपने स्वामित्व में कर लिया था। गफूर बेग ने मेहँदी हसन के निर्देशन में सभी तालुकेदारों की सेनाओं के साथ 25,000 सैनिकों को लेकर बादशाहगंज की सराय से उत्तर और दक्षिण मजबूत घेरेबंदी बाग बगीचों के बीच कर ली। इस तैयारी में अश्वारोही सैनिक और 25 तोपें भी थी। सेना की एक लड़ाकू टुकड़ी नाले के बीहड़ों में तैनात कर दी गई। यहाँ के सैनिकों द्वारा करौंदिया से लेकर बादशाहगंज के दक्षिण तक मोर्चेबंदी की गई थी।

23 फरवरी, 1858 ई. को गोमती नदी से लेकर नाले के किनारे-किनारे अमहट तक भयंकर संग्राम हुआ। यह मात्र सैनिक युद्ध नहीं था, बल्कि जनयुद्ध था, जिसमें रैयत, किसान, कामगार, उनके लड़के, जमींदार व तालुकेदार सभी सम्मिलित थे। इनके बीच सांप्रदायिक विद्वेष नहीं था। हिंदू-मुसलमान सब साथ-साथ लड़े। इस स्थल के हिंदू-मुसलमान तालुकेदारों व जमींदारों का पहले एक ही घराना था, अत: उनके बीच कटुता भी नहीं थी। भोर में जब फ्रैंक उठा तो नाले के किनारे की व्यूह-रचना को देखकर हतप्रभ रह गया। उनके अनुसार सामने से दोबारा आक्रमण करना खतरे से खाली नहीं था, अंत: उसने अपनी अश्वारोही सेना

को अपने पड़ाव के दक्षिण की ओर मार्च करा दिया। वहाँ जाकर उसने नाले को पार किया, उसकी सेना जंगल पार कर गफूर बेग के मोर्चे के निकट दक्षिण से पहुँच गई और एकाएक मोर्चे पर टूट पड़ी। गफूर बेग का तोपची जब तोप में माचिस लगा रहा था, उसी समय अंग्रेजी फौज ने उसे मोली मार दी। अब गफूर बेग व बख्तावर खाँ ने मोर्चा सँभाला। दूसरी ओर अंग्रेजों की ओर से कर्नल इन्स डटा रहा। तब तक सहायता के लिए और फौज आ गई। अंग्रेजों का तोपखाना आग उगल रहा था। इसलिए गफूर बेग के सैनिक पीछे हटे। इसी समय अंग्रेज सिपाहियों ने बंदूकें छीन लीं। छीनने के दौरान गुत्थमगुत्था हुई। बंदूकें छिन जाने से गफूर बेग की सेना पीछे भाग गई। इसमें 29 बंदूकें जनरल फ्रैंक के सैनिकों के हाथ लगी। उसी रात फ्रैंक की सहायता के लिए कैप्टन वलवैन के नेतृत्व में लाइट लाहौर हार्स व पठान हार्स सेना भी आ गई। आइक मैन के नेतृत्व में 25 जलंधर अश्वारोही सेना भी पहुँच गई। 25 फरवरी को गभड़िया नाले के कुछ पश्चिम फिरोजपुर में आइकमैन से पुनः युद्ध हुआ, जिसमें आइकमैन बुरी तरह घायल हुआ।

मार्च के प्रथम सप्ताह में अंग्रेजों की सहायता के लिए और यहाँ के विद्रोहियों के दमन हेतु भारी सैन्यबल के साथ जनल खड्ग बहादुर व कैप्टन प्लाउडन भी आ गए। गभड़िया नाले पर घमासान युद्ध चल ही रहा था कि इस संग्राम में राजा हसनपुर के एकमात्र पुत्र को लड़ते-लड़ते वीरगति प्राप्त हुई। गोरखा फौजों के आने का समाचार पाने के पश्चात् पुराने सुल्तानुपर कस्बे के निवासी भयभीत हो घर छोड़कर चले गए। पूरा सुल्तानपुर नगर जन-शून्य व वीरान हो गया। गोरखा फौज व प्लाउडन की सेना अकबरपुर पीढ़ी होते हुए पुराने सुल्तानपुर तक पहुँची थी। इस फौज को सिमरी से सुल्तानुपर तक अनेक मुठभेड़ों का सामना करना पड़ा था और जन-धन की क्षति भी उठानी पड़ी थी। अतः वे सब बहुत क्रोधावेश में थे। इन फौजों ने तोपों के गोलों से पूरी निर्जन नगर को धराशायी कर दिया। मकानों में लगी लकड़ियों की होली जला दी गई। सेमरी के निकट ब्रिटिश अधिकारी मि. इलीश को खपड़ा डीह के सिपाहियों ने मार दिया था, जिसका बदला अंग्रेजी सेना ने सुल्तानपुर नगर ध्वस्त करके पूरा किया।

स्वतंत्रता संग्राम के इतिहास में अत्याचार बहुत हुए, परंतु कोई नगर एकदम से ध्वस्त व बियाबान नहीं किया गया। सुल्तानपुर अकेले इसका अपवाद है, जिसे ध्वस्त करने के पश्चात् अंग्रेजों ने इसे बे चिरागी घोषित कर दिया। इससे अनुमान लगाया जा सकता है कि यहाँ से अंग्रेजों को कितनी चिढ़ थी। 13 दिन तक ब्रिटिश

व गोरखा सैनिक गोमती नदी को पार करके दक्षिण में नहीं पहुँच पाए, क्योंकि दक्षिणी तट पर भयंकर मोर्चेबंदी थी। अंग्रेज सेना ने खेतों में खड़ी अरहर को कटवा दी। बाँसों को भी कटवाया, गोमती नदी में साखू के लट्ठे गाड़े गए, तब वे सब नदी पार करने में सफल हुए। 3 मार्च, 1858 ई. को मद्रास इंजीनियर्स के लेफ्टेनेंट सैकिनी ने सुल्तानपुर में कैंप कर रहे मिलिट्री सचिव मैकंदू को पत्र लिखा कि 60 गज की गोमती धारा पर पुल-निर्माण असंभव था, किंतु अरहर, लट्ठा, बाँस व ईंटों की सहायता से 13 दिन में काठ का पुल तैयार किया। उत्तर में गोरखा फौज, दक्षिण-पूर्व से ब्रिटिश सेना के भयंकर दबाव के चलते गभड़िया से गोमती नदी तक बनाया गया क्रांतिकारियों का मोर्चा अंततः टूट गया।

गभड़िया नाले के युद्ध एवं व्यूह-रचना के कारण आइकमैन को ब्रिटिश सरकार से बहादुरी का पदक (विक्टोरिया क्रास) मिला था। यद्यपि दूसरी ओर राजा हुसैन अली के बड़े पुत्र युद्ध करते हुए मारे गए फिर भी राजा ने साहस सँजोए रखा। दाऊदपुर के निकट अंग्रेजी सेना पर पुनः आक्रमण किया गया और ब्रिटिश सेना की पूरी रसद लूट ली। इसी बीच सर होप ग्रांट भी जौनपुर की ओर से आ पहुँचा। शक्ति क्षीण होने के कारण विद्रोही सैनिक गभड़िया मोर्चे से हट गए थे, हालाँकि एक नहीं, तीन बार इन वीरों ने ब्रिटिश फौजों से लोहा लिया। जनरल फ्रैंक, आइक मैन और होप ग्रांट की सेना के छक्के छुड़ाते रहे, किंतु दूर तक मार करनेवाली तोपों के अभाव में इन क्रांतिकारियों की छोटी बंदूकें मुकाबला नहीं कर सकीं। फिर भी जान की बाजी लगाकर गभड़िया के युद्ध में इन बहादुरों ने अंग्रेज सैनिकों से मल्ल युद्ध भी किया। सर होप ग्रांट स्वयं कहता है कि जब वह सुल्तानपुर की ओर बढ़ा तो 14,000 सैनिक एकत्र थे, उनके पास मात्र 15 तोपें थी। गभड़िया पर भयंकरतम युद्ध लड़ा गया, इसे इन्स भी स्वीकार करता है।

वर्षों तक चले इस युद्ध का परिणाम यह हुआ कि अमहट के बख्तावर खाँ और कस्बा सुल्तानपुर के काजी का इशहाकपुर का इलाका अंग्रेजों ने जब्त कर लिया। जिन लोगों ने अंग्रेजों की सहायता की उन्हें जब्त ग्राम दे दिए गए। काजी परिवार अधिकांशतः रुधौली में रहने लगा। बख्तावर खाँ के वंशज अमहट व अलीगढ़ में रहते हैं। मेहँदी हसन केवल सुल्तानपुर का नाजिम ही नहीं था, अपितु वह एक कुशल प्रशासक, चतुर सेनानी व युद्ध का रणनीतिकार था। उसने फैजाबाद व सुल्तानपुर के तालुकेदारों को अंग्रेजों से संघर्ष करने के लिए सबको एक सूत्र में पिराने का काम किया। उसके अदम्य साहस व संगठन क्षमता की अंग्रेज

इतिहासकारों ने भी भूरि-भूरि प्रशंसा की है। उसने ही कंपनी सेना पर सर्वप्रथम आक्रमण करके तहस-नहस किया था। जी.एफ. एडमांस्टोन ने तार के द्वारा कैप्टन ई.ए. रीड को सूचना दी थी कि मेहँदी हसन ने हमारी सुल्तानपुर छावनी को गोला फेंककर नष्ट कर दिया। किंतु 29 फरवरी को पुनः हमने छावनी पर अधिकार कर लिया। उसके सात हजार सैनिक और आठ तोपें थीं, दूसरे दिन वे सब हसनपुर वापस चले गए।

चाँदा और सुल्तानपुर की पराजय के पश्चात् कोई अन्य व्यक्ति होता हो साहस छोड़ देता, लेकिन मेहँदी हसन इतना दृढ़ प्रतिज्ञ था कि अंग्रेजों से लोहा लेने के लिए ब्रिटिश सेना के आगे-आगे चलकर वह देशी सिपाहियों और तालुकेदारों को संगठित करके युद्ध के लिए तैयार कर लेता। इस परिप्रेक्ष्य में उसने कादू नाले पर अंग्रेजों से युद्ध करने की पूरी तैयारी कर ली। सामरिक दृष्टि से कादू नाले की भू संरचना महत्त्वपूर्ण है। वनाच्छादित कादू और उसके ऊँचे कगार गुरिल्ला युद्ध के लिए एक आदर्श स्थिति है। आज भी यह स्थल जंगली जानवरों का अभयारण्य है। ऐसे ही स्थान पर 5 मार्च, 1858 ई. को पहले स्वतंत्रता संग्राम का सुल्तानपुर जनपद का अंतिम युद्ध लड़ा गया था। जंगल और ऊँचे नीचे कगारों पर अंग्रेजी सेना उतनी लड़ने की अभ्यस्त नहीं थी, जितने कि गोरखा सैनिक।

इस क्षेत्र तथा आस-पास के इलाकों में मूलतः भाले सुल्मान व कनुपरिया राजपूतों की जमींदारी व तालुकेदारी थी। भाले सुल्तान क्षत्रियों की एक साख खानजादा मुसलमान हो गए, जिनकी रियासत महौना, ऊँचगाव और देवगाँव थी। कनपुरिया ठाकुरों की रियासतें कटारी, जामों, रेसी, बरौलिया और भुवनशाहपुर थी। ये तालुकेदार, जमींदार और आम जनता मेहँदी हसन की आवाज पर पूर्व से आ रही अंग्रेज सेना से युद्ध करने के लिए आ डटे। वाजिद अली शाह के पुत्र बिरजिस कद्र ने महौना के तालुकेदार अली बख्स खाँ को 23 फरवरी, 1858 ई. को एक पत्र लिखा जिसका आशय यह था कि वे ससैन्य बल अंग्रेजों का मुकाबला करें। कुछ इसी प्रकार का हुक्मनामा उन्होंने पाँच रज्जब 1274 हिजरी को मनियारपुर की तालुकेदारिया श्रीमती सोगरा बीबी को लिखा था। इन सबका संदर्भ लखनऊ चीफ कोर्ट के म्यूटिनी बस्ते में मिलता है। कादू नाले की दाहिनी पटरी पर यहाँ के जाँबाज सैनिक कैंप कर रहे थे। कादू के बीहड़ों और घने जंगलों में मोर्चेबंदी कर रखी थी, लेकिन उन्हें सबसे बड़ा विश्वासघात कचनांव निवासी सुचित तिवारी से हुआ, जो पहले कंपनी की सेना में सिपाही था। वह अंग्रेजों को गुप्त सूचनाएँ भेजने का

कार्य करता था। देशभक्त क्रांतिकारियों की गतिविधियों तथा उनकी कमजोरियों को अंग्रेजी सेना के लेफ्टीनेंट वोवैन व कैप्टन मैकंडू को बताता रहा। इससे वोवैन भी सजग हो गया। आगे बढ़ने के बजाय उसने मुसाफिरखाने में ही पड़ाव डाल दिया। जब जनरल खड्ग बहादुर के नेतृत्व में गोरखा फौज मुसाफिर खान आ गई, तब वे सब एकजुट होकर योजनाबद्ध रूप में कादू नाले की ओर बढ़े। ब्रिगेडियर मैक ग्रेगर अपने पत्र दिनांक 12 मार्च, 1858 ई. में लिखता है कि "कादू नाले के घने जंगलों में ब्रिटिश सेना का विद्रोहियों से पार पाना असंभव था, किंतु गोरखा सैनिकों के कारण मनोबल बना रहा, क्योंकि गोरखा सैनिक ऊँची नीची भूमि, बीहड़ों व जंगलों में युद्ध करने के अभ्यस्त थे। कादू का रणक्षेत्र बीहड़ों का था, इसलिए गोरखा रण कौशल के कारण अंग्रेज सेना को विजयश्री मिली। हमारे सैनिकों ने 600 विद्रोही सैनिकों को या तो मौत के घाट उतार दिया या गोलों से उड़ा दिया अथवा तलवार से काटकर उनकी बोटी-बोटी कर दी। हमारी ओर से एक सैनिक मरा और 16 सैनिक घायल हुए।" यह एक अविस्मरणीय घटना है, जिसे इतिहास अपनी यादों में सदैव समेटे रखेगा।

कैप्टन क्लाउडन ने स्वयं 20 मार्च, 1858 ई. को एक पत्र सचिव मिलिट्री कमिश्नर को लिखा था, जो इस प्रकार है—"कादू नाला के युद्ध में विद्रोहियों ने बड़ी बुलंदी के साथ मुकाबला किया था। उनके पास 6,000 सैनिक थे, हमने भी अपने 5 रेजिमेंट को नाले के किनारे लगा दिया था, जिसमें 13 फील्ड गनें भी थीं। ब्रिगेडियर एन. सिंह बहादुर को ब्रिगेड के सामने लगा दिया गया था, जिसके कारण विद्रोहियों को बीहड़ में वापस जाना पड़ा। वह मेजर जनरल खड्ग बहादुर के रण कौशल का कमाल है, जिसके बुद्धिमत्तापूर्ण निर्णय से दुश्मन पर विजय मिली। हेतराम विष्ट का भी उल्लेख आवश्यक है, उसने अकेले अपने तलवार से 5 विद्रोहियों को मार गिराया। इस युद्ध में हिंदू-मुसलमान एक साथ लड़े। 600 सैनिकों ने परवाने की भाँति प्राणों की आहुति दी, जो बचे वे कादू के जंगलों में छिप गए। इतने भीषण संग्राम के पश्चात् ही वे सब कादू नाले को पार कर सके अन्यथा इस मार्ग से लखनऊ पहुँचना दूभर था। नेपालियों की लाइट फील्ड बैटरीज ने कादू के नरसंहार में विशिष्ट योगदान किया। इस तरह की बंदूकों में एक बारह पाउंडर लौह, एक नौ पाउंडर लौह तथा दो 12 पाउंडर हाजीवर थीं। इनकी तुलना में क्रांतिकारियों के पास मात्र एक बंदूक थी, इस कारण उन्हें धन-जन की क्षति उठानी पड़ी।" कादू नाले की लड़ाई आसान नहीं थी, इतना तो अंग्रेजों ने भी स्वीकार किया है कि कादू

के कगारों पर जो बलिदान देशाभिमानियों ने किया वह सदैव याद किया जाएगा। इस प्रकार स्वतंत्रता संग्राम के प्रथम युद्ध में चांदा, भदैया, सुल्तानपुर (गभड़िया), फिरोजपुर, दाऊदपुर और कादू नाले के युद्ध में कुल मिलाकर सुल्तानपुर से साठ हजार रणबाँकुरों ने भाग लिया। हजारों शहीद हुए। यही कारण था कि प्राचीन सुल्तानपुर को तोपों से उड़ा देने के पश्चात् नदी के दक्षिणी तट पर नया सुल्तानपुर नगर गिरगिट गाँव में आबाद किया गया, जो आज फल-फूल रहा है। यहाँ के रणबाँकुरों ने अंग्रेजी सरकार की चूलें हिला दी थीं। तभी तो उसके प्राचीन मुख्यालय को तहस-नहस कर दिया गया। 15 अगस्त, 1947 से पहले वहाँ दीप जलाने तक पर प्रतिबंध लगा दिया गया था। प्रथम स्वतंत्रता संग्राम की गूँज ब्रिटिश संसद् में भी हुई। प्रसिद्ध बिंदुओं पर प्रसिद्ध सांसद डिजरायली का ऐतिहासिक भाषण हुआ, जिसमें गभड़िया व कादू नाले की लड़ाई की भी चर्चा की गई।

□

प्रसंग-6

इंडोनेशिया में इसलाम की लहर

स्वतंत्र राज्य के रूप में थाईलैंड के आने से पहले से ही इस क्षेत्र में रामायणीय संस्कृति विकसित हो चुकी थी। उसके बाद स्वतंत्र थाई राष्ट्र की स्थापना हुई, राजा रामखमहेंग के काल की रचनाओं में रामकथा के पात्रों तथा घटनाओं का उल्लेख है। परवर्ती काल में जब तासिकिन थोनबुरी के सम्राट् बने, तब उन्होंने थाई भाषा में रामायण को छंदोबद्ध कराया। पुनः सम्राट् राम प्रथम में अनेक कवियों के सहयोग से जिस रामायण की रचना करवाई, वही थाई भाषा की पूर्ण रामायण है।

थाईलैंड में यह परंपरागत विश्वास है कि रामकथा की सृष्टि उनके ही देश में हुई थी। वहाँ जब भी कोई नया शासक राजसिंहासनारूढ़ होता है, वह उन वाक्यों को दोहराता है, जो राम ने विभीषण के राजतिलक के अवसर पर कहे थे। भारत के बाहर थाईलैंड में अभी भी रामराज्य है। वहाँ भगवान् राम के छोटे पुत्र कुश के वंशज सम्राट् 'भूमिबल अतुल्य तेज' राज्य कर रहे हैं, जिन्हें नौवाँ राम कहा जाता है। थाईलैंड के पुराने रजवाड़ों में भरत की भाँति राम की पादुकाएँ लेकर राज्य करने की परंपरा पाई जाती है, वे सभी अपने को रामवंशी मानते हैं। यहाँ 'अजुधिया' लवपुरी व जनकपुर नाम वाले शहर हैं। सन् 1340 ई. में राम खरांग नामक राजा के पौत्र थिवोड ने राजधानी सुखोथाई (सुख स्थली) को छोड़कर 'अजुधिया' अथवा 'अयुत्थय' (अयोध्या) की स्थापना की। यह विशेष रूप से उल्लेखनीय है कि रामखरांग के पश्चात् नौ शासकों के नाम राम शब्द की उपाधि से विभूषित थे। वे 'राम प्रथम, राम द्वितीय' आदि से अभिहित होते थे। यहाँ वाल्मीकि कृत रामायण के आधार पर अनेक महाकाव्यों की रचना हुई। इसमें सर्वप्रथम ग्रंथ है—रामकियेन (रामकीर्ति) विशाल रचना नाटक के लिए उपयुक्त नहीं थी, इसलिए राजा राम द्वितीय ने एक संक्षिप्त नृत्य नाट्य रूपांतर की रचना की। 'रामकियेन' का आरंभ राम और रावण के वंश विवरण के साथ अयोध्या और श्रीलंका की स्थापना से होता है। इसमें अनेक उपकथाएँ भी सम्मिलित हैं। अनेक ऐसे प्रसंग हैं, जो थाईलैंड को छोड़कर अन्यत्र नहीं मिलते। इसमें विभीषण पुत्री बेंजकाया द्वारा सीता का स्वाँग रचाना तथा ब्रह्मा द्वारा राम और रावण के बीच मध्यस्थ की भूमिका निभाना आदि सम्मिलित है। इसके अभिनय में राजपरिवार के प्रमुख सदस्य भी भाग लेते थे, जो गौरव गरिमा की बात मानी जाती थी। आज यह नृत्यनाट्य थाई देश की राष्ट्रीयता का अभिन्न अंग बन गया है।

इंडोनेशिया तथा थाईलैंड के ही समान भारतीय संस्कृति का विस्तार कंबोडिया, मलेशिया, मॉरीशस, फिजी, गयाना, श्रीलंका, नेपाल व सूरीनाम में भी

: उन्नीस :

पाँच सौ वर्ष पहले नरवलगढ़ के राजा का धर्म परिवर्तन करके उसे इसलाम का लबादा पहना तो दिया गया, नरवलगढ़ का नाम बदलकर हसनपुर कर दिया गया, लेकिन न तो उनकी संस्कृति को बदला जा सका, न उनकी परंपराओं को। वे हसनपुर से प्रदेश के कई स्थानों पर स्थानांतरित हुए, लेकिन अपनी परंपराओं से वे बँधे रहे। इन मुसलिमों की शादियों में आज भी बारात की अगवानी, द्वारचार, कुआँ-पूजन आदि होता है। ये पठान दावा करते हैं कि उनके पूर्वज क्षत्रिय थे। अत: आज भी वे अपने पूर्वजों की परंपराओं का उत्साह के साथ पालन करते हैं। लगभग सवा सौ साल पहले इसलाम स्वीकार करने के बाद सुल्तानपुर के टैनी व हसनपुर गाँव से कुछ परिवार सिद्धार्थनगर में आकर बस गए थे। बाद में वे वहाँ से पाँच किलोमीटर दूर देवलहवा ग्रांट गाँव में बस गए। वहाँ रहनेवाले लोग नमाज, रोजा व हज आदि इसलामिक रीति-रिवाज के तहत मनाते हैं, लेकिन शादी में निकाह को छोड़कर शेष सभी रस्में हिंदू रीति-रिवाज से करते हैं। इस गाँव में लगभग 1500 मुसलिम हैं। हिंदू रीति-रिवाज के अनुसार माड़ो डालना, मिट्टी छूना, गगरी में कुएँ से पानी भरना तथा दूल्हा-दुलहन को पेड़ का पल्लू छुआनें की भी परंपरा निभाई जाती है। वहाँ के पठान गर्व से कहते हैं कि उनके पूर्वज ठाकुर थे, अत: वे उनकी परंपराओं का निर्वहन पूरे उत्साह के साथ करते हैं। दूल्हे को नहलाने से पहले हिंदू परंपरा के अनुसार फूफा सगरा खोदते हैं, जिसमें नहाने का पानी जाता है। सगरा खोदने के उपलक्ष्य में फूफा को नेग (उपहार) दिया जाता है। फूफा की अनुपस्थिति में इस परंपरा का निर्वहन जीजा द्वारा किया जाता है। इसलाम में नाच-गाने पर प्रतिबंध है, पर देवलहवा गाँव के पठानों की शादी में डीजे बजना, नाच-गाना, किन्नरों के साथ युवाओं का नृत्य एवं अगवानी के समय आतिशबाजी आदि आम बातें हैं। शादी-विवाह के समय महिलाएँ संस्कार गीत गाते हुए तालाब के

किनारे मिट्टी छूने व कुआँ-पूजन हेतु जाती हैं। अपने पूर्वजों के संस्कारों का तो वे निर्वहन करते ही है, उसपर उन्हें गर्व भी है। वे आज भी अपने गोत्र को नहीं भूले हैं।

सुल्तानपुर जिला मुख्यालय से सात किलोमीटर के अंतराल पर बसा है—हसनपुर गाँव। लगभग 500 वर्ष पहले इसे नरवलगढ़ के नाम से जाना जाता था। उस समय यह प्रदेश का एक प्रभावी रियासत हुआ करता था। यहाँ के शासक थे राजपूत राजा त्रिलोकचंद्र। सुल्तानुपर जनपद का गजेटियर इस बात को प्रमाणित करता है कि बाबर के आक्रमण के समय तत्कालीन परिस्थिति वश उन्हें इसलाम स्वीकार करना पड़ा था। राजा त्रिलोकचंद्र धर्मांतरण के पश्चात् तातार खाँ हो गए और कालांतर में नरवलगढ़ हसनपुर हो गया। लेकिन इस परिवर्तन का उनकी संस्कृति और परंपरा पर कोई प्रभाव नहीं पड़ा। राजा और प्रजा आज भी उन्हीं परंपराओं का उत्साह के साथ निर्वहन करते हैं। इस मुसलिम बहुल गाँव में दीपावली के अवसर पर रामलीला का आयोजन होता है। भरत-मिलाप की चौकी निकलती है। राम दरबार सजता है और यहाँ के राजा व उनकी मुसलिम प्रजा श्रद्धा के साथ राम की आरती उतारते हैं। इस सभी परंपराओं का निर्वहन गाँव के सभी मुसलिम परिवार बड़े ही उत्साह के साथ करते हैं।

दीपावली पर रामलीला की परंपरा यहाँ तब से ही चली आ रही है। दीपावली के अवसर पर हसनपुर रियासत में कोट के सामने आज भी रामलीला का आयोजन किया जाता है। तीन दिन तक चलनेवाले इस धार्मिक आयोजन के सूत्रधार मुसलमान ही होते हैं। पड़ोसी गाँव सोनबरसा के हिंदुओं के साथ मिलकर वे रामलीला मंचन का आयोजन करते हैं। यह उत्सव दीपावली के तीन दिन पहले ही प्रारंभ हो जाता है। पहले दिन रावण-दहन होता है और दूसरे दिन राम जानकी की चौकी निकलती है। हसनपुर कोट के मुख्य द्वार से होकर गुजरती है, भरत-मिलाप की चौकी। स्वयं हसनपुर रजवाड़े के मुसलिम उत्तराधिकारी इस आयोजन में उपस्थित होकर न केवल भगवान् राम की आरती उतारते हैं, वरन् भरत-मिलाप के जुलूस के साथ-साथ चलते हैं। तीसरे दिन राज्याभिषेक के मंचन में राम दरबार सजता है। यहाँ धर्म का कोई भेद नहीं होता। इसमें बड़ी संख्या में मुसलिमों की सहभागिता होती है।

इस रामलीला कमेटी के अध्यक्ष राजा हसनपुर होते हैं। वे कहते हैं—हम अपनी उस रवायत को कैसे छोड़ दें, जो हमारी रगों में दौड़ रही है। कार्तिक कृष्ण पक्ष में ये आयोजन दीपावली की तिथि तक आयोजित करने की सैकड़ों वर्ष पुरानी परंपरा है, इसका निर्वहन करना हम सबका दायित्व है।

हसनपुर गाँव की ही तरह विश्व में ऐसे अनेक देश हैं, जो कभी हिंदू संस्कृति व भारतीय परंपरा से ही सराबोर थे, लेकिन इसलाम की लहर में उन्होंने इस पंथ को स्वीकार कर लिया, लेकिन आज भी वे अपनी परंपराओं से बँधे हुए हैं। काल की विकराल उताल तरंगें भी उन्हें अपने पथ से डिगा नहीं सकीं। इन देशों में से हम बड़े ही सम्मान के साथ इंडोनेशिया का उल्लेख करते हैं। जहाँ विश्व की सर्वाधिक मुसलिम जनता निवास करती है। इंडोनेशिया गणराज्य दक्षिण पूर्व एशिया और ओशिनिया में स्थित एक देश है। 17,508 द्वीपों वाले इस देश की जनसंख्या लगभग 26 करोड़ है, यह दुनिया का तीसरा सबसे अधिक आबादी वाला और दुनिया में दूसरी सबसे बड़ा बौद्ध आबादी वाला देश है। देश की राजधानी जकार्ता है। देश की भू-सीमा पापुआ न्यू गिनी, पूर्वी तिमोर और मलेशिया के साथ मिलती है, जबकि अन्य पड़ोसी देशों सिंगापुर, फिलीपींस, ऑस्ट्रेलिया और भारत का अंडमान और निकोबार द्वीप समूह सम्मिलित है।

ईसा पूर्व चौथी शताब्दी से इंडोनेशिया द्वीप समूह एक महत्त्वपूर्ण व्यापारिक क्षेत्र रहा है। बुनी अथवा मुनि सभ्यता इंडोनेशिया की सबसे पुरानी सभ्यता है। चौथी शताब्दी ई.पू. तक यह सभ्यता काफी उन्नति कर चुकी थी। ये हिंदू धर्म मानते थे और मुनि परंपरा का अनुकरण करते थे। अगले दो हजार साल तक इंडोनेशिया एक हिंदू और बौद्ध देशों का समूह रहा। यहाँ हिंदू राजाओं का राज था, किर्तानेगारा और त्रिभुवना जैसे राजा यहाँ सदियों पहले राज करते थे। श्री विजय के समय चीन और भारत के साथ व्यापारिक संबंध थे। इंडोनेशिया के स्थानीय शासकों ने धीरे-धीरे भारतीय संस्कृति, धार्मिक और राजनीतिक प्रारूप को अपनाया और कालांतर में हिंदू और बौद्ध राज्यों का उत्कर्ष हुआ।

इंडोनेशिया का इतिहास विदेशियों से प्रभावित रहा है, जो इस क्षेत्र के प्राकृतिक संसाधनों के कारण खिंचे चले आए। मुसलिम व्यापारी अपने साथ इसलाम लाए। विदेशी मुसलिम यहाँ व्यापार के साथ ही अपना धर्म भी फैला रहे थे, जिसके कारण यहाँ की पारंपरिक हिंदू और बौद्ध संस्कृति को हानि हुई। परंतु इंडोनेशिया के लोग चाहे भले ही आज इसलाम को मानते हों पर आज भी यहाँ हिंदुत्व समाप्त नहीं हुआ है। यहाँ के लोगों व स्थानों के नाम आज भी संस्कृत में रखे जाते हैं। यहाँ आज भी रामायण पढ़ी व पढ़ाई जाती है। यूरोपीय शक्तियाँ यहाँ के मसाला व्यापार में एकाधिकार को लेकर एक-दूसरे से लड़ी। तीन साल के इटैलियन उपनिवेशपाद के बाद द्वितीय विश्व युद्ध में इंडोनेशिया को स्वतंत्रता मिली।

इसका और साथ के अन्य देशों का नाम भारत के पुराणों में दीपांतर भारत (अर्थात् सागर पार भारत) है। यूरोप के लेखकों ने 150 वर्ष पूर्व इसे इंडोनेशिया (इंड भारत, नेसेस-द्वीप समूह) नाम दिया और यह धीरे-धीरे लोकप्रिय हो गया। की हजर देवांतर पहला देशी था, जिसने अपने राष्ट्र के लिए इंडोनेशिया नाम का प्रयोग किया। कावी भाषा में लिखा 'भिन्नेक तुंगल इक' (भिन्नता में एकता) देश का आदर्श वाक्य है। दीपांतर नाम अभी भी प्रचलित है, इंडोनेशिया अथवा जावा भाषा के शब्द नुसांतर में। इस शब्द से लोग वृहद इंडोनेशिया समझते हैं। यहाँ की मुख्य भाषा-भाषा इंडोनेशिया है। अन्य भाषाओं में भाषा जावा, भाषा बाली, भाषा सुंडा, भाषा मदुरा आदि भी है। प्राचीन भाषा का नाम कावी था, जिसमें देश के प्रमुख साहित्यिक ग्रंथ हैं। श्री विजय राजवंश, शैलेंद्र राजवंश, संजय राजवंश, माताराम राजवंश, केदिरि राजवंश, सिंह श्री, महापहित साम्राज्य, करातोन महापहित, कराजान महापहित।

इंडोनेशिया संवैधानिक रूप से एक धर्म निरपेक्ष राज्य है। लेकिन सरकारी तौर पर केवल छह ओपचारिक धर्मों की पहचान है। इसलाम देश में प्रमुख धर्म है। कुल जनसंख्या का 87.2 प्रतिशत (20.29 करोड़) मुसलिम हैं। 99 प्रतिशत मुसलिम मुख्य रूप से शनिष्ठ स्कूल के सुन्नी न्यायशास्त्र का पालन करते हैं। लगभग 10 लाख शिया हैं (जकार्ता के आस-पास) 4 लाख अहमदी मुसलमान हैं, साधारण तौर से दो प्रकार के मुसलिम हैं--आधुनिकता वादी जो आधुनिक शिक्षा और परंपरावादियों को गले लगाते हुए रूढ़िवादी धर्मशास्त्र का पालन करते हैं, अर्थात् परंपरावादी। इसलाम को पहले शासकों ने अपनाना प्रारंभ किया। मुसलमान व्यापारियों ने स्थानीय महिलाओं से विवाह किया। कुछ समृद्ध व्यापारियों ने अभिजात्य कुल की महिलाओं से विवाह किया। सामान्य तौर पर व्यापारियों और प्रमुख राज्यों के शासकों ने पहले इस नए धर्म को अपनाया। तेरहवीं शताब्दी के अंत तक इसलाम उत्तरी सुमात्रा में स्थापित किया गया। चौदहवें शताब्दी में पूर्वोत्तर मलाया, बूनेई दक्षिण-पश्चिम फिलीपींस और तटीय पूर्वी और मध्य जावा की कुछ अदालतों में और मलक्का में पंद्रहवीं शताब्दी में मलय क्षेत्र के अन्य भागों में। 16वीं शताब्दी के अंत तक जावा और सुमाजा के प्रमुख धर्म के रूप में हिंदू धर्म और बौद्ध धर्म की प्रमुखता थी। 17वीं और 18वीं शताब्दी में इसाई व इसलाम के प्रभाव में वृद्धि हुई।

पूर्वोत्तर की सबसे बड़ी अर्थव्यवस्था/सबसे बड़ी मुसलिम आबादी/चौथी

सबसे बड़ी अर्थव्यवस्था, जी 20 का सदस्य/सबसे बड़ा बौद्ध मंदिर-204 बुद्ध मूर्ति/700 से अधिक बोली/सुमात्रा-सुवर्ण द्वीप।

- फ्रांसीसियस, हिंदू, मुसलिम, बौद्ध, इसाई, प्रोटेस्टेंट, कैथोलिक,
- कृष्ण-कृसना
- धर्म इसलाम संस्कृति हिंदू

इंडोनेशिया के शिक्षा और संस्कृति मंत्री अनीस बारवेदन के अनुसार—"हमारी रामायण दुनिया में मशहूर है, हम चाहते हैं कि इसका मंचन करनेवाले हमारे कलाकार भारत के अलग-अलग शहरों में साल में कम-से-कम दो बार अपनी कला का प्रदर्शन करें, हम तो भारत में नियमित रूप में रामायण पर्व का आयोजन भी करना चाहते हैं। हम यह भी चाहते हैं कि भारतीय कलाकार इंडोनेशिया आएँ और वहाँ पर रामायण का मंचन करें। कभी यह भी हो कि दोनों देशों के कलाकार एक ही मंच पर मिलकर रामायण का मंचन करें। यह दो संस्कृतियों के मेल का सुंदर रूप होगा। दोनों देशों का मानना है कि हम आदान-प्रदान से उनके रिश्ते और भी मजबूत होंगे। इससे दोनों के पर्यटन के भी लाभ होगा। सहिष्णुता वृद्धि में सहायक होगा।"

90 प्रतिशत मुसलिम आबादी वाले देश इंडोनेशिया पर रामायण की गहरी छाप है। हिंदी के प्रसिद्ध विद्वान् कामिल बुल्के ने 1982 में अपने एक लेख में कहा था, 35 वर्ष पहले मेरे एक मित्र ने जावा के किसी गाँव में एक मुसलिम शिक्षक को रामायण पढ़ते देखकर पूछा था कि आप रामायण क्यों पढ़ते हैं? उत्तर मिला—मैं और अच्छा मनुष्य बनने के लिए रामायण पढ़ता हूँ। वास्तव में रामकथा इंडोनेशिया की सांस्कृतिक विरासत का अभिन्न अंग है। बहुत से लोग है, जिन्हें यह देखकर हैरानी होती है, लेकिन सच यही है कि दुनिया की सबसे अधिक मुसलिम जनसंख्या वाला यह देश रामायण के साथ जुड़ी अपनी सांस्कृतिक पहचान के साथ बहुत ही सहज है। जैसे वह समझता है कि धर्म बस इनसान की कई पहचानों में एक पहचान है। रामायण को वहाँ रामायण ककविन (काव्य) कहा जाता है। भारत दौरे पर आए अनीस बारवेदन का भी कहना था, 'रामायण के चरित्रों का इस्तेमाल हम अपने स्कूलों में शिक्षा देने के लिए करते हैं। इस बारे में एक किस्सा भी सुनने को मिलता है। इंडोनेशिया के पहले राष्ट्रपति सुकर्णो के समय में पाकिस्तान का एक प्रतिनिधि मंडल इंडोनेशिया की यात्रा पर था। इसी दौरान उसे वहाँ रामलीला देखने का अवसर मिला। प्रतिनिधिमंडल में गए लोग हैरान थे कि एक इसलामी देश में

रामलीला का मंचन क्यों होता है। यह सवाल उन्होंने सुकर्णो से भी किया। उन्हें तुरंत इसका उत्तर मिला—'इसलाम हमारा धर्म है और रामायण हमारी संस्कृति।'

इतिहास बताता है कि रामायण का इंडोनेशिया संस्करण सातवीं शताब्दी के दौरान मध्य जावा में लिखा गया था। तब यहाँ मेदोन राजवंश का शासक था। ईसा के कई सदी पहले लिखी गई वाल्मीकि रामायण के किष्किंधा कांड में वर्णन है कि कपिराज सुग्रीव से सीता की खोज के लिए पूर्व की ओर दूतों को रवाना करते समय यव द्वीप और सुवर्ण द्वीप जाने का भी आदेश दिया था। यही आज के जावा और सुमात्रा द्वीप हैं। बाली इंडोनेशिया का एक प्रांत है, यह जावा के पूर्व भाग में स्थित है। अब बस यहीं पर हिंदू बचे हैं। कभी इंडोनेशिया हिंदू राष्ट्र हुआ करता था, यहाँ आज भी हिंदू काल के कई विशालकाय हिंदू मंदिर मौजूद हैं, जो इस देश की पहचान हैं। इंडोनेशिया के मुसलिमों को हिंदुओं से कोई परेशानी नहीं है, क्योंकि वे जानते हैं कि उनके सभी पूर्वज हिंदू थे। लेकिन कुछ वर्षों से वहाँ कट्टरवाद में बृद्धि हुई है। इंडोनेशिया के मुसलिम धर्मनिरपेक्ष और उदारवादी हैं। बाली द्वीप का प्राचीन नाम 'वेणुवन' है। बाली द्वीप में बसे 40 लाख हिंदू मूलत: इंडोनेशियायी मूल के हैं। इनकी संख्या 2000 ई. में 1.79 प्रतिशत थी, जो 2010 में घटकर 1.69 प्रतिशत रह गई।

इंडोनेशिया में लगभग 11,000 हिंदू मंदिर हैं, जिनमें से अधिकतर बाली में हैं। पूरे इंडोनेशिया में रामायण और महाभारत बहुत लोकप्रिय है। हिंदू पर्वों व उत्सवों के अवसर पर बाली के मंदिरों में दर्शनार्थियों की भीड़ लग जाती है। एक अनुमान के अनुसार लगभग सात करोड़ लोग किसी-न-किसी मजहबी गुट के सदस्य हैं। हालाँकि पुराने मजहबी संगठन उतने उग्र नहीं माने जाते जितने कि हाल में बने मजहबी संगठन। वर्तमान में यहाँ अलकायदा और आई.एस.आई. के सक्रिय होने से यहाँ सरकार चिंतित है। इंडोनेशिया विशेषकर बाली द्वीप में आनेवाले पर्यटकों पर हमले अब इसलिए बढ़ गए हैं, क्योंकि इसलामिक गुट यह चाहते हैं कि बाली का पर्यटन समाप्त हो जाए और लोगों का यहाँ आना बंद हो जाए। इसके बाद वे यहाँ रह रहे हिंदूओं को अंतरराष्ट्रीय वर्ग से काटकर अपना एजेंडा चला सकेंगे।

2000 ई. में आतंकियों ने इंडोनेशिया में कई हमले किए थे। पुलिस ने इसके बाद डॉमेस्टिक मिलिटेंट सेल्स को काफी हद तक समाप्त कर दिया था। लेकिन इंडोनेशिया में एक बार फिर फाइटिंग ग्रुप की संख्या बढ़ने से पुलिस परेशान है। न्यूयॉर्क के सुफन ग्रुप ने कहा है कि 500 से 700 इंडोनेशियाई 15 को ज्वॉइन कर

चुके हैं। अक्तूबर 2002 ई. में बाली ब्लास्ट में 202 लोगों की मौत हो गई थी। 2003 में जकार्ता के मैरिएट होटल के पास ब्लास्ट में 12 लोग मारे गए थे। 14 जनवरी, 2016 को जकार्ता में यू.एन. ऑफिस के पास आतंकियों ने 8 धमाके किए थे। इनमें 7 लोगों की मौत हो गई थी तथा कई जख्मी हुए थे। जावा का शाही परिवार 16वीं सदी से शासन कर रहा है। ये अब इसलाम को मानते हैं, लेकिन इनके मूल परंपराओं में रहस्यवाद, हिंदू धर्म, बौद्ध धर्म और एनिमिस्म (प्रकृतिवाद) की प्राचीन परंपराएँ घुली हुई हैं।

सुल्तान के नाखून और बालों को हर साल समुद्र की देवी को चढ़ाया जाता है। इन्हें मेरायी पर्वत के भीतर रहनेवाले देवता सायू जगत् को भी चढ़ाया जाता है, जो इंडोनेशिया का सबसे सक्रिय ज्वालामुखी है। इसी ज्वालामुखी के साये में यह शहर बसा है। ये चढ़ावा और आध्यात्मिक मान्यता यह सुनिश्चित करने के लिए है कि ज्वालामुखी शाही महल और हिंद महासागर के बीच तारतम्य बना रहे और लोग सुरक्षित रहें। पूर्वी जावा में महापहित साम्राज्य के वंशज टेंगर लोग रहते हैं, जो अभी भी हिंदू हैं। जब इंडोनेशिया को आजादी मिली तो जकार्ता ने योग्याकर्ता के शाही परिवार की शक्तियों को बरकरार रखा। शाही परिवार ने डच साम्राज्य के खिलाफ लड़ाई में अहम भूमिका निभाई थी। इंडोनेशिया के योग्याकर्ता एकमात्र ऐसे क्षेत्र हैं, जहाँ के लोग लोकतांत्रिक तरीके से अपना नेता नहीं चुनते। 2010 में जब केंद्र सरकार ने कहा कि अब यह बदलना चाहिए तो लोग इस प्रस्ताव के विरोध में सड़कों पर उतर आए और केंद्र सरकार को पीछे हटना पड़ा। जावा के नरम और रहस्यवादी इसलाम के लिए भी यह एक चुनौती पूर्ण समय है। जावा में इन दिनों वहाबी इसलाम मजबूत हो रहा है। हालाँकि यहाँ प्राचीन इसलाम है और मूर्ति श्रद्धा और बहुदेववाद के संकेत मिलते हैं। वहाबी इसलाम इसके विरुद्ध है। राजकुमारी गुस्ती सायू करती हैं—'मैं शाही परिवार के सोसल मीडिया का पेज सँभालती हूँ और इन रूढ़िवादी विचारों को भी देखती हूँ। लेकिन हमारे पास अपनी परंपराओं को अपने तरीके से जारी रखने के कारण हैं और जरूरी नहीं है कि ये ऐसे ही हों जैसा कि कुरान में बताया गया है, लेकिन हम भटकते नहीं है, हम अजीब उपासना विधियाँ नहीं अपनाते हैं।

इंडोनेशिया की राजधानी जकार्ता (संस्कृत : जयकर्ता) है। बोरोबुदुर और प्रम्बानन मंदिर यहीं हैं। हिंदू राज्यों ने यहाँ बौद्ध धर्म का प्रचार किया। यहाँ बहुत से हिंदू तथा बौद्ध मंदिर है, मैगेलाय के निकट बोरोबुदुर मंदिर संसार का सबसे

बड़ा बौद्ध मंदिर है। 14वीं-15वीं सदी में यहाँ इसलाम संस्कृति फैली और इनका राजनीतिक अधिपत्य हुआ। तदंतर पुर्तगाली, डच व अंग्रेज आए तथा 1619 ई. से उन्होंने राज्य प्रारंभ किया। 27 दिसंबर, 1949 में इंडोनेशिया गणराज्य की स्थापना हुई, यहाँ हिंदू, बौद्ध संस्कार और संस्कृति उनके रीति-रिवाज, नामकरण, भाषा एवं साहित्य छाए हुए हैं।

बोरोबुदुर बिहार अथवा बरबुदुर इंडोनेशिया के मध्य जावा प्रांत में मंगेलांग शहर में स्थित 750-850 ई. के मध्य का मध्यमान बौद्ध विहार है। यह आज भी संसार का सबसे बड़ा बौद्ध विहार है। यह छह वर्गाकार चबूतरे पर बना हुआ है, जिसमें से तीन का ऊपरी भाग वृत्ताकार है। यह 2,672 उच्चावचों और 504 बुद्ध प्रतिमाओं से सुसज्जित है, इसके केंद्र में स्थित प्रमुख गुम्मद के चारों ओर स्तूप वाली 72 बुद्ध प्रतिमाएँ हैं। यह विश्व का सबसे बड़ा और विश्व के महानतम् बौद्ध मंदिरों में एक है। यह यूनेस्को द्वारा विश्व धरोहर स्थल के रूप में संरक्षित है। 1975 से 1982 के बीच मध्य इंडोनेशिया सरकार और यूनेस्को द्वारा इसकी मरम्मत की गई। वैशाख पूर्णिमा के दिन इंडोनेशिया में बौद्ध धर्मावलंबी स्मारक में उत्सव मनाते हैं। बोरोबुदुर इंडोनेशिया का सर्वाधिक दौरा किया जानेवाला पर्यटक स्थल है। इंडोनेशिया के पाँचवीं राष्ट्रपति का नाम मेधावती सुकर्ण पुत्री था। (नेम इज ए विश) वे बच्चों को जैसा देखना चाहते हैं, वैसा ही नाम रखते हैं। भीम नाम मजबूत बच्चे हेतु।

योग्याकर्ता में कठपुतली बनाने का काम करनेवाले वायुदि सहस्त्र दिनामा जावा को सहिष्णुता का शहर कहते हैं, यहाँ लोग कहते हैं—'हमारे लिए धर्म व संस्कृति अलग-अलग है। उनके काम-काज के स्थान पर राम, सीता और घटोत्कच की कृतियाँ भी हैं, जिन्हें भैंस की खाल से बनाया जाता है, वह कहते हैं कि यह गाय की खाल से नहीं बनाया गया है, क्योंकि हम हिंदुओं का सम्मान करते हैं और उनके लिए यह पवित्र पशु है। यहाँ के हिंदुओं और मुसलमानों के मन में दूरियाँ नहीं हैं।'

इंडोनेशिया के पाँच सबसे लोकप्रिय मंदिर—

(1) तनह लोट मंदिर, जावा (शिव को समर्पित)

(2) पुरातमन सरस्वती मंदिर, बाली (मंदिर के पास कुंड भी) रोज संगीत कार्यक्रम

(3) पुराबेस किह मंदिर (कई देवी-देवता), बाली (यूनेस्को विश्व धरोहर) 1995 से

(4) सिंधसरी शिव मंदिर, जावा

(5) प्रम्बानन मंदिर, जावा (रोरोजागरन मंदिर)—(ब्रह्मा, विष्णु, महेश को अर्पित) यूनेस्को विश्व धरोहर

स्टेट सिंबल 'गरुड़'

भारत ने जकार्ता एवं बाली में अपने सांस्कृतिक केंद्रों तथा इंडोनेशिया के विश्व विद्यालयों में संस्कृत तथा भारतीय अध्ययन चेयर्स के माध्यम से बार-बार सांस्कृतिक आदान-प्रदान करके सांस्कृतिक संबंधों को नई ऊँचाई प्रदान की है। भारतीय पुरातत्त्व सर्वेक्षण विभाग ने प्रम्बानन मंदिर-परिसर का जीर्णोद्धार किया है। नालंदा विश्वविद्यालय की स्थापना में अपने योगदान के माध्यम से परंपरागत संबंधों को नवीकृत करने के लिए जकार्ता ने अपनी ओर से पूरा प्रयास किया है।

इंडोनेशिया का राष्ट्रीय प्रतीक-चिह्न गरुड़ और सरकारी एयर लाइन-गरुड़ एयर लाइंस है। वहाँ की सरकारी करेंसी पर दिवंगत राष्ट्रपति सुकर्णो के चित्र के साथ गणेश को भी स्थान दिया गया है। इंडोनेशिया की राजधानी का नाम राम की श्रीलंका पर विजय के उपलक्ष्य में 'जयकर्ता' रखा गया था, जो धीरे-धीरे बिगड़कर जकार्ता हो गया। वहाँ राष्ट्रीय महाकाव्य रामायण और महाभारत हैं। देश के सभी विश्वविद्यालयों में विद्यार्थियों के लिए इन ग्रंथों का पढ़ना अनिवार्य है। वहाँ के कई द्वीपों का नाम रामायण के पात्रों के नाम पर है—लक्ष्मण की माता के नाम पर सुमात्रा द्वीप, सुग्रीव के नाम पर सुरव्य द्वीप व बाली द्वीप हैं। वे गर्व से कहते हैं कि हमारा मजहब इसलाम है, लेकिन संस्कृति रामायण है, हम इसे किसी भी सूरत में नहीं छोड़ सकते।

□

प्रसंग–7

एशिया में रामकथा

: बीस :

थाईलैंड के 95 प्रतिशत नागरिक बौद्ध धर्म के अनुयायी हैं। यहाँ के बौद्ध मंदिरों की छवि अनूठी है, जिनकी संख्या 18,000 से भी अधिक है। वहाँ की भाषा में मंदिरों को वाट कहा जाता है। बौद्ध धर्म का हीनयान थाईलैंड का राजधर्म है। बौद्ध मान्यताओं का सार करुणा है, जिसकी थाई जीवन पर अमिट छाप है। यहाँ के मानस में रामायण, श्रीराम व रामलीला गहराई तक समाई हुई है। थाईलैंड के नागरिकों का यह गहरा विश्वास है कि रामायण की कई घटनाएँ उनके अपने देश में घटी थीं। थाईलैंड में भी एक अयोध्या है और श्रीराम के पुत्र लव के नाम पर लवपुरी (लोपबुरी) भी है। इसके साथ ही थाईलैंड की एक नदी का नाम भी सरयू है, जो अयोध्या के ही निकट बहती है। इस प्रकार थाईलैंड की सांस्कृतिक जीवनधारा में रामायण की संस्कृति समाई है। यही नहीं, थाईलैंड की अपनी स्थानीय रामायण भी है, जिसे 'रामकियेन' के नाम से जाना जाता है। वहाँ रामकथा का मंचन 910 वर्षों से होता आ रहा है। थाई साहित्यकारों ने थाई संस्कृति एवं रीति-रिवाजों के अनुसार रामकथा में कुछ कहानियों को भी जोड़ा है। यह कथा थाईलैंड व भारतीयों के मध्य आपसी समझदारी तथा सौहार्दपूर्ण संबंधों को सुदृढ़ता प्रदान करने में महत्त्वपूर्ण भूमिका का निर्वहन करता है।

'रामकियेन' के पात्रों-नामों को थाई भाषा की विशिष्ट स्वर-योजना के कारण परिवर्तित किया गया है। राम को फ्राराम, सीता को सीदा, लक्ष्मण को फ्रालाक, रावण को टोटसकान, श्रीलंका को लोंगका, जटायु को सदायु, मारीच को मारीस, सुग्रीव को सुग्रीप, विभीषण को पिपेक, किष्किंधा को खिटकिन, जंबू राजा को थाओ महाजंबू कहा जाता है। थाईलैंड में सिरी फोर्ट थियेटर में 'रामकियेन' का प्रभावी मंचन किया जाता है। इस अवसर पर थाईलैंड की राजकुमारी भी उपस्थित रहती हैं। इससे कथा की लोकप्रियता और बढ़ जाती है। कहा जाता है कि एक

स्वतंत्र राज्य के रूप में थाईलैंड के आने से पहले से ही इस क्षेत्र में रामायणीय संस्कृति विकसित हो चुकी थी। उसके बाद स्वतंत्र थाई राष्ट्र की स्थापना हुई, राजा बोरोमकोत के काल की रचनाओं में रामकथा के पात्रों तथा घटनाओं का उल्लेख है। परवर्ती काल में जब तासकिन थोनबुरी के सम्राट् बने, तब उन्होंने थाई भाषा में रामायण को छंदोबद्ध कराया। पुनः सम्राट् राम प्रथम में अनेक कवियों के सहयोग से जिस रामायण की रचना करवाई, वही थाई भाषा की पूर्ण रामायण है।

थाईलैंड में यह परंपरागत विश्वास है कि रामकथा की सृष्टि उनके ही देश में हुई थी। वहाँ जब भी कोई नया शासक राजसिंहासनारूढ़ होता है, वह उन वाक्यों को दोहराता है, जो राम ने विभीषण के राजतिलक के अवसर पर कहे थे। भारत के बाहर थाईलैंड में अभी भी रामराज्य है। वहाँ भगवान् राम के छोटे पुत्र कुश के वंशज सम्राट् 'भूमिबल अतुल्य तेज' राज्य कर रहे हैं, जिन्हें नौवाँ राम कहा जाता है। थाईलैंड के पुराने रजवाड़ों में भरत की भाँति राम की पादुकाएँ लेकर राज्य करने की परंपरा पाई जाती है, वे सभी अपने को राम वंशी मानते हैं। यहाँ 'अजुधिया' लवपुरी व जनमपुर नाम वाले शहर हैं। सन् 1340 ई. में राम खरांग नामक राजा के पौत्र थिवोड ने राजधानी सुखोथाई (सुख स्थली) को छोड़कर 'अजुधिया' अथवा 'अमुत्थय' (अयोध्या) की स्थापना की। यह विशेष रूप से उल्लेखनीय है कि रामखरांग के पश्चात् नौ शासकों के नाम राम-शब्द की उपाधि से विभूषित थे। वे 'राम प्रथम, राम द्वितीय' आदि से अभिहित होते थे। यहाँ वाल्मीकि कृत रामायण के आधार पर अनेक महाकाव्यों की रचना हुई। इसमें सर्वप्रथम ग्रंथ है—रामकियेन (रामकीर्ति) विशाल रचना नाटक के लिए उपयुक्त नहीं थी, इसलिए राजा राम द्वितीय ने एक संक्षिप्त नृत्य नाट्य रूपांतर की रचना की। 'रामकियेन' का आरंभ राम और रावण के वंश-विवरण के साथ अयोध्या और श्रीलंका की स्थापना से होता है। इसमें अनेक उपकथाएँ भी सम्मिलित हैं। अनेक ऐसे प्रसंग हैं, जो थाईलैंड को छोड़कर अन्यत्र नहीं मिलते। इसमें विभीषण पुत्री बेंजकाया द्वारा सीता का स्वाँग रचाना तथा ब्रह्मा द्वारा राम और रावण के बीच मध्यस्थ की भूमिका निभाना आदि सम्मिलित है। इसके अभिनय में राजपरिवार के प्रमुख सदस्य भी भाग लेते थे, जो गौरव गरिमा की बात मानी जाती थी। आज यह नृत्यनाट्य थाई देश की राष्ट्रीयता का अभिन्न अंग बन गया है।

इंडोनेशिया तथा थाईलैंड के ही समान भारतीय संस्कृति का विस्तार कंबोडिया, मलेशिया, मॉरीशस, फिजी, गयाना, श्रीलंका, नेपाल व सूरीनाम में भी

देखा जा सकता है। विश्व में भगवान् विष्णु का सबसे विशाल मंदिर 'अंगकोरवाट' कंबोडिया में ही है, जिसका निर्माण अंगकोर नरेश सूर्यवर्मन द्वितीय (1113-50) ने प्रारंभ किया था। इस मंदिर के जीर्णोद्धार व प्रबंधन का दायित्व भारतीय पुरातत्त्व सर्वेक्षण विभाग के पास है। इसे देखने के लिए प्रतिवर्ष संपूर्ण विश्व से लाखों लोग आते हैं। कंबोडिया में हिंदू राजवंश की स्थापना दूसरी शताब्दी में ही हो गई थी। यहाँ की लोक संस्कृत के नायक श्रीराम हैं। इसलिए मंदिरों में रामायण के कई प्रसंगों को यहाँ दीवारों पर सुंदर ढंग से उकेरा गया है। कंबोडिया की रामायण को 'रामकेर' के नाम से जाना जाता है, यहाँ के राष्ट्रीय ध्वज में अंगकोरवाट के मंदिर को स्थान दिया गया है।

कंबोज वास्तव में भारतीय उपनिवेश था, वहाँ के निवासियों का धर्म उनकी संस्कृति एवं सभ्यता, साहित्यिक परंपराएँ, वास्तुकला एवं भाषा सभी पर भारतीयता की अमिट छाप थी, जिसके दर्शन आज भी कंबोज के दर्शक को अनायास ही हो जाते हैं। हिंदू धर्म और वैष्णव संप्रदाय और तत्पश्चात् (1000ई. के बाद) बौद्ध धर्म कंबोज के राजधर्म थे और यहाँ के अनेक संस्कृत अभिलेखों को उनकी समान धार्मिक और सांस्कृतिक पृष्ठभूमि के कारण भारतीय अभिलेखों से अलग करना संभव नहीं लगता। उदाहरण के लिए, राजेंद्र वर्मन के एक विशाल अभिलेख का केवल एक अंश यहाँ प्रस्तुत है, जिसमें शिव की वंदना की गई है—

रूपं यस्य नवेन्दुमंडितशिखं त्रयूया: प्रतीतं परं,
बीजं ब्रह्म हरी श्वरोदयकरं भिन्नं कलाभिस्त्रिधां।
साक्षारदक्षरम्मनन्ति मुनयो योगोधिगम्यं नमस्,
संसिद्धयै प्रणवात्मने भगवते तस्मै शिवायास्तुवम्॥

पुराने अरब पर्यटकों ने कंबोज को 'हिंदू देश' के नाम से उचित ही अभिहित किया है। कंबुज की राजभाषा प्राचीन काल में संस्कृत थी, उसका स्थान धीरे-धीरे बौद्ध धर्म के प्रसार के कारण पाली ने ले लिया और आज भी धार्मिक क्षेत्र में यह यहाँ की मुख्य भाषा है। कंबुज भाषा में संस्कृत के हजारों शब्द अपने कंबुजी या रूमेर रूप में आज भी पाए जाते हैं। रूमेर लिपि दक्षिणी भारत की वल्लव और पूर्वी चालुक्य लिपियों के मेल से बनी है। कंबोज की वास्तुकला, मूर्तिकला और शिल्पकला पर भारतीय प्रभाव स्पष्ट रूप से परिलक्षित होते हैं। अंग्कोर भोम का वियोग मंदिर दक्षिण भारत के मंदिरों से मिलता-जुलता है। इसके शिखर में भारतीय मंदिरों के शिखर की स्पष्ट झलक मिलती है। इस मंदिर और

एलोरा के कैलाश मंदिर के कलात्तत्व विशेषतः मूर्तिकारी तथा आलेख्य विषयों और दृश्यों में अद्भुत साम्य है।

विश्व-विरासत में सम्मिलित अंगकोरवाट मंदिर समूह को अंगकोर के राजा सूर्यवर्मन द्वितीय ने बारहवीं शताब्दी में बनवाया था। चौदहवीं शताब्दी में बौद्ध धर्म का प्रभाव बढ़ने पर शासकों ने इसे बौद्ध स्वरूप दे दिया। बाद की सदियों में यह लुप्तप्राय सा हो गया। एक फ्रांसीसी प्रकृति विज्ञानी ने इसकी खोज की। आज यह मंदिर जिस रूप में है, उसके भारतीय पुरातत्त्व सर्वेक्षण विभाग का विशेष योगदान है। सन् 1986 से 93 तक ए.एस.आई. ने यहाँ संरक्षण का काम किया था। अंगकोरवाट की दीवारें रामायण और महाभारत की कहानियाँ कहती हैं। यह मंदिर लगभग एक वर्गमील क्षेत्र में फैला हुआ है। यहाँ की दीवारों पर उकेरी गई मूर्तियाँ हिंदू धर्म के इतिहास की गौरव-गाथा का बयान करती सी लगती हैं। सीताहरण, हनुमान का अशोक वाटिका में प्रवेश, अंगद प्रसंग, राम-रावण युद्ध तथा महाभारत के अनेक प्रकरण, यहाँ जीवंतता के साथ उकेरे गए हैं। यह मंदिर मेरू पर्वत का प्रतीक है। यह यूनेस्को के विश्व धरोहर में सम्मिलित है। इसके चारों ओर 330 फीट चौड़ी खाई है, जो जल से भरी रहती है। अंगकोरवाट के आस-पास कई प्राचीन मंदिर व उनके भग्नावशेष बिखरे पड़े हैं। इस क्षेत्र को अंगकोर पार्क कहा जाता है। सियाम रीय क्षेत्र अपने आगोश में सवा तीन सौ से अधिक मंदिरों को समेटे हुए है।

कंबोडिया में पहली शताब्दी से ही रामायणी संस्कृति का प्रचार-प्रसार मिलता है। छठी-सातवीं शताब्दी के खंडहरों तथा शिलालेखों में रामायण के प्रमाण मिलते हैं। रामकेर या रामकीर्ति कंबोडिया का अत्यधिक लोकप्रिय महाकाव्य है, जिसने यहाँ की कला, संस्कृति और साहित्य को निर्णायक रूप से प्रभावित किया है। इसके लेखक के बारे में पता नहीं चलता। इसकी प्राचीनतम हस्तलिपियाँ 17वीं शताब्दी की उपलब्ध होती हैं। इसके अनेक पाठ भेद हैं और कोई सर्वमान्य रूप नहीं है, फिर भी यह राष्ट्र के आत्मा की सुंदरतम अभिव्यक्ति है। इसकी लोकप्रियता का एक कारण यह भी है कि यहाँ के शासक जयवर्मन सप्तम के जीवन की घटनाएँ राम के जीवन की घटनाओं से बहुत मिलती है। आज भी यह कथा सत्य एवं न्याय के विजय की प्रतीक मानी जाती है।

मलेशिया हालाँकि मुसलिम बहुल है, लेकिन यहाँ रहनेवाले भारतीय मूल के लोगों की आस्था रामकथा से जुड़ी हुई है और यहाँ के जनजीवन में रामायण

मनोरंजन व प्रेरणा का सशक्त माध्यम बनकर उभरी है। यहाँ पर पुतलियों द्वारा रात्रिकाल में रामायण के प्रसंगों का मंचन किया जाता है, जिसमें भारतीय मूल के लोग पूरी साज-सज्जा तथा तैयारी के साथ सम्मिलित होते हैं। मलेशिया में रामायण को 'हेकायत सेरीरामा' के नाम से जाना जाता है। यहाँ पर हिंदू समुदाय की जनसंख्या लगभग 8 प्रतिशत है, जिसमें अधिकांश दक्षिण भारतीय हैं। इसी कारण यहाँ मनाए जानेवाले त्योहारों में दक्षिण भारत की परंपराओं का स्पष्ट प्रभाव है और यहाँ पर भगवान् शिव के पुत्र कार्तिकेय के मंदिर सर्वाधिक हैं। यहाँ भी दीपावली पर्व के दिन राष्ट्रीय अवकाश रहता है तथा घर के बड़े बुजुर्ग इस दिन घर-घर जाकर युवावों को आशीर्वाद व उपहार देते हैं। यहाँ के प्रमुख धर्मावलंबियों में मुसलिम 61.3 प्रतिशत बौद्ध 19.8 प्रतिशत ईसाई 9.2 प्रतिशत हिंदू 6.3 प्रतिशत और कन्फ्यूसियस वादी, ताओ धर्म तथा पारंपरिक चीनी धर्मी 1.3 प्रतिशत हैं।

मलेशिया एक बहुजातीय, बहुसांस्कृतिक और बहुभाषी समाज है। देश की बहुसंख्यक समुदाय के रूप में मलय मुसलिम हैं, क्योंकि मलेशियाई कानून के अनुसार मलय होने के लिए मुसलिम होना आवश्यक है। ये मलय राजनीति में अहम भूमिका निभाते हैं और इनकी पहचान भूमिपुत्र के रूप में होती है। उनकी मूल भाषा मलय है। यहाँ पर अन्य धर्म के ईश्वर की तुलना अल्लाह से करने पर कानूनी प्रतिबंध है। कभी हिंदू राष्ट्र रहे मलेशिया में 43 मीटर ऊँची मुरुगन (भगवान् कार्तिकेय) की मूर्ति है। यहाँ के गुफा मंदिर में उनका जन्मोत्सव दस महीने में एक बार मनाया जाता है। यहाँ मुरुगन की मूर्ति बहुत की कलात्मक व प्राचीन है। उत्तर मलेशिया में बुजांग घाटी तथा मरबाक के समुद्री किनारे के पास पुराने समय के अनेक हिंदू तथा बौद्ध मंदिर आज भी हैं। यह देश 20 फरवरी, 1956 में अंग्रेजों की गुलामी से मुक्त हुआ, वहाँ पहाड़ी पर बटुकेश्वर का मंदिर है, जिसे बातू गुफा कहते हैं। वहाँ पहुँचने के लिए लगभग 276 सीढ़ियाँ चढ़नी पड़ती हैं। पहाड़ी पर कुछ प्राचीन गुफाएँ भी हैं। पहाड़ी के पास स्थित एक बड़े मंदिर में हनुमानजी की एक विशालकाय मूर्ति भी लगी है। 15वीं शताब्दी में राजा परमेश्वर के इसलाम धर्म अपनाने के कारण इस देश में इसलाम तीव्रता के साथ बढ़ा। इससे पहले वहाँ हिंदू संस्कृति का आधिपत्य था। यहाँ की रामायण 'हेकायत सेरीरामा' कुछ अलग है, इसकी कहानी की एक झलक—

मलयेशिया की रामकथा और हिकायत सेरी राम*

मलेशिया का इसलामीकरण तेरहवीं शताब्दी के आस-पास हुआ, मलय रामायण की प्राचीनतम पांडुलिपि बोडलियन पुस्तकालय में 1633 ई. में जमा की गई थी। इससे ज्ञात होता है कि मलयवासियों पर रामायण का इतना प्रभाव था कि इसलामीकरण के बाद भी लोग उसका परित्याग नहीं कर सके। मलेशिया में रामकथा पर आधारित एक विस्तृत रचना है—हिकायत सेरीराम, इसका लेखक अज्ञात है। इसकी रचना तेरहवीं से सत्रहवीं शताब्दी के बीच हुई। इसके अतिरिक्त यहाँ के लोकाख्यानों में उपलब्ध रामकथाएँ भी प्रकाशित हुई हैं। इस संदर्भ में मैक्सवेल द्वारा संपादित 'सेरीराम' विंसरेड द्वारा प्रकाशित 'पातानी राम कथा' और ओवरवेक द्वारा प्रस्तुत हिकायत महाराज रावण के नाम उल्लेखनीय है। 'हिकायत सेरीराम' विविधिताओं का अजायब घर है। इसका आरंभ रावण की जन्मकथा से हुआ है। किंद्रान (स्वर्गलोक) की सुंदरियों के साथ व्यभिचार करनेवाले सिरानचक (हिरण्याक्ष) को पृथ्वी पर दस सिर और बीस भुजाओं वाले रावण के रूप में जन्म लेना पड़ा। वह चिजवह का पुत्र तथा वोर्मराज (ब्रह्मराज) का पौत्र था, चिजवह को रावण के अतिरिक्त कुंभकेर्न (कुंभकर्ण) और बिबुसनम (विभीषण) नामक दो पुत्र और सुरपंडवी (सूर्पणखा) नामक एक पुत्री थी। दुराचरण के कारण रावण को उसके पिता ने जहाज से बुटिक सरेन द्वीप भेज दिया। वहाँ वह अपने पैरों को पेड़ की डाल में बाँधकर तपस्या करने लगा। आदम उसकी तपस्या से प्रसन्न हो गए उन्होंने अल्लाह से आग्रह किया और उसे पृथ्वी, स्वर्ण और पाताल का राजा बनवा दिया। तीनों लोकों का राज मिल जाने पर रावण ने तीन विवाह किया, उसकी पहली पत्नी स्वर्ग की अप्सरा नील उत्तम, दूसरी पृथ्वी देवी और तीसरी समुद्रों की रानी गंगा महादेवी थी। नीलोत्तमा ने तीन सिरों और छह भुजाओं वाला संदेरजात (इंद्रजीत), पृथ्वी देवी ने पाताल महारायन (महिरावण) और गंगा महादेवी ने गंग महासुर नामक पुत्रों को जन्म दिया।

चक्रवर्ती के पुत्र दशरथ इस्यबोगा के राजा थे। वे एक सुंदर नगर बसाना चाहते थे, इसके लिए उन्होंने अपने मंत्री पुष्पजय क्रम को नियुक्त किया। उसने एक पहाड़ पर नया नगर बसाने की योजना बनाई, उस स्थान की सफाई होने लगी तो बाँस की एक झाड़ी नहीं उखड़ सकी, तब राजा स्वयं कुल्हाड़ी लेकर हाथी से उतर

* फादर डॉ. कामिल बुल्के ने अपने शोधग्रंथ 'रामकथा : उत्पत्ति और विकास' में दक्षिण-पूर्व एशिया में प्रचलित रामकथाओं पर विस्तार प्रकाश डाला है।

गए। उन्होंने झाड़ी में एक सुंदरी को देखा, वे उसे हाथी पर बैठाकर घर ले गए। शुभ मुहूर्त में राजा से मंडूदेवी का विवाह हुआ। विवाह के बाद राजा नई रानी के साथ सत्रह मंजिली पालकी में सवार होकर अपने राज्य की सात परिक्रमा करने गए। सातवीं परिक्रमा में पालकी टूट गई, किंतु राजा की पटरानी बलियादारी ने उसे अपने कंधे पर रोक लिया। राजा ने बलियादारी को वचन दिया कि उसके बाद उसकी संतान ही राज्य की स्वामी बनेगी।

नए नगर का निर्माण हो गया, उसका नाम मदुरापुर रखा गया, किंतु संतान नहीं होने के कारण राजा चिंतित रहा करते थे। एक ऋषि के कहने पर राजा ने यज्ञ किया, यज्ञोदन को छह भागों में विभाजित किया गया। उसमें से तीन भाग मंडूदेवी या मंदुदरी और तीन भाग बलियादारी को दिया गया। बलियादारी के हिस्से का एक भाग एक काक लेकर भाग गया, वह रावण का संबंधी था। ऋषि ने शाप दिया कि काक मंदुदरी के पुत्र द्वारा मारा जाएगा और जो कोई उस यज्ञोदन को खाएगा, उसे एक पुत्री होगी। उसका विवाह मंदुदरी के पुत्र से होगा। काक यज्ञोदन से लंका पुरी गया, जहाँ रावण उसे खा गया। कालांतर में मंदुदरी को सेरीराम और लक्ष्मण नामक दो पुत्र हुए। बलियादारी ने वरेदन (भरत) और चित्रदन (शत्रुघ्न) को जन्म दिया।

रावण को मंदुदरी के अनुपम सौंदर्य का पता चला। वह ब्राह्मण के वेश में मदुरापुर पहुँचा और राजभवन के सात तालों को मंत्र द्वारा खोलकर अंदर चला गया और वीणा बजाने लगा। वीणा की धुन सुनकर दशरथ अंत:पुर से बाहर आए तो ब्राह्मण वेशधारी रावण ने उनसे मंदुदरी को देने का आग्रह किया। उन्होंने पहले तो उसके आग्रह को ठुकरा दिया, किंतु बाद में अपनी स्वीकृति दे दी। मंदुदरी ने भी पहले उसके साथ जाने से मना किया, किंतु बाद में उसने अपने समान एक सुंदरी का सृजन कर उसे दे दिया। रावण नकली सुंदरी को लेकर चला गया। रास्ते में उसकी भेंट एक तपस्वी से हुई, उसने तपस्वी से पूछा, वह आदमी है या बंदर? वह तपस्वी विष्णु का भक्त था, उसने रावण को शाप दिया कि उसकी मृत्यु आदमी या बंदर के द्वारा होगी।

रावण ने धूमधाम के साथ नकली मंदुदरी से विवाह किया। कुछ दिनों बाद उसे एक पुत्री हुई, जो सोने के समान सुंदर थी। रावण के भाई विबुसनभ (विभीषण) ने उसकी कुंडली देखकर कहा कि इस कन्या का पति उसके पिता का वध करेगा। यह जानकर रावण ने एक लोहे के बक्शे में बंद कर उसे समुद्र में फेंक दिया। लोहे का बक्शा बहता हुआ द्वारावती चला गया, उस समय महर्षि कलि समुद्र में स्नान कर रहे थे। वह बक्शा उनके पैर से टकरा गया। वे बक्सा लेकर अपनी पत्नी मनुरमा

देवी के पास गए। बक्शा खोलने पर पूरा घर प्रकाशमान हो गया। उसमें एक सुंदर कन्या थी, महर्षि कलि ने उसका नाम सीता देवी रखा। उन्होंने उसी समय चालीस ताल वृक्षों का रोपण किया और यह प्रण किया कि जो कोई इन सभी ताल वृक्षों को एक ही बाण में खंडित करेगा, उसी के साथ सीता का विवाह होगा।

महर्षि कलि मंदुरापुर पहुँचे, उन्होंने दशरथ के पुत्र राम और लक्ष्मण को अपने साथ ले जाने की इच्छा प्रकट की। राजा ने उनके बदले भरत और शत्रुघ्न को अपने साथ ले जाने के लिए कहा। महर्षि उन दोनों की परीक्षा लेने लगे। उन्होंने कहा कि द्वारावती जाने के चार रास्ते हैं। वे किस मार्ग से वहाँ जाना चाहेंगे। पहला रास्ता 17 दिनों का है, लेकिन वह मार्ग अत्यधिक भयानक है। उस रास्ते में जगिनी नामक राक्षसी रहती है, जिसे रावण भी पराजित नहीं कर सका। दूसरा रास्ता 20 दिनों का है। इस पथ से जानेवाले को अंगई-गंगई नामक गैंडा मारना पड़ेगा। तीसरा रास्ता 25 दिनों का है, उस रास्ते में सुरंगिनी नामक नागिन रहती है। चौथा रास्ता 40 दिनों का है, उसमें कोई खतरा नहीं है। दोनों भाइयों ने चौथे रास्ते का चुनाव किया। महर्षि समझ गए कि दोनों में शौर्य व पराक्रम का अभाव है, उन्होंने पुनः राजा से राम और लक्ष्मण को ले जाने का आग्रह किया। राजा ने अपनी स्वीकृति दे दी। ऋषि ने राम से भी वही प्रश्न किए। उन्होंने पहले रास्ते का चयन किया। आदि से अंत तक 'हिकायत सेरी राम' इसी प्रकार की विचित्रताओं से परिपूर्ण है। यद्यपि इसमें बाल्मीकीय परंपरा का बहुत हद तक निर्वाह हुआ है, तथापि इसमें सीता के निर्वासन और पुनर्मिलन की कथा में भी विचित्रता है। सेरी राम से विलग होने पर सीता देवी ने कहा कि यदि वह निर्दोष होंगी तो सभी पशु-पक्षी मूक हो जाएँगे। उनके पुनर्मिलन के पश्चात् पशु-पक्षी बोलने लगते हैं। इस रचना में अयोध्या नगर का निर्माण भी राम और सीता के पुनर्मिलन के बाद ही होता है।

□

लाओस का प्राचीन नाम मोंग जिंग थांग अथवा लेमथांग है, जिसका संस्कृत नाम 'स्वर्णभूमि' है। लाओस में रामकथा संगीत, नृत्य, चित्रकारी, स्थापत्य और साहित्य की धरोहर के रूप में ताड़पत्रों पर सुरक्षित है। राजमहल और व्येन्त्याने नगर की नाट्यशाला में रामकथा का संगीत रूपक के रूप में मंचन होता है। रामकथा यहाँ दो रूपों में मिलती है—एक रूपांतर 'फालम' (प्रिय लक्ष्मण, प्रिय राम) जो व्येन्त्याने प्रदेश से प्राप्त हुआ है, दूसरा पोम्पचक (ब्रह्मचक्र), जो उत्तरी लाओस की मेकांग घाटी से प्राप्त हुआ है। पहली रचना एक जातक काव्य है। भगवान् बुद्ध

जेतवन में एकत्र भिक्षुओं को श्रीराम की कथा सुनाते हैं। इसकी रचना लवदेश में हुई थी, इसी कारण यह यहाँ के लोगों को सर्वप्रिय है। इन दोनों रूपांतरों की रामकथा एवं पात्र-सृष्टि वाल्मीकि रामायण की अपेक्षा थाईलैंड, इंडोनेशिया, मलाया आदि में मिलनेवाली रामकथा से अधिक मिलती है।

मलेशिया में रामकथा का प्रचार अभी तक है, वहाँ मुसलिम भी अपने नाम के साथ अकसर राम, लक्ष्मण और सीता का नाम जोड़ते हैं। यहाँ रामकथा साहित्य, छाया नाटक तथा रामायण नृत्य में मिलती है। मलय रामायण की जो प्रति सन् 1633 में बोदलियान पुस्तकालय में सुरक्षित की गई, वह अरबी लिपि में है, इससे स्पष्ट है कि इस पर इसलाम का प्रभाव है। डॉ. कामिल बुल्के ने इस ग्रंथ पर पड़े प्रभावों के संबंध में लिखा है कि इस पर जैन तथा बंगाली राम कथाओं का प्रभाव निर्विवाद है। उड़िया राम साहित्य, रंगनाथ तथा कम्ब रामायण अर्थात् भारत के पूर्वी तट की रचनाओं का प्रभाव सेरीराम पर पड़ा है। सेरी राम पर रामायण ककविन तथा इसलाम धर्म का भी प्रभाव स्वाभाविक है। 'हिकायत सेरी राम' मलेशिया का राष्ट्रीय महाकाव्य है। वहाँ के राष्ट्रपति और मंत्री सेरी राम पादुका धूलि के नाम पर अपने पद की शपथ लेते हैं और संपूर्ण शासन श्रीराम के नाम पर चलाते हैं।

यहाँ तक कि यदि वहाँ पर कोई बड़ी मसजिद बनानी होती है तो उसकी राजाज्ञा सेरी राम पादुका के नाम पर जारी की जाती है। इसलामिक देश होने के बावजूद वहाँ के राष्ट्रपति को 'राजा परमेश्वर' और उसकी पत्नी को 'रानी परमेश्वरी' के नाम से पुकारा जाता है। वहाँ के नौ सुल्तानों के प्रत्येक के दूसरे पुत्र का नाम लक्ष्मण रखा जाता है। मुसलिम प्रथा के अनुसार बच्चे के सुन्नत से पहले होनेवाले राजसी स्नान को 'गंगा स्नान' कहा जाता है। मलय भाषा के शब्दों में भी भारतीयता झलकती है। वहाँ पर पति को स्वामी, शिक्षक को गुरु, वरिष्ठ शिक्षक को महागुरु, छात्र को शिष्य और वरिष्ठ छात्र को महाशिष्य कहा जाता है। म्याँमार, लाओस, कंबोडिया, थाईलैंड, मलेशिया, ब्रुनेई व इंडोनेशिया में रामायण का गहरा प्रभाव है।

□

लाओस की रामकथा : राम जातक

लाओस के निवासी और वहाँ की भाषा को 'लाओ' कहा जाता है, जिसका अर्थ है 'विशाल' अथवा 'भव्य'। लाओ जाति के लोग स्वयं को भारतवंशी मानते हैं। लाओ साहित्य के अनुसार अशोक (273-237 ई.पू.) द्वारा कलिंग पर आक्रमण

करने पर दक्षिण भारत के बहुत सारे लोग असम, मणिपुर मार्ग से हिंद-चीन चले गए। लाओस के निवासी अपने को उन्हीं लोगों का वंशज मानते हैं। इतिहासकारों के अनुसार थाईलैंड और लाओस में भारतीय संस्कृति का प्रवेश ई.पू. दूसरी शताब्दी में हुआ था। उस समय चीन के दक्षिण भाग की उस घाटी का नाम गांधार था।

लाओस की संस्कृति चाहे जितनी पुरानी हो, संसार के राजनीतिक मानचित्र पर वह मध्यकाल में ही अस्तित्व में आया। लाओ साहित्य के अनुसार राजकुमार फाल्गुन को लाओस का संस्थापक माना जाता है। एक क्षत्रिय सरदार ने किसी कारणवश अंकोर के राजदरबार में शरण ली थी। फाल्गुन उसी का पुत्र था, अंकोर नरेश ने अपनी पुत्री का विवाह उससे कर दिया। श्वसुर के सहयोग से वह एक सैनिक टुकड़ी का स्वामी बन गया। उसने 1340-50 ई. के बीच अपने पूर्वजों की भूमि पर अधिकार कर लिया और 1353 ई. में उसने स्वयं को लाखों हाथियों के देश का राजा घोषित कर दिया। इस प्रकार लाओस राज्य की स्थापना चौदहवीं शताब्दी के मध्य में हुई।

लाओस में रामकथा पर आधारित कई रचनाएँ हैं, जिनमें मुख्य रूप से फ्रलक-फ्रलाम (राम जातक), ख्वाय थोरफी, पोम्पचक (ब्रह्मचक्र) और लंका नाई के नाम उल्लेखनीय हैं। 'रामजातक' के नाम से विख्यात फ्रलक-फ्रलाम की लोकप्रियता का रहस्य उनके नाम के अर्थ 'प्रिय लक्ष्मण प्रिय राम' में समाहित है। 'रामजातक' लाओस के आचार-विचार, रीति-रिवाज, स्वभाव, विश्वास, वनस्पति, जीव-जंतु इतिहास और भूगोल का विश्वकोश है। देहियर के अनुसार—यह वास्तविक अर्थों में लाओ माहात्म्य है। रामजातक दो भागों में विभक्त है। इसके प्रथम भाग में दशरथ पुत्री चंदा और दूसरे भाग में रावण तनया सीता के अपहरण और उद्धार की कथा है। जातक कथाओं की तरह इसके अंत में बुद्ध कहते हैं कि पूर्वजन्म में वे ही राम थे और देवदत्त रावण था।

रामजातक के आरंभ में भगवान् बुद्ध अपने शिष्यों से कहते हैं कि बाराह कल्प में ब्रह्म युगल पृथ्वी पर आए। उन दोनों ने धरती की मधुर और सुगंधित माटी इतनी अधिक मात्रा में खाली कि उनका शरीर भारी हो गया और वे उड़कर स्वर्ग नहीं जा सके। वे दक्षिण समुद्रतट पर घर बनाकर रहने लगे। उन्होंने एक सौ एक संतानों को जन्म दिया। इसी क्रम में इंद्रप्रस्थ नगर अस्तित्व में आया।

इंद्रप्रस्थ नगर के अधिपति ब्रह्म युगल की संतान बड़े होने पर जंबूद्वीप चले गए। सबसे छोटे पुत्र तप परमेश्वर का उन्होंने अपनी भानजी से विवाह कर दिया।

उसकी पत्नी धर्मशंका ने दत्तरथ (दशरथ) और विरूलह नामक दो पुत्रों को जन्म दिया। परमेश्वर ने छोटे पुत्र विरूलह को इंद्रप्रस्थ का राजा बना दिया और उसका विवाह महालिका से कर दिया। दशरथ का विवाह उपराजा की पुत्री विशुद्धिसोता (विशुद्धश्वेता) से हुआ। विवाह के पश्चात् दशरथ लंबी यात्रा को निकल पड़े, वे मेकांग नदी के तट पर स्थित फानफाओ नामक स्थान पर पहुँचे, उन्होंने नाग देवता के कहने पर मेकांग के दूसरे तट पर अपनी राजधानी बनाई और उसका नाम सात फनों वाले नाग के नाम पर श्री सत्तनाक पुरी रखा। इंद्रप्रस्थ में महाब्रह्म का जन्म सर्वप्रथम एक विकलांग शिशु के रूप में हुआ। उसका पिता एक किसान था, उसने उसका नाम लुमलू रखा। इंद्र को जब इसकी जानकारी हुई, तब वे मनिकॉय नामक अश्व पर आरूढ़ होकर उसके पास गए। उस समय वह हल चला रहा था। उन्होंने कृषक से पूछा कि वह दिन भर में कितनी हल-रेखाएँ बनाता है, वह उनके प्रश्न का उत्तर नहीं दे सका। इंद्र कई दिनों तक उसके पास आकर यही प्रश्न पूछते रहे। इस बात की जानकारी जब लुमलू को हुई, तब वह पिता के साथ खेत में पहुँचा। उस दिन भी इंद्र ने वही सवाल पूछा। लुमलू ने कहा कि यदि वे यह बता दें कि उनका घोड़ा दिन में कितने कदम चलता है तो वह भी उनके प्रश्न का उत्तर बता देगा। इसके बाद लुमलू ने इंद्र के आठ सवालों का सही-सही जवाब दिया।

इंद्र लुमलू को किसान से माँगकर स्वर्ग ले गए। वहाँ उन्होंने उसे मरकतमणि के साँचों में ढालकर अपने जैसा सुंदर रूप दिया, जिसके फलस्वरूप उसे अलौकिक शक्ति मिल गई, किंतु उसे वरदान के साथ यह अभिशाप भी मिला कि यदि वह अपनी शक्ति का दुरुपयोग करेगा तो उसकी मृत्यु हो जाएगी। लुमलू ने विरूलह की पत्नी महालिका के गर्भ से पुनः पृथ्वी पर उत्पन्न हुआ। जन्म के समय ही उसके हाथ में धनुष और तलवार थी। उसका नाम राफनासुअन (रावण) रखा गया। महालिका ने दो अन्य पुत्रों को भी जन्म दिया, जिनके नाम इंद्रहजीत (इंद्रजीत) और बिकंबी (विभीषण) थे। बाल्यकाल में ही रावण ने दशरथ पुत्री चंदा का अपहरण कर लिया। चंदा के अपहरण के बाद दशरथ ने देवताओं से प्रार्थना की, जिसके फलस्वरूप विशुद्धिश्वेता के गर्भ से फ्रलक और फ्रलाम का जन्म हुआ। बड़ा होने पर उन्हें अपने बहन के अपहरण की जानकारी हुई, फिर वे दोनों इंद्रप्रस्थ गए और रावण को पराजित कर चंदा के साथ घर लौट गए। पराजित रावण ने फ्रलाक की सभी शर्तों को पूरा किया। उसके बाद रावण का विवाह चंदा से हो गया। राम जातक के प्रथम खंड में लाओस के भौगोलिक स्वरूप और सामाजिक परंपराओं का विस्तृत वर्णन

है। तप परमेश्वर के इंद्रप्रस्थ से प्रस्थान के बाद रावण ने भी उस नगर का परित्याग कर दिया। वह अपनी प्रजा के साथ समुद्र के बीच एक निर्जन द्वीप पर चला गया, जिसका नाम लंका था। वहाँ चंदा के गर्भ से सीता का जन्म हुआ। ज्योतिषियों द्वारा उस कन्या के अनिष्टकारी होने की बात सुनकर रावण ने उसे एक नाव में सुलाकर समुद्र में छोड़ दिया। वह कन्या एक ऋषि को मिली, ऋषि ने उसका पुत्रीवत् पालन किया। तदुपरांत धनुष यज्ञ और राम का विवाह वर्णन हुआ है।

राम जातक में सीता का अपहरण विवाह के बाद रास्ते में हो जाता है। अपहरण के संदर्भ में स्वर्णमृग का प्रसंग है। किंतु सूर्पणखा की चर्चा नहीं हुई। कैकेयी, भरत, शत्रुघ्न आदि की अनुपस्थिति के कारण बनवास का भी उल्लेख नहीं है। राम जातक के द्वितीय खंड में सीता हरण से उनके निर्वासन और पुनर्मिलन की सारी घटनाओं का उल्लेख हुआ है, किंतु सबकुछ लाओस की शैली में हुआ है। अन्य जातक कथाओं की तरह इसके अंत में भी बुद्ध कहते हैं कि पूर्व जन्म में वे ही राम थे, यशोधरा सीता थी और देवदत्त रावण था।

□

बर्मा की रामकथा और रामवत्थु

बर्मा वासियों को प्राचीन काल से ही रामायण की जानकारी थी। ऐतिहासिक साक्ष्यों से ज्ञात होता है कि ग्यारहवीं शताब्दी के पहले से ही वह अनेक रूपों में वहाँ के जनजीवन को प्रभावित कर रही थी। ऐसी संभावना है कि लोकाख्यानों और लोकगीतों के रूप में रामकथा की परंपरा वहाँ पहले से ही विद्यमान थी, किंतु बर्मा की भाषा में रामकथा साहित्य का उदय अठारहवीं शताब्दी में ही दृष्टिगोचर होता है। यूटिन ह्ट्वे ने बर्मा की भाषा में रामकथा साहित्य की सोलह रचनाओं का उल्लेख किया है—

(1) राम वत्थु (1775 ई. के पूर्व), (2) राम सा-ख्यान (1775 ई.), (3) सीता रा-कान (1784ई.), (4) राम रा-कान (1784 ई.), (5) राम प्रजात (1789 ई.), (6) काले राम वत्थु, (7) महा राम वत्थु, (8) सीरी राम (1840 ई.), (9) पुटो राम प्रजात (1830 ई.), (10) रम्मा सुंमुई (1904 ई.), (11) पुंटो रालक्खन (1935 ई.), (12) टा राम-सा-ख्यान (1906 ई.), (13) रामरूई (1907 ई.), (14) राम वत्थु (1935 ई.), (15) राम सुम : मुई (1935 ई.) और (16) राम वत्थु आ-ख्यान (1957 ई.)।

रामकथा पर आधारित बर्मा की प्राचीनतम गद्यकृति है—'रामवत्थु', इसकी तिथि अठारहवीं शताब्दी निर्धारित की गई है। इसमें अयोध्या कांड तक की कथा का छह अध्यायों में वर्णन किया गया है और उसके बाद उत्तर कांड तक की कथा का समावेश चार अध्यायों में ही हो गया है। रामवत्थु में जटायु, संपाती, गरुड़, कबंध आदि प्रकरण का अभाव है।

रामवत्थु की कथा बौद्ध मान्यताओं पर आधारित है, किंतु इसके पात्रों का चरित्र-चित्रण बाल्मीकीय आदर्शों के अनुरूप हुआ है। कथाकार ने इस कृति में बर्मा के सांस्कृतिक मूल्यों को इस प्रकार समाविष्ट कर दिया है कि वहाँ के समाज में यह अत्यधिक लोकप्रिय हो गया है। यह बर्मा की परवर्ती कृतियों के लिए भी आधार सा बन गया है।

राम वत्थु का आरंभ दशगिरी (दशग्रीव) तथा उसके भाइयों की जन्मकथा से होता है। रावण की माता गोंवी ब्रह्मा को दस केलों का गुच्छा सपर्मित करती हैं, जिसके फलस्वरूप दशग्रीव का जन्म होता है। इसके बाद कुबकन्न (कुंभकर्ण) और विभीषण उत्पन्न होते हैं। इसी संदर्भ में बालि की जन्म कथा भी सम्मिलित है। लंका का राजा बन जाने के पश्चात् देवगण दशग्रीव को फूलों और फलों का रस उपहार में देते हैं, उसी के अति सेवन से वह दुराचारी बन जाता है और कैलाश पर्वत पर एक गंधर्व अप्सरा के साथ दुर्व्यवहार करता है। गंधर्वी उसे शाप देकर यग्याग्नि में प्रवेश कर जाती है। शिकार खेलने के क्रम में दशरथ से अनजाने में ही एक युवा ऋषि का वध हो जाता है, जिसके कारण उसे शापित होना पड़ता है, किंतु इसी क्रम में वरदान स्वरूप दो केले भी मिलते हैं, जिसके फलस्वरूप उनके पुत्रों का जन्म होता है। दुराचारी दशग्रीव के विनाश हेतु देवतागण इंद्र के माध्यम से ब्रह्मा से अनुरोध करते हैं, जिसके फलस्वरूप बोधिसत्त्व तथा स्वर्ग के तीन देवता राम तथा उनके तीन भाइयों के रूप में अवतरित होते हैं। अन्य देवता किष्किंधा में वानर रूप में जन्म लेते हैं। इसी क्रम में गंधर्व अप्सरा रावण से बदला लेने के लिए पृथ्वी पर अवतरित होती है। दशग्रीव उसे लोहे के बक्शे में बंद करके समुद्र में डुबो देता है। वह बक्शा मिथिला पहुँच जाता है। मिथिला नरेश उसका पुत्रीवत् पालन करते हैं और उसका नाम सीता रखते हैं।

राम वत्थु में धनुष यज्ञ से चित्रकूट गमन और वापसी यात्रा का वर्णन बाल्मीकीय परंपरा के अनुसार हुआ है। पवन पुत्र के संबंध में कहा गया है कि एक ऋषि के शाप से वे सामान्य बंदर बन जाते हैं, किंतु जामवान के अनुरोध पर ऋषि

की भविष्यवाणी होती है कि लंका गमन के समय राम से मिलने पर वे पुनः अपनी शक्ति प्राप्त कर लेंगे। शूर्पणखा का नाम यहाँ गांबी है, वह अपने पुत्र सरू (खर) और तुषीन (दूषण) के साथ रामाश्रय जाती है। राम उसके दोनों पुत्रों का वध कर देते हैं। गांबी दशग्रीव से अपनी दारुण कथा सुनाती है, फिर वह स्वयं मायामृग का रूप धारण करती है और दशग्रीव सीता का अपहरण करता है। सीता को खोजने के क्रम में 'गियो' वृक्ष के नीचे राम लक्ष्मण को थुगइक (सुग्रीव) से भेंट होती है। उसी समय पीठ थपथपाने से हनुमान शाप-मुक्त होते हैं। सीतान्वेषण तथा लंका-दहन की कथा बाल्मीकीय परंपरा के अनुसार है। लंका-दहन के बाद हनुमान सीता के सात बोलों को लेकर राम के पास लौटते हैं। सेतु निर्माण के समय 'गंद्यम' नामक एक विशाल केकड़ा हनुमान को जकड़ लेता है, किंतु वे उससे मुक्त हो जाते हैं। लंका युद्ध, रावण वध, और सीता की अग्नि परीक्षा का इस रचना में परंपरानुसार वर्णन हुआ है, किंतु सीता-निर्वासन के कई कारण बताए गए हैं। सीता दशग्रीव का चित्र बनाती है। उन्हें वाल्मीकि आश्रम में भोजन करने की प्रबल इच्छा है। अंततः एक रजक द्वारा सीता को दोषी ठहराने पर उन्हें निर्वासित किया जाता है। कथा की समाप्ति अपने दोनों पुत्रों के साथ सीता के अयोध्या वापसी से होती है। म्याँमार में 1767 ई. से रामलीला (थामाप्वे) रात में खेली जाती है।

□

शिलालेखों से झाँकती रामकथा

प्रशांत महासागर के पश्चिमी तट पर स्थित आधुनिक वियतनाम का प्राचीन नाम 'चंपा' था, जहाँ ई. सन् के प्रारंभिक काल से ही भारतीय संस्कृति का वर्चस्व था। वियतनाम के बोचान नामक स्थान से प्राप्त एक क्षतिग्रस्त शिलालेख के कुछ शब्द द्रष्टव्य हैं, 'लोकस्य गतागतिम्'। दूसरी या तीसरी शताब्दी में उत्कीर्ण यह उद्धरण रामायण के अयोध्या कांड के एक श्लोक का अंतिम चरण है।

क्रुद्धमाज्ञाय रामं तु वशिष्ठः प्रत्युवाचरू।
जाबालिरीय जानीले लोकस्यास्य गतागतिम्॥

वियतनाम के जा-किड नामक स्थल से प्राप्त एक शिलालेख यत्र-तत्र क्षतिग्रस्त है, किंतु इससे स्पष्ट होता है कि इसे चंपा के राजा प्रकाश धर्म (653-69ई.) ने खुदवाया था। इसमें आदिकवि वाल्मीकि का स्पष्ट उल्लेख है, 'कवेराधस्य महर्षे वाल्मीकि'। इससे यह भी ज्ञात होता है कि प्रकाश धर्म ने उस मंदिर का पुनर्निर्माण

करवाया था, 'पूजा स्थानं पुनस्तस्यकृतः।' इससे स्पष्ट होता है कि वहाँ वाल्मीकि का एक प्राचीन मंदिर था, जिसका प्रकाश धर्म ने पुनर्निर्माण कराया था।

कंपूचिया के बील कंतेल नामक स्थान से प्राप्त सम्राट् भाववर्मन का एक शिलालेख है, जिसकी तिथि 598 ई. है। इसमें अंकित विवरणों के अनुसार सोमशर्मा नामक एक ब्राह्मण को अर्क (सूर्य) सहित त्रिभुवनेश्वर की स्थापना करवाने के लिए भरपूर दक्षिणा मिली थी। इस पवित्र स्थल पर प्रतिदिन रामायण और महाभारत का पाठ होता है।

द्विजेन्दुराकृतिः स्वामी सामवेद विदग्रणीः।
श्री सोमशर्मा के युतं स श्री त्रिभुवनेश्वरम्॥
अतिष्ठा प-महापूजामति पष्कल दक्षिणाम्।
रामायण पुराणाभ्यमशेषं भारत ददात्॥
अकृवाञ्चमच्छेद्यां स च तद्वाचना स्थितम्।

कंबोज नरेश यशोवर्मन (889-900ई.) के एक विस्तृत शिलालेख में एक स्थल पर कहा गया है कि जिस प्रकार आदिकवि वाल्मीकि से सुनकर राघव पुत्रों ने अपने पिता का यशगान किया था, उसी प्रकार अन्य देशों के नारियों के मुख से सम्राट् यशोवर्मन का गुणानुवाद सुना जाता है।

भून्भृन्सुसोरितं यस्य यशो गायन्ति तरित्रयः।
बाल्कीकिज मुखोद्वीणरं स्व पुत्रो राघवस्युतु॥

हिंद चीन से हिंदेशिया की ओर आगे बढ़ने पर सर्वप्रथम बोर्नियों के यूप अभिलेख पर ध्यान जाता है, जिसमें मूल बर्मा की प्रशस्ति इस प्रकार उत्कीर्ण है, 'जयति बलः श्रीमान मूल बर्मा नृपः'। बोर्नियो का यह शिलालेख चौथी शताब्दी ई. का है। इसकी अंतिम पंक्ति बहुत क्षतिग्रस्त है, फिर भी ऐसा प्रतीत होता है कि इसमें मूल बर्मा की तुलना सगर कुल उत्पन्न राजा भगीरथ से की गई है—

सगरस्य यथा राज्ञः समुत्पन्नो भगीरथः।
सगरस्य यथा मूल वर्मा समुत्पन्नो भगीरथः।

इन शिलालेखों के तथ्यों से स्पष्ट होता है कि दक्षिण पूर्व एशिया में तीसरी शताब्दी से बहुत पहले से ही रामकथा का अध्ययन आरंभ हो गया था, जिसके परिणामस्वरूप कालांतर में उस क्षेत्र की विभिन्न भाषाओं में अनेकानेक रामकथा काव्यों की रचना हुई। वास्तविकता यह है कि यदि दक्षिण-पूर्व एशिया के शिल्प, कला और साहित्य से रामकथा को अलग कर दिया जाए तो उस स्थित से उत्पन्न

शून्यता की भरपाई करना किसी भी प्रकार से संभव नहीं है। रामायण की इस लोकप्रियता के कारण इसे 'एशिया का महाकाव्य' कहा जाता है। यह वहाँ के जीवन, धर्म, संस्कृति, कला आदि का महत्त्वपूर्ण अंग बन चुकी है। रामकथा के माध्यम से इन देशों में भारतीय संस्कृति पहुँची और वहाँ की जनता ने उसे अपने साहित्य और धर्म का हिस्सा बना दिया।

यद्यपि इन देशों के रामायण की कथा तथा चरित्रों में परिवर्तन हो गया है, किंतु रूपांतर के बावजूद वे चरित्र लोकमानस में इतने घुल-मिल गए हैं कि उनका एक अलग रूप ही विकसित हो गया है। जिन देशों में कई सौ साल पहले रामायण पहुँची उसमें चीन, तिब्बत, जापान, इंडोनेशिया, थाईलैंड, लाओस, मलेशिया, कंबोडिया, श्रीलंका, फिलीपींस, म्याँमार, रूस आदि प्रमुख हैं।

जापान में रामकथा जातक-कथा के माध्यम से पहुँची। 12वीं शताब्दी में रचित 'होबुत्सुशु' नामक ग्रंथ में रामायण की कथा जापानी में उपलब्ध है, लेकिन ऐसे भी प्रकरण है, जिससे कहा जा सकता है कि जापान के लोग इससे भी पहले रामकथा से परिचित थे। विगत एक हजार वर्ष से बुगाकु अथवा गागाकु नाम से प्रसिद्ध संगीत नृत्य की ऐसी कुछ शैलियाँ जापान के राजमहलों में सुरक्षित हैं, जिसमें दोरागाकु नाट्य नृत्य शैली में रामकथा मिलती है। 10वीं शताब्दी में रचे ग्रंथ 'साम्बो-ए-कोताबा' में दशरथ और श्रवण कुमार का प्रसंग मिलता है। 'होबुत्सुशु' की रामकथा और रामायण की रामकथा में भिन्नता है। जापानी कथा में शाक्य मुनि के बन गमन का कारण निरर्थक रक्तपात को रोकना है। वहाँ लक्ष्मण साथ नहीं हैं, केवल सीता ही उनके साथ जाती हैं, सीता हरण में स्वर्ण मृग का प्रकरण नहीं है, अपितु रावण योगी के रूप में राम का विश्वास जीत कर उनकी अनुपस्थिति में सीता को उठाकर ले जाता है। रावण को ड्रेगन (सर्पराज) के रूप में चित्रित किया गया है, जो चीनी प्रभाव है। यहाँ हनुमान के रूप में राक्र (इंद्र) हैं और वही समुद्र पर सेतु-निर्माण करते हैं। कथा का अंत भी मूल रामकथा से भिन्न है।

फिलीपींस में रामकथा महारादिया लावना नाम से 13वीं-14वीं शताब्दी की प्राप्त होती है। इसमें रामकथा तथा पात्रों का स्वरूप बदला हुआ है। यहाँ की रामकथा में राम को मंदिरी, लक्ष्मण को मंगवर्न, सीता को मलाइला तिहाइसा कहा जाता है। फिलीपींस की रामकथा में भी असत्य पर सत्य की विजय दिखाई गई है। रावण बुरा है, वह परास्त होता है (मारा नहीं जाता), राम सीता का दांपत्य स्थापित होता है।

□

तिब्बत में रामकथा का प्रवेश मुख्यत: बौद्ध जातकों के कारण हुआ। यहाँ रामकथा अनामक जातक तथा दशरथ जातक के माध्यम से पहुँची। इन दोनों जातकों का क्रमश: तीसरी और पाँचवीं शताब्दी में चीनी भाषा में अनुवाद हुआ था। इसके अतिरिक्त रामकथा का लिखित रूप 13वीं शताब्दी में प्राप्त होता है। द बुस के दमार-स्ताने-चोस ग्लांक ने अपने गुरु सास्क्या पंडित से सुनी कथा के आधार पर लिखा, जिसके कारण इसमें अनेक त्रुटियाँ हैं। सा-स्क्या पंडित ने सुभाषित रत्न निधि राम से 457 चौपाइयों का एक संग्रह तिब्बती भाषा में लिखा था, जिसमें कहीं-कहीं रामकथा का उल्लेख है, इसके अतिरिक्त संस्कृत ग्रंथ काव्यादर्श का तिब्बती अनुवाद फाग्स पा ने 13वीं शताब्दी में करवाया था, इसमें भी रामकथा मिलती है। वास्तव में तिब्बत में रामकथा बौद्ध कथाओं के रूप में पहुँची, तथापि इस पर गुणभद्र के उत्तर पुराण तथा गुणाढ्य की रचना में सीता रावण की पुत्री बताई गई है। तिब्बत से होकर रामकथा मंगोलिया पहुँची, लेकिन इसका संबंध वाल्मीकीय रामायण से न होकर बौद्ध एवं जैन रामकथाओं से था। ऐसा विश्वास है कि तिब्बत के लामा लोगों ने धर्म प्रचार के लिए मंगोलिया में इस कथा का प्रचार किया। मंगोलिया में रामकथा राजा जीवक की कथा है, जो आठ अध्यायों में विभक्त है। इस कथा की छह पुस्तकें लेनिनग्राद में सुरक्षित है।

श्रीलंका में रामकथा का कोई विशद ग्रंथ नहीं मिलता। वैसे कई लेखकों ने रामकथा को सिंहली भाषा में लिखा है। इनमें कुमारदास का जानकी हरण प्रमुख है। यहाँ राम की अपेक्षा हनुमान और सीता की कहानियाँ अधिक प्रचलित हैं। कुछ विद्वान् रामायण को कवि कल्पना मानते हैं और कुछ राम, रावण, सीता, हनुमान आदि को तो स्वीकार करते हैं, परंतु रामायण की लंका को वर्तमान श्रीलंका नहीं मानते, बल्कि वह द्वीप श्रीलंका के दक्षिण में अथवा इंडोनेशिया का कोई द्वीप मानते हैं।

रूस में रामायण का प्रवेश दो सौ वर्षों से अधिक पुराना नहीं है, 1833 ई. युवा पाठकों के लिए म. चिस्तीकोव का प्राचीन भारतीय महाकाव्य-रामायण अनुवाद प्रकाशित हुआ। इससे पूर्व 1819 ई. में पीटर्सबर्ग की पत्रिका का सरे-ब्नावात्येल प्रास्वेशियेनिया इब्लागोलारोनिया के दसवें अंक के भाग 8 में वाल्मीकि रामायण का एक बहुत बड़ा अंश 'पुत्र की मृत्यु पर माता-पिता का संताप' शीर्षक से प्रकाशित हो चुका था। 1844 में 'मायाक' पत्रिका में प्रकाशित द. कोप्त्येक का 'रामायण से एक अंश' शीर्षक अनुवाद भी छपा।

□

चीन में रामायण की कथा का प्रवेश तीसरी शताब्दी तक हो चुका था। बौद्ध महाधीश खांग शंग हुई ने 251 ई. में डब्ल्यू.यू. (222–280ई.) के शासन काल में 'अनामकं जातकम्' का चीनी भाषा में अनुवाद किया था, जो लिऊ ताऊत्व किंग के छठा पारिमिता सूत्र के पाँचवें ग्रंथ में 46वीं कहानी है। यह कहानी वाल्मीकि रामायण की मूल कहानी से काफी मिलती-जुलती है। 'अनामकं जातकम्' में किसी पात्र के नाम का उल्लेख नहीं मिलता। कथा के स्वरूप से ज्ञात होता है कि यह रामायण पर आधारित है, क्योंकि इसमे राम बन गमन, सुग्रीव मैत्री, सेतु बंध, लंका विजय आदि प्रमुख घटनाओं का स्पष्ट संकेत मिलता है। अहिंसा की प्रमुखता के कारण चीनी राम कथाओं पर बौद्ध धर्म का प्रभाव स्पष्ट रूप से परिलक्षित होता है। इसके बाद बेई वंश (386–534ई.) के 472 ई. में श्रमण चीचिया ने तानमाओ के साथ मिलकर दि निदान आफ किंग टेन लक्जरीज, जिसको दशरथ जातकम् भी कहते हैं, का चीनी भाषा में अनुवाद किया, जो त्व पाओ लांगकिंग के प्रथम खंड की कहानी है।

यह कथा टेन लक्जरीज (दशरथ) की है, जो बीमार होने पर राजकुमार राम को राजा बनाते हैं। इसके बाद इसमें कैकेयी की ईर्ष्या, राम का भाई लसना (लक्ष्मण) के साथ 12 वर्ष का बनवास, भरत का चरण पादुकाओं को राजगद्दी पर रखकर शासन तथा अवधि पूर्ण होने पर राम का लौटना और राजा बनना आदि घटनाएँ दी गई हैं। इसके उपरांत मिंग वंश (1368–1644) के सर्व प्रमुख उपन्यासकार ऊचेंग-एन ने दि मंकी हषि ऊची की रचना की, जिसका दिव्य वानर सुन-ऊ-सुंग चीनी जनता में बहुत ही लोकप्रिय हुआ। कुछ विद्वानों का मत है कि सुन-ऊ-सुंग हनुमान हैं और उनके प्रभाव में ही यह रचना हुई है। इसके उपरांत चीन के ताई क्षेत्रों में लंकाश वर्णनात्मक काव्य रचना हुई, जो दूर-दूर तक प्रचारित हुई। इसे धार्मिक सभाओं में मठाधीश धार्मिक ग्रंथों की तरह पढ़ाते थे तथा लोकगायक इसे गा-गाकर लोगों को सुनाते थे। लोगों में लंकाश के नाम से दो पांडुलिपियाँ—'दि ग्रेट लंका' तथा 'दि स्माल लंका' प्रसिद्ध है, यद्यपि एक दो घटनाओं के परिवर्तन के बावजूद दूसरी पांडुलिपियाँ पहली का सारांश ही है। इसका मुख्य कथानक रामायण पर आधारित है, पर उसका पूर्णतः अनुवाद भी नहीं है, वह उसका पुनः सृजन है।

खोतान अर्थात् पूर्वी तुर्किस्तान (वर्तमान चीन का मुसलिम बहुल झिंजियांग

प्रांत) में भी रामकथा प्रचलित थी। श्री एच.डब्ल्यू. बेली ने सात सौ से अधिक पदों की रामायण खोज निकाली है, जो नौवीं शताब्दी की है। इस रामकथा में वशिष्ठ-विश्वामित्र के संघर्ष को परशुराम का राम के पिता सहस्त्रबाहु के साथ संघर्ष के रूप में प्रस्तुत किया गया है। राम दशरथ के पौत्र और सहस्त्रबाहु के पुत्र बताए गए हैं। राम क्षत्रीय हत्ता परशुराम का वध करते हैं। सीता रावण की परित्यक्ता कन्या है तथा राम-लक्ष्मण दोनों की पत्नी बताई गई है। खोतान में संपत्ति की रक्षा के लिए सभी भाइयों का विवाह एक ही स्त्री से किया जाता रहा है, जिसके कारण इसका आरोपण रामकथा पर हो गया है। रावण का मर्मस्थल अँगूठा बताया गया है तथा उसका वध नहीं होता। वह बौद्ध हो जाता है तथा सीता लोकापवाद के कारण पाताल-प्रवेश करती हैं।

□

प्रसंग-8

भारत में रामकथा

: इक्कीस :

रामकथा का मूल स्रोत वाल्मीकि रामायण है, जिसे आदि लौकिक काव्य माना जाता है। वैसे बौद्ध त्रिपिटक और महाभारत के द्रोण तथा शांति पर्व में जो संक्षिप्त राम कथाएँ मिलती हैं, उनके आधार पर यह अनुमान लगाया जाता है कि जिस दिन वाल्मीकि ने एक कथा-सूत्र में बाँधकर आदि रामायण की रचना की, उसी दिन से रामकथा की दिग्विजय प्रारंभ हो गई थी। धीरे-धीरे बौद्धों ने रामकथा को अपने जातक-साहित्य में स्थान दिया, लेकिन कालांतर में बौद्ध साहित्य में रामकथा की लोकप्रियता घट गई। साहित्य में भी रामकथा की व्यापकता देखने को मिलती है। संस्कृत भाषा में रचित वाल्मीकि कृत 'आदि रामायण' के अतिरिक्त अध्यात्म रामायण, अद्भुत रामायण, आनंद रामायण व तत्त्व संग्रह रामायण उल्लेखनीय हैं। संस्कृत ललित साहित्य के स्वर्ण काल में लगभग सभी कवियों ने रामकथा को लेकर साहित्य सृजन किया, जिनमें कालिदास कृत 'रघुवंशम्' का नाम प्रमुखता के साथ लिया जा सकता है। अन्य ग्रंथों में भट्टिकाव्य, महावीर चरित, उत्तर रामचरित, जानकी हरण, बाल रामायण व महानाटक आदि हैं। श्रीमद्भगवद् गीता के अनुकरण पर श्रीराम गीता ग्रंथ का प्रकाशन 1902 ई. में मद्रास से किया गया, जिसमें भगवद् गीता के ही समान 18 अध्याय हैं।

तमिल भाषा में रामकथा संबंधी सबसे प्राचीन काव्य ग्रंथ कंबन कृत रामायण है, जिसकी रचना बारहवीं शताब्दी में की गई थी। एस. वैपपुरी अपनी पुस्तक—दि हिस्टरी ऑफ तमिल लैंग्विज ऐंड लिटरेयर' में बताते हैं कि सातवीं शताब्दी में वाल्मीकि रामायण का तमिल में पद्यानुवाद हुआ था, लेकिन यह अनुवाद अप्राप्य है। कहा जाता है कि कवि कंबन से पहले ओट्टक्कूतन तमिल भाषा में रामायण लिख रहे थे, लेकिन कंबन की रचना सुनकर वे उसे नष्ट करने लगे। यह सुनकर कंबन उनके पास गए, लेकिन वे उत्तराखंड ही बचा पाए।

इसलिए कहा जाता है कि तमिल रामायण का उत्तर कांड कंबन कृत नहीं है, इसकी रचना ओट्टक्कूतन ने की है।

रामकथा तेलुगू साहित्य में विशेष आकर्षण की विषयवस्तु रही है। आज तक तेलुगू में रामकथा से संबंधित लगभग 400 रचनाएँ मिलती हैं। इनका रचना काल 13वीं शताब्दी से प्रारंभ होता है और आज तक रामकथा से संबंधित बराबर कोई-न-कोई रचना का क्रम जारी है। तेलुगू में प्रचलित विभिन्न विधाओं-संक्षेप काव्य, काव्य प्रबंध, कल्याण काव्य, मौलिक काव्य, द्विपद काव्य, श्लेष काव्य, लघु काव्य, दंडक, यक्षगान, बचन काव्य, गीति काव्य, स्वतंत्र नाटक और अनुवाद आदि में रामकथा तेलुगू साहित्य में रची गई है। तेलुगू के प्रबंध काव्यों में अधिकतर मूल संस्कृत रामायण के सरल अनुवाद मात्र हैं। केवल रंगनाथ रामायण (13वीं शताब्दी) भास्कर रामायण (14वीं शताब्दी) और मोल्ल रामायण (1600 ई. में एक कुम्हारिन द्वारा रचित) आदि ऐसी रचनाएँ हैं, जिन्हें मौलिक कहा जा सकता है। वैसे इन सबका स्रोत वाल्मीकि रामायण ही है। इन रचनाओं ने तेलुगू भाषा-भाषी समाज को वैसे ही प्रभावित किया था, जैसे उत्तर भारत में तुलसीदास कृत रामचरितमानस ने। 18वीं-19वीं शताब्दी में भी तेलुगू भाषा में रामकथा पर कई ग्रंथ लिखे गए। 17वीं शताब्दी में तेलुगू में गद्य का आविर्भाव हुआ। अतः इस कालखंड में अनेक रामकथाएँ गद्य में भी लिखी गईं।

मलयालम साहित्य में भी राम-कथा के दर्शन होते हैं, लेकिन इनमें मौलिकता का अभाव है। यहाँ अधिकतर काव्य अनुवाद के रूप में हैं। 14वीं शताब्दी में कवि राम द्वारा लिखा गया 'रामचरितम्' (इराम चरित) यहाँ का प्राचीनतम ग्रंथ है। आर्य विल्लै आशन् का रामकथप्पाट्टु भी उसी समय का माना जाता है। इसके अतिरिक्त कष्णश्श रामायण (15वीं शताब्दी), केरल बर्मा रामायण और अध्यात्म रामायण (1575 ई. और 1650 ई. के मध्य एजुत्तच्छन द्वारा) आदि यहाँ के मुख्य रामकथा ग्रंथ हैं। इनमें अध्यात्मिक रामायण जो संस्कृत के अध्यात्म रामायण का अनुवाद है, मलयालियों में सर्वाधिक लोकप्रिय है। 20वीं शताब्दी में मलयालम भाषा में रामचरितमानस का अनुवाद हुआ। 1935 ई. के आस-पास श्री कांबुगल नीलकंठ पिलै ने मलयालम भाषा में मानस का संपूर्ण गद्यानुवाद प्रस्तुत किया। श्री रामन पिलै और आशान ने भी रामचरितमानस का मलयालम अनुवाद प्रस्तुत किया, जो 'तुलसी रामायण किल्पितुत' के नाम से प्रसिद्ध है। यह प्रमुख ग्रंथ 1928 ई. में तिरुअनंतपुरम् के श्री तुलसी ग्रंथालय से प्रकाशित किया

गया। इसमें अनुवादक ने किलिप्याततु (शुक गीत) शैली का प्रयोग किया है।

ग्यारहवीं शताब्दी से कन्नड़ भाषा में एक विस्तृत जैन रामकथा साहित्य की सृष्टि होने लगी थी। 16वीं शताब्दी में तोटवे निवासी नरहरि ने जो रामायण लिखी, वह 'तौटवे रामायण' के नाम से प्रसिद्ध है। इसके अतिरिक्त 16वीं शताब्दी का 'जेमिनी भारत' कर्नाटक का सर्वाधिक लोकप्रिय ग्रंथ रहा। हालाँकि असमिया में राम की अपेक्षा कृष्ण को अधिक महत्त्व दिया गया है, फिर भी वहाँ के कवि राम की उपेक्षा नहीं कर सके। वहाँ 14वीं शताब्दी में रामकथा पर लिखित ग्रंथ लवकुशहर युद्ध (हरिवर विप्रकृत) और माधव कंदली कृत रामायण, 16वीं शताब्दी में दुर्गावर कृत गीति रामायण और अनंत कदली कृत जीवस्तुत रामायण महीरावण वध, पातालखंड रामायण, सीतार पाताल प्रवेश नाटक आदि प्रसिद्ध है। इसके अतिरिक्त 19वीं शताब्दी में लिखित 'अद्‌भुत रामायण' भी असम में काफी लोकप्रिय है।

बंगाली साहित्य में कृत्तिवास ओझा द्वारा रचित 'कृत्तिवास रामायण' (15वीं शताब्दी) अधिक प्रसिद्ध है। संस्कृत में लिखी गई 'अद्‌भुत रामायण' के 16वीं और 17वीं शताब्दी में बंगाली में किए गए अनुवाद-आश्चर्य रामायण (बडुनित्यानंद द्वारा अनूदित) तथा अद्‌भुत रामायण (रामेश्वर दत्त द्वारा अनूदित) भी प्रचलित है। इसी प्रकार यहाँ 18वीं तथा 19वीं शताब्दी में भी अद्‌भुत रामायण पर आधारित रामकथा ग्रंथ लिखे गए। 20वीं शताब्दी में राजेश्वर वसु ने वाल्मीकि रामायण को गद्य में लिखा।

उड़िया भाषा में सर्वाधिक प्राचीन रामकथा कार के रूप में सिद्धेश्वर परीडा (15वीं शताब्दी) का उल्लेख किया जाता है, लेकिन उनकी लिखित रामायण अप्राप्य है। हालाँकि उनके द्वारा लिखी गई दो अन्य रचनाएँ महाभारत और चंडी पुराण प्रकाशित हैं। उड़िया साहित्यकारों में बलरामदास का महत्त्वपूर्ण स्थान है। उन्होंने 16वीं शताब्दी में वाल्मीकि रामायण के आधार पर 'दंडी रामायण' की रचना की। इस शताब्दी में शंकरदास ने 'बारहमासी कोइलि' रचा, जिसमें बनवासी राम के प्रति कौशल्या का विरह-वर्णन बारह मासा शैली में किया गया है। 18वीं, 19वीं तथा 20वीं शताब्दी में प्रचुर मात्रा में राम साहित्य की रचना की गई। इनमें 19वीं शताब्दी में कृष्णचरण भट्ट कृत रामायण और भुवनेश्वर कवि चंद का 'सीतेरा विलास' आदि उल्लेखनीय हैं।

मराठी में लिखित सर्वाधिक प्राचीन रामकथा 'भावार्थ रामायण' है। इसकी

रचना 16वीं शताब्दी में कवि एकनाथ द्वारा की गई। इसका मुख्य आधार वाल्मीकि रामायण, अध्यात्म रामायण और आनंद रामायण है। इनके अतिरिक्त 16वीं शताब्दी में जननी जनार्दन, 17वीं शताब्दी में रामदास तथा 18वीं शताब्दी में श्रीधर कृत 'रामविजय' तथा 19वीं शताब्दी में अमृतराव ओक कृत 'रातमुख रामायण' भी काफी लोकप्रिय है।

गुजराती साहित्य में रामकथा की अपेक्षा कृष्ण कथा की अधिकता दृष्टिगोचर होती है। फिर भी एक अनुमान के अनुसार 1370 ई. से 1852 ई. तक के 372 कवियों में से 50 कवियों ने राम-कथा पर साहित्य सृजन किया। इनमें आशाएत कृत 'रामलीला बनपाडो' (14वीं शताब्दी), भालण कृत 'राम-विवाह' और 'राम-बाल चरित' (15वीं शताब्दी) आदि प्रमुख ग्रंथ हैं। गुजराती भाषा में 'योग वसिष्ठ' अध्यात्म रामायण तथा 'रामचरितमानस' का अनुवाद भी किया जा चुका है।

उर्दू भाषा में 16वीं शताब्दी के उत्तरार्ध में चार रामायण ग्रंथों की रचना की गई। इसमें मुंसी 'जगन्नाथ खुश्तर' और मुंसी शंकरदयाल 'फर्हत' द्वारा लिखित 'रामायण मंजूम' प्रसिद्ध है। यद्यपि ये रचनाएँ रामचरितमानस और वाल्मीकि रामायण पर आधारित हैं, फिर भी विद्वानों ने इसे स्वतंत्र काव्य माना है। इसके अतिरिक्त हैदराबाद के अबुल कलाम मुहम्मद बदरूद्दीन (बदर) ने रामायण के कई खंडों का उर्दू में सुंदर अनुवाद किया है। सागर निजामी, स्व. सलाम तथा प्रसिद्ध कवि इकबाल ने भगवान् राम के सम्मान में कई कतिवाएँ लिखी हैं।

ईसा की 8वीं शताब्दी तक संस्कृत के ग्रंथों की लोकप्रियता अरब और ईरान तक पहुँच चुकी थी तथा इनसे प्रभावित होकर वहाँ इनका अनुवाद भी किया जाने लगा था। सम्राट् अकबर के आदेशानुसार सन् 1584-1589 के बीच अलबदायूँनी ने वाल्मीकि रामायण का फारसी में अनुवाद किया। अकबर के ही काल-खंड में महाभारत, अथर्ववेद, पुराण व गीता का भी फारसी में अनुवाद किया गया। जहाँगीर और शाहजहाँ के शासन-काल में भी यह क्रम जारी रहा। वैसे फारसी भाषा में रामकथा प्रस्तुत करने का प्रथम प्रयास कश्मीर के सुल्तान जैनुल आबदीन ने किया था, लेकिन इस अनुवाद की प्रति प्राप्त नहीं है। सन् 1693 ई. में कवि बेदिल ने फारसी रामायण 'नरगिस्तान' की रचना की, जिसका प्रकाशन 1875 ई. में किया गया। कश्मीरी भाषा में रामकथा वहाँ के लोक गीतों के माध्यम से अधिक फैली है। इस भाषा में प्रकाश रामायण (प्रकाश राम

द्वारा रचित), शंकर रामायण (शंकर कौल कृत) आदि ग्रंथों की रचना की गई है। इनके अतिरिक्त सिंहली भाषा में भी रामकथा का वर्णन मिलता है, जिसकी विशेषता है कि इसमें राम अकेले ही बनवास करते हैं तथा उनकी अनुपस्थिति में सीता का हरण होता है।

सिक्खों के अंतिम गुरु गुरुगोविंद सिंह ने पंजाबी में रामायण की रचना की थी, इधर इसका अंग्रेजी में भी अनुवाद प्रकाशित किया गया है।

□

प्रसंग-9

रामजन्मभूमि मुक्ति संघर्ष

: बाईस :

जब बाबर दिल्ली की गद्दी पर आसीन हुआ, उस समय रामजन्मभूमि सिद्ध महात्मा श्यामानंदजी महाराज के अधिकार क्षेत्र में थी। महात्मा श्यामानंद की ख्याति सुनकर ख्वाजा कजल अब्बास मूसा आशिकान अयोध्या आए। महात्माजी के शिष्य बनकर ख्वाजा कजल अब्बास मूसा ने योग और सिद्धियाँ प्राप्त कर लीं और उनका नाम भी श्यामानंद के ख्याति प्राप्त शिष्यों में लिया जाने लगा। यह सुनकर जलाल शाह नाम का एक फकीर भी महात्मा श्यामानंद के पास आया और शिष्य बनकर सिद्धियाँ प्राप्त करने लगा। जलाल शाह एक कट्टर मुसलमान था और उसको एक ही सनक थी, हर जगह इसलाम का आधिपत्य कायम करना। अतः जलालशाह ने अपने काफिर गुरु की पीठ में छुरा घोंपकर ख्वाजा कजल अब्बास मूसा के साथ मिलकर विचार किया कि इस मंदिर को तोड़कर यदि मसजिद बनवा दी जाए तो इसलाम का परचम हिंदुस्तान में स्थायी हो जाएगा। धीरे-धीरे जलाल शाह और कजल अब्बास मूसा इस साजिश को अंजाम देने में जुट गए।

सर्वप्रथम जलालशाह और ख्वाजा बाबर के विश्वास पात्र बने और दोनों ने अयोध्या को खुर्द मक्का बनाने के लिए जन्मभूमि के आस-पास की भूमि पर बलपूर्वक मृत मुसलमानों को दफनाना शुरू किया और मीर बाकी खाँ के माध्यम से बाबर को उकसाकर मंदिर के विध्वंस का कार्यक्रम बनाया। बाबा श्यामानंदजी अपने मुसलिम शिष्यों की करतूत देखकर बहुत दुःखी हुए और अपने निर्णय पर उन्हें बहुत पछतावा हुआ। दुःखी मन से श्यामानंदजी ने रामलला की मूर्तियाँ सरयू में प्रवाहित कीं और स्वयं हिमालय तपस्या करने चले गए। मंदिर के पुजारियों ने मंदिर के अन्य सामान हटा लिये और वे स्वयं मंदिर के द्वार पर रामलला की रक्षा के लिए खड़े हो गए। जलाल शाह की आज्ञा से उन चारों पुजारियों के सिर काट लिये गए।

जिस समय मंदिर को गिराकर मसजिद बनाने की घोषणा हुई, उस समय भीटी

के राजा महताब सिंह बदरीनाथ की यात्रा करने के लिए निकले थे। अयोध्या पहुँचने पर रास्ते में उन्हें यह समाचार मिला तो उन्होंने यात्रा को स्थगित करके अपनी छोटी सेना में रामभक्तों को शामिल कर एक लाख चौहत्तर हजार लोगों के साथ बाबर की सेना के चार लाख पच्चास हजार सैनिकों से लोहा लेने के लिए निकल पड़े। रामभक्तों ने सौगंध ले रखी थी कि रक्त की आखिरी बूँद तक लड़ेंगे। जब तक प्राण है, मंदिर नहीं गिरने देंगे। रामभक्त वीरता के साथ लड़े। 70 दिनों तक घोर संग्राम होता रहा और अंत में राजा महताब सिंह समेत 1 लाख 74 हजार रामभक्त मारे गए। श्रीराम जन्मभूमि रामभक्तों के रक्त से लाल हो गई। इस भीषण कत्लेआम के बाद मीर बाकी ने तोप लगवाकर मंदिर गिरवा दिया। मंदिर के मलवे से ही मसजिद का निर्माण कराया गया। पानी के स्थान पर मरे हुए बलिदानी हिंदुओं के रक्त का प्रयोग किया गया नींव में लखोरी ईंटों के साथ।

इतिहासकार कनिंघम अपने लखनऊ गजेटियर के 66वें अंक के पृष्ठ-3 पर लिखता है कि—एक लाख चौहत्तर हजार हिंदुओं की लाशें गिर जाने के बाद मीर बाकी अपने मंदिर ध्वस्त करने के अभियान में सफल हुआ और उसके बाद जन्मभूमि के चारों ओर तोप लगवाकर मंदिर को ध्वस्त कर दिया। इसी प्रकार हेमिल्टन नामक अंग्रेज बाराबंकी गजेटियर में लिखता है कि—जलाल शाह ने हिंदुओं के खून का गारा बनाकर लखोरी ईंटों की नींव मसजिद बनवाने के लिए दी गई थी। उस समय अयोध्या से छह किलोमीटर की दूरी पर सनेथू नाम के एक गाँव के पंडित देवीदीन पांडेय ने वहाँ के आस-पास के गाँवों सराय, सिसिंडा, राजेपुर आदि के सूर्यवंशी क्षत्रियों को एकत्र किया। देवीदीन पांडेय ने इन क्षत्रियों से कहा, 'भाइयों आप लोग मुझे अपना राजपुरोहित मानते हैं, आपके पूर्वज श्रीराम थे और हमारे पूर्वज भरद्वाजजी। आज मर्यादा पुरुषोत्तम श्रीराम की जन्मभूमि को मुसलमान आक्रांता कब्रों से पाट रहे हैं और खोद रहे हैं। इस परिस्थिति में हमारा मूकदर्शक बनकर जीवित रहने की बजाय जन्मभूमि के रक्षार्थ युद्ध करते-करते वीरगति पाना अधिक उत्तम होगा।'

देवीदीन पांडेय की आज्ञा से दो दिन के भीतर 90 हजार क्षत्रिय एकत्र हो गए। दूर-दूर के गाँवों से समूहों में एकत्र होकर देवीदीन पांडेय के नेतृत्व में जन्मभूमि पर जबरदस्त धावा बोल दिया गया। शाही सेना से लगातार 5 दिनों तक युद्ध हुआ। छठें दिन मीर बांकी का सामना देवीदीन पांडेय से हुआ, उसी समय धोखे से उसके अंगरक्षकों ने एक लखोरी ईंट से पांडेयजी की खोपड़ी पर वार कर दिया। देवीदीन

पांडेय का सिर बुरी तरह से फट गया, मगर उस वीर ने अपनी पगड़ी से खोपड़ी को बाँधा और तलवार से उस कायर अंगरक्षक का सिर काट दिया। इसी बीच मीर बाकी ने छिपकर गोली चलाई, जो पहले से ही घायल पांडेयजी को लगी और वे जन्मभूमि के रक्षार्थ वीरगति को प्राप्त कर गए। जन्मभूमि फिर से 90 हजार हिंदुओं के रक्त से लाल हो गई। देवीदीन पांडेय के वंशज सनेथू ग्राम के ईश्वरी पांडेय का पुरवा नामक स्थान आज भी मौजूद है। पांडेयजी की मृत्यु के 15 दिन बाद हंसवर के महाराज रणविजय सिंह ने सिर्फ 25 हजार सैनिकों के साथ मीर बाकी की विशाल सेना और शस्त्रों से सुसज्जित सेना से रामलला को मुक्त कराने के लिए आक्रमण किया। 10 दिनों तक युद्ध चलता रहा और महाराज जन्मभूमि के रक्षार्थ वीरगति को प्राप्त हुए। जन्मभूमि में 25 हजार हिंदुओं का रक्त फिर बहा।

रानी जयराज कुँवरी हंसवर के स्वर्गीय महाराज रणविजय सिंह की पत्नी थी। जन्मभूमि में महाराज के वीरगति प्राप्त करने के पश्चात् महारानी ने उनके कार्य को आगे बढ़ाने का बीड़ा उठाया और तीन हजार नारियों की सेना लेकर उन्होंने जन्मभूमि पर हमला बोल दिया और हुमायूँ के समय तक उन्होंने छापा मार युद्ध जारी रखा। रानी के गुरु स्वामी महेश्वरानंदजी ने संन्यासियों की सेना बनाई और रानी जयराज कुँवरी के साथ हुमायूँ के समय में कुल 10 हमले जन्मभूमि के उद्धार के लिए किए। 10वें हमले में शाही सेना को काफी नुकसान हुआ और जन्मभूमि पर जयराज कुँवरी का अधिकार हो गया। लेकिन लगभग एक महीने बाद हुमायूँ ने आक्रमण करके इसे पुनः अपने अधिकार में कर लिया। इस युद्ध में स्वामी महेश्वरानंद और रानी जयराज कुँवरी अपने बचे हुए सैनिकों के साथ लड़ते हुए वीरगति को प्राप्त हुए और जन्मभूमि पर पुनः मुगलों का अधिकार हो गया। राम जन्मभूमि पुनः 24 हजार सन्यासियों और तीन हजार वीर नारियों के रक्त से लाल हो गई।

रानी जयराज कुँवरी और महेश्वरानंद के बाद युद्ध का नेतृत्व स्वामी बलरामचारी ने अपने हाथ में लिया। उन्होंने गाँव-गाँव घूमकर रामभक्त हिंदू युवकों एवं संन्यासियों की एक मजबूत सेना तैयार करने का प्रयास किया और जन्मभूमि के उद्धार के लिए 20 बार आक्रमण किया। इन हमलों में 15 बार स्वामी बलरामचारी ने जन्मभूमि पर अपना अधिकार कर लिया, लेकिन ये अधिकार अल्पकाल के लिए ही रहता था। कुछ दिनों बाद बड़ी शाही फौज आती थी और जन्मभूमि पुनः मुगलों के अधिकार में हो जाती थी। जन्मभूमि में लाखों हिंदू बलिदान होते रहे। उस समय

का मुगल बादशाह अकबर था। शाही सेना रोज-रोज के इन युद्धों से कमजोर हो रही थी। अत: अकबर ने बीरबल और टोडरमल के कहने पर रवस की टाट से उस चबूतरे पर 3 फीट का एक छोटा सा मंदिर बनवा दिया। लगातार युद्ध करते रहने के कारण स्वामी बलरामचारी का स्वास्थ्य गिरता चला गया और प्रयाग कुंभ के अवसर पर त्रिवेणी तट पर स्वामी बलरामचारी की मृत्यु हो गई।

इस प्रकार बार-बार के हमलों और हिंदू जनमानस के रोष, हिंदुस्तान पर मुगलों की ढीली होती पकड़ से बचने का एक राजनीतिक प्रयास अकबर की इस कूटनीति से कुछ दिनों के लिए जन्मभूमि में रक्त नहीं बहा। यही क्रम शाहजहाँ के समय भी चलता रहा। फिर औरंगजेब के हाथ में जब सत्ता आई तो उस कट्टर मुसलमान ने समस्त भारत के काफिरों के सफाए का लक्ष्य रखा। उसने लगभग 10 बार अयोध्या में मंदिरों को तोड़ने का अभियान चलाया तथा यहाँ के सभी प्रमुख मंदिरों और मूर्तियों को तुड़वा दिया।

औरंगजेब के समय समर्थ गुरु रामदास के शिष्य श्री वैष्णव दास ने जन्मभूमि के उद्धार हेतु 30 बार आक्रमण किए। इन आक्रमणों से अयोध्या के आस-पास के गाँवों के सूर्यवंशी क्षत्रियों ने पूरा सहयोग किया, जिनसे सराय के ठाकुर सरदार गजराज सिंह और राजेपुर के कुँवर गोपाल सिंह तथा सिसिंडा के ठाकुर जगदंबा सिंह प्रमुख थे। ये सारे वीर यह जानते हुए भी कि उनकी सेना और हथियार बादशाही सेना के सामने कुछ भी नहीं है, अपने जीवन के अंतिम समय तक शाही सेना से लोहा लेते रहे। लंबे समय तक चले इन युद्धों में रामलला को मुक्त कराने के लिए हजारों हिंदू वीरों ने अपना बलिदान दिया। अयोध्या की धरती पर उनका रक्त बहता रहा। ठाकुर गजराज सिंह और उनके साथी क्षत्रिय वीरों के वंशज आज भी सराय में मौजूद हैं। आज भी फैजाबाद जिले के सूर्यवंशी क्षत्रिय सिर पर पगड़ी नहीं बाँधते, जूता नहीं पहनते, छाता नहीं लगाते। उन्होंने अपने पूर्वजों के सामने प्रतिज्ञा ली थी कि जब तक श्रीरामजन्मभूमि का उद्धार नहीं कर लेंगे, तब तक जूता व पगड़ी नहीं पहनेंगे, छाता नहीं लगाएँगे। 1640 ई. में औरंगजेब ने मंदिरों को ध्वस्त करने के लिए जाँबाज खाँ के नेतृत्व में एक शक्तिशाली सेना भेजी थी। बाबा वैष्णव दास के साथ साधुओं की एक सेना थी, जो हर विद्या में निपुण थी, इसे चिमटाधारी साधुओं की सेना भी कहते थे। जब जन्मभूमि पर जाँबाज ने आक्रमण किया तो हिंदुओं के साथ चिमटाधारी साधुओं की सेना ने मिलकर उर्वसी कुंड नामक स्थान पर जाँबाज खाँ की सेना के साथ सात दिनों तक भीषण युद्ध किया। चिमटाधारी साधुओं की

सेना की मार से जाँबाज खाँ की सेना भाग खड़ी हुई। इस प्रकार चबूतरे पर स्थित मंदिर की रक्षा की गई। जाँबाज खाँ की पराजित सेना को देखकर औरंगजेब बहुत क्रोधित हुआ, उसने जाँबाज को हटाकर एक अन्य सिपहसालार सैयद हसन अली को 50 हजार सैनियों की सेना और तोपखाने के साथ अयोध्या भेजा और साथ में यह आदेश दिया कि अबकी बार जन्मभूमि को बरबाद करके वापस आना है। यह समय 1680 का था, बाबा वैष्णव दास ने सिक्खों के गुरु गोविंद सिंह से इस युद्ध में सहयोग हेतु पत्र लिखा। पत्र पाकर गुरु गोविंद सिंह सेना सहित अयोध्या आ गए और ब्रह्मकुंड पर अपना डेरा डाला। ब्रह्मकुंड वही स्थान है, जहाँ आज कल गुरु गोविंद सिंह की स्मृति में सिखों द्वारा गुरुद्वारे का निर्माण कराया गया है। बाबा वैष्णव दास और सिखों के गुरु गोविंद सिंह रामलला की रक्षा हेतु एक साथ रणभूमि में कूद पड़े। इन वीरों के सुनियोजित हमलों से मुगलों की सेना के पैर उखड़ गए। सैयद हसन अली भी इस युद्ध में मारा गया। औरंगजेब हिंदुओं की इस प्रतिक्रिया से स्तब्ध रह गया और इस युद्ध के बाद 4 वर्ष तक उसने अयोध्या पर आक्रमण करने की हिम्मत नहीं की। औरंगजेब ने 1664 में एक बार पुनः श्रीरामजन्मभूमि पर आक्रमण किया। इस भीषण हमले में शाही फौज ने लगभग 10 हजार से अधिक हिंदुओं की हत्या कर दी। नागरिकों तक को नहीं छोड़ा गया। जन्मभूमि हिंदुओं के रक्त से लाल हो गई। जन्मभूमि के अंदर नव कोण के एक कंदर्प कूप नाम का कुआँ था, सभी मारे गए हिंदुओं की लाशें मुगलों ने उसमें फेंककर चारों ओर चहारदीवारी लगाकर उसे घेर दिया। आज भी कंदर्प कूप 'गजशहीदा' के नाम से प्रसिद्ध है और जन्मभूमि के पूर्वी द्वार पर स्थित है। शाही सेना ने जन्मभूमि का चबूतरा खोद डाला। बहुत दिनों तक चबूतरा उस गड्ढे के रूप में वहाँ स्थित था। औरंगजेब के क्रूर अत्याचार की मारी हिंदू जनता अब उस गड्ढे पर ही श्रीराम नवमी के दिन भक्तिभाव से अक्षत, पुष्प और जल चढ़ाती रही। नवाब सहादत अली के समय 1763 ई. में जन्मभूमि के रक्षार्थ अमेठी के राजा गुरुदत्त सिंह और पिपरपुर के राजकुमार सिंह के नेतृत्व में बाबरी ढाँचे पर पुनः पाँच आक्रमण किए गए, जिसमें हर बार हिंदुओं की लाशें अयोध्या में गिरती रहीं।

लखनऊ गजेटियर में कर्नल हंट लिखता है—लगातार हिंदुओं के हमलों से ऊबकर नबाब ने हिंदुओं और मुसलमानों को एक साथ नमाज पढ़ने और भजन करने की इजाजत दे दी, पर सच्चा मुसलमान होने के कारण उसने काफिरों को जमीन नहीं सौंपी। लखनऊ गजेटियर (पृ. 62) नसिरुद्दीन अहमद हैदर के समय

में मकरही के राजा के नेतृत्व में जन्मभूमि को पुनः अपने रूप में लाने के लिए हिंदुओं के तीन आक्रमण हुए, जिसमें बड़ी संख्या में हिंदू मारे गए, परंतु तीसरे आक्रमण में डटकर नबाबी सेना का सामना हुआ। 8वें दिन हिंदुओं की शक्ति क्षीण होने लगी, जन्मभूमि के मैदान में हिंदुओं और मुसलमान सैनिकों के लाशों के ढेर लग गए। इस संग्राम में भीती, हंसवर, मकरही, दीयरा, अमेठी के राजा गुरुदत्त सिंह आदि सम्मिलित थे। हारती हुई हिंदू सेना के साथ चिमटाधारी साधुओं की सेना भी आ मिली, इस युद्ध में शाही सेना के चिथड़े उड़ गए और उसे रौंदते हुए हिंदुओं ने जन्मभूमि पर कब्जा कर लिया। मगर हर बार की तरह इस बार भी कुछ दिनों के बाद विशाल शाही सेना ने पुनः इस पर अपना अधिकार कर लिया और हजारों हिंदुओं को मार डाला। जन्मभूमि में हिंदुओं का रक्त प्रवाहित होने लगा। नबाब वाजिद अली शाह के समय में पुनः हिंदुओं ने जन्मभूमि के उद्धार के लिए आक्रमण किया। फैजाबाद गजेटियर में कनिंघम ने लिखा है—इस संग्राम में बहुत ही भयंकर खून-खराबा हुआ। दो दिन और रात होनेवाले इस भयंकर युद्ध में सैकड़ों हिंदुओं के मारे जाने के बावजूद हिंदुओं ने राम जन्मभूमि पर कब्जा कर लिया। क्रुद्ध हिंदुओं की भीड़ ने कब्रें तोड़-फोड़कर बरबाद कर दीं और पूरी ताकत के साथ अयोध्या से मुसलमानों को मार-मारकर बाहर खदेड़ने लगे, परंतु हिंदू भीड़ ने मुसलमान स्त्रियों और बच्चों को कोई नुकसान नहीं पहुँचाया। अयोध्या में प्रलय मचा हुआ था। कनिंघम लिखता है—यह अयोध्या का सबसे बड़ा हिंदू-मुसलिम बलबा था। हिंदुओं ने अपना सपना पूरा किया और औरंगजेब द्वारा ध्वस्त किए गए चबूतरे को पुनः बनवाया। चबूतरे पर तीन फीट ऊँची खस की टाट से एक छोटा सा मंदिर बनवा लिया, जिसमें पुनः रामलला की स्थापना की गई। कुछ जेहादी मुल्लाओं को यह बात स्वीकार नहीं हुई और कालांतर में जन्मभूमि फिर हिंदुओं के हाथ से निकल गई। 1857 की क्रांति में बहादुर शाह जफर के समय में बाबा रामचरण दास ने एक मौलवी आमिर अली के साथ जन्मभूमि के उद्धार का प्रयास किया, पर 18 मार्च, सन् 1858 को कुंबेर टीला स्थित एक इमली के पेड़ में दोनों को एक साथ अंग्रेजों ने फाँसी पर लटका दिया। जब अंग्रेजों ने यह देखा कि यह पेड़ भी देशभक्तों और रामभक्तों के लिए एक स्मारक के रूप में विकसित हो रहा है, तब उन्होंने इस पेड़ को कटवाकर इस आखिरी निशानी को भी मिटा दिया।

इस प्रकार अंग्रेजों की कुटिल नीति के कारण रामजन्मभूमि के उद्धार का प्रयास भी विफल हो गया। अंतिम बलिदान 30 अक्तूबर, 1990 को हजारों रामभक्तों

ने वोट बैंक के लालची मुलायम सिंह यादव की खड़ी की गई अनेक बाधाओं को पार करके अयोध्या में प्रवेश किया और विवादित ढाँचे के ऊपर भगवा फहरा दिया। लेकिन 2 नवंबर, 1990 को मुख्य मंत्री मुलायम सिंह यादव ने कार सेवकों पर गोली चलाने का आदेश दिया, जिसमें सैकड़ों रामभक्तों ने अपने जीवन की आहुति दी। सरकार ने मृतकों की संख्या छिपाई, परंतु प्रत्यक्षदर्शियों के अनुसार सरयूतट रामभक्तों की लाशों से पट गया। 4 अप्रैल, 1991 को कारसवेकों के हत्यारे मुलायम सिंह यादव ने अपना इस्तीफा दिया। लाखों रामभक्त 6 दिसंबर को कारसेवा हेतु अयोध्या पहुँचे और रामजन्म स्थान पर बाबर के सेनापति मीर बाकी द्वारा बनाए गए अपमान के प्रतीक बाबरी ढाँचे को ध्वस्त कर दिया।

□

प्रसंग–10

भारत में इसलाम

: तेईस :

विश्व में इसलाम के प्रसार में युद्ध और हिंसा की महत्त्वपूर्ण भूमिका रही है। स्वयं मक्का में भीषण हिंसा, युद्ध, छल-कपट और अन्य उपायों के माध्यम से ही वहाँ शम्स, मनात, लात, उज्जा आदि देवी-देवताओं के उपासक पंथों को विनष्ट किया गया और एक पंथवादी मत का प्रसार संभव हो सका। तदुपरांत अरब जातियों ने जॉर्डन, सीरिया, इराक, तुर्की, स्पेन, मिस्र, फारस आदि को बर्बरतापूर्वक तलवार के बल पर ही जीता और इन स्थानों की सभ्यता व संस्कृति को नष्ट करके इसलाम को स्थापित किया। इन अभियानों में भावात्मक प्रेम व करुणा की लेशमात्र भी भूमिका नहीं थी। भारत में भी इसलाम का प्रसार तलवार के ही बल पर किया गया। यह कहना कि यादवों, चालुक्यों, चेरों, काकतेयों, राष्ट्रकूटों, चोलों, पल्लवों, तोमरों, चौहानों, पवारों, प्रतिहारों, पालों, सिखों, सोलंकियों, भरों, खरवारों, गोंड़ों व भीलों आदि के राज्यों में जो व्यवस्थाएँ थीं, वे इसलामी व्यवस्था से कम समतामूलक थी, पूर्णतः मिथ्या है। अन्य व्यवस्थाओं के प्रति असहिष्णुता व घृणा के कारण ही उन पर प्रहार करके इसलाम के प्रसार का प्रयास किया गया। दर्जनों बनवासी राज्यों को मुसलमान हमलावरों ने नष्ट किया, रौंदा और बरबाद किया। मध्यकालीन इसलामी विद्वानों ने विस्तार के साथ इन आक्रमणों, विजयों, शासन तंत्रों तथा अन्य जानकारियों का दंभयुक्त गर्व के साथ वर्णन किया है। सर्वाधिक उदार माने जानेवाले मुगल शासक अकबर तक ने गोंडवाना की शासिका रानी दुर्गावती पर भीषण प्रहार किया।

717-724 ई. में मुहम्मद बिन कासिम और खलीफा उमर द्वितीय के आक्रमणों के बाद सिंध में कुछ लोगों का बलात् धर्मांतरण करके उन्हें मुसलिम बनाया गया था, लेकिन 20 वर्षों के भीतर ही वे पुनः हिंदू बन गए। महमूद गजनबी के आक्रमण के पश्चात् मुल्तान में लोगों को बड़ी संख्या में मुसलमान बनने के

लिए बाध्य किया गया। 636 ई. में गुजरात के समुद्री तट पर भी इसलामी आक्रमण हुए थे। इस दौरान भड़ौच और काठियावाड़ के बंदरगाहों पर धावा बोला गया तथा समुद्र में भारतीय नाविकों पर भी हमले किए गए। व्यापार के क्रम में भी मुसलमान गुजरात में बसे। 916 ई. में अरब यात्री मसूदी के यात्रा विवरण के अनुसार उस समय चोल राज्य में सिराफ, ओमान, बगदाद व बसरा के मुसलमान आकर बस गए थे। मलाबार तट पर भी सातवीं सदी के अंत में मुसलमान बसने लगे थे। हिंदुओं ने इनका प्रेमपूर्ण स्वागत किया। मलाबार में तो हिंदुओं की इच्छा से अनेक मसजिदें बनने दी गईं।

सन् 1000 में महमूद गजनबी ने पेशावर से कन्नौज तक तथा दक्षिण में अन्हिलवाड़ा तक धावा बोला। इस अभियान के दौरान उसने लाखों लोगों को बलात् इसलाम स्वीकार करने के लिए बाध्य किया। कन्नौज, बनारस और बहराइच में कई मुसलिम कॉलोनियाँ बन गईं। 1015 ई. में महमूद गजनबी ने कश्मीर घाटी पर आक्रमण किया तथा वहाँ बड़े पैमाने पर मार-काट की व लोगों का बलात् धर्मांतरण करके उन्हें मुसलमान बनाया। तदुपरांत बुलंदशहर, किरात, नूर, लोह कोट तथा लाहौर को जीतकर ताकत के बल पर लोगों को मुसलमान बनाया गया। जकारिया अल ताजवीनी का कहना है कि—सोमनाथ का मंदिर तोड़ा ही इसलिए गया, जिससे हिंदू लोग इसलाम को शक्तिशाली मानकर मुसलमान बन जाएँ। महमूद गजनबी ने इस हेतु मसजिदों का भी निर्माण करवाया तथा मदरसे भी चलवाए।

तराइन की दूसरी लड़ाई के पश्चात् बाहरवीं सदी के अंत तक मुहम्मद गोरी ने अपना आधार सुदृढ़ कर लिया था। उसके अधीनस्थ कुतुबुद्दीन ऐबक व बख्तियार खिलजी आदि ने इसलामी साम्राज्य के विस्तार में मुख्य भूमिका का निर्वहन किया तथा लाखों हिंदुओं को मुसलमान बनाया। प्रारंभ में खिताई, कारा-खिताई, किपचकी, गरजी और इलवारी तुर्की कबीले बड़े पैमानें पर भारत में आकर बस गए। ये फौजी के रूप में ही आए थे। बाद में मुसलमानों की बादशाहत कायम होने पर मध्य एशिया, फारस, अफ्रीका आदि से मुसलिम समूह आए। भारत की उपजाऊ भूमि, यहाँ के लोगों का प्रेम-व्यवहार और साम्राज्यवादी प्रतिष्ठा से जुड़े होने का सुख उन्हें भारत खींच लाया। इसी के साथ अनेक मुसलिम विद्वान्, मशाइख, नमाजी और गवैए भी भारत आ बसे। व्यापारी और सौदागर भी बड़े पैमाने पर आए। ये सभी भारत में साम्राज्यवादी ताकत के बल पर ही बसे। तुर्की सुल्तानों के दरबार पूरी तरह से इसलामी थे। वहाँ हब्सियों, अरबों, अफगानों, मंगोलों, फारसियों तथा तुर्कों का

बोल-बाला था। मुसलिम इतिहास में इसका विशद वर्णन है।

1231 ई. में सुल्तान इल्तुतमिश ने ग्वालियर पर आक्रमण किया। उसके बाद अवध के त्रैलोक्य वर्मन को तथा चंदेल राजाओं को परास्त किया। हरियाणा पर भी हमला किया, इन अभियानों के दौरान लाखों की संख्या में औरतों और बच्चों को गुलाम तथा मुसलमान बनाया गया। कई शहरों में हुक्म दिया जाता कि आठ साल से ज्यादा उम्र के तमाम लड़कों तथा पुरुषों का संहार किया जाए। अलाउद्दीन खिलजी, फिरोज तुगलक आदि ने भारत में गुलामों के बड़े-बड़े बाजार खोल दिए। मुहम्मद-बिन तुगलक को मंदिरों की औरतों को बाँदियाँ-लौंडियाँ बनाने का नशा था। मुसलिम इतिहासकारों ने इसकी बड़ी तारीफ की है। इब्न बतूता ने विस्तार से इसका वर्णन किया है।

मुसलिम शासक काफिरों को मुसलमान बनाने के मिशन चलाते थे। अकसर मसजिदें, सराय और खानकाह वही बनाए जाते थे, जहाँ पास हिंदू मंदिर हो। उन मंदिरों को तोड़कर ये इमारतें बनावाई जाती थीं, ताकि इसलाम की श्रेष्ठता सिद्ध हो। इब्न बतूता ने सगौरव यह भी लिखा है कि सोने के गहने तथा अन्य आर्थिक प्रलोभन देकर हिंदुओं को मुसलमान बनाया जाता था। फिरोज तुगलक ने स्वयं लिखा है कि मैंने लोगों को मुसलमान बनाने के लिए गैर-मुसलमानों पर जिजिया कर लगाया और इसका अच्छा असर हुआ। इब्न बतूता बताता है कि अकसर बड़े पैमाने पर हिंदुओं को कुतुबुद्दीन मुबारक शाह के महल में लाया जाता, जहाँ उन्हें मुसलमान बनाया जाता। ऐसे ही एक अवसर पर आए हिंदुओं ने मुबारक शाह की हत्या कर दी।

सूफी मसाइरवों ने भी मजहब के प्रसार का पर्याप्त प्रयास किया। जहाँ तक दलितों के मुसलमान बनने की बात है, किसी तत्कालीन मुसलिम इतिहास ग्रंथ में इसका कोई वर्णन नहीं है। इसके विपरीत अल बिलदूरी ने 'फतह-उल-बुलदान' में एक राजा का उल्लेख किया है, 'राजा का बेटा बीमार था। राजा ने मंदिर में जाकर पूजा-पाठ किया। तब भी बेटा मर गया। राजा मुसलमानों के संपर्क में था। कई सूफी व मौलाना तथा मुसलिम व्यापारी उसके मित्र थे, जो बुतपरस्ती के विरुद्ध थे। पुत्र-शोक से भरे राजा ने मंदिर को नष्ट कर दिया और मुसलमान मित्रों को बुलाकर कलमा पढ़ा और मुसलमान बन गया।' एक अन्य उदाहरण सिंध के राजा डालूराय के छोटे भाई का है। उसने एक मुसलमान लड़की से मक्का में विवाह किया। इसके लिए वह मुसलमान बना।

यह अनुमान किया जा सकता है कि जजिया कर से बचने के लिए जो लोग मुसलमान बनते थे, वे अवश्य गरीब रहे होंगे। मुसलिम-हिंदू संघर्ष काल में 1400 ई. के पश्चात् मुसलिम जनसंख्या तेजी के साथ बढ़ी। कई शिल्पी जातियों को इसलाम स्वीकार करना पड़ा, हालाँकि इससे उनकी आर्थिक व सामाजिक परिस्थिति में कोई भी परिवर्तन नहीं हुआ। जियाउद्दीन बरनी ने 'फतवा-ए-जहाँदारी' में केवल विदेशी मूल के मुसलमानों को गुणवान कहा है तथा भारतीय मुसलमानों को दुर्गुणी। विशेषकर देशी जुलाहों के प्रति तो उनमें भयंकर तिरस्कार भाव है। मुसलिम सुल्तानों की इसलाम के प्रसार में महत्त्वपूर्ण भूमिका रही। यह सब पक्षपात, लोभ, नीतिगत अन्याय और जुल्म के द्वारा ही किया गया। मुसलिम सल्तनतों में अधिकांश महत्त्वपूर्ण राजकीय पद विदेशी मूल के आलिमों, उलमाओं तथा अन्य ऐसे भारतीयों को ही दिए गए। इन सबको प्राय: 'तुर्क' या तुरूक ही कहा जाता था, यद्यपि इन तुर्कों में टर्की, फारस, अरब, अफगान, मंगोल और अबीसीनाई मूल के लोग सम्मिलित थे।

पंद्रहवीं शताब्दी में बहमनी राज्य में बड़े पैमाने पर बलात् धर्मांतरण कराए गए। सैयदों और लोदियों ने बड़ी संख्या में अफगानों को अपनी सहायता के लिए बुलवाया। अपने शरणदाता कश्मीर के हिंदू शासक सिंह देव को धोखा देकर षड्यंत्रपूर्वक सूफी बाना धारण करके शाह मिर्जा 1346 ई. में कश्मीर का शासक बना। धर्मांतरित लोग उसके सहायक बने। सिकंदर बुतशिकन ने पंद्रहवीं शती के आरंभ में फारस, अरब और मोसापोटामिया से उलमाओं और आलिमों को बुलवाकर उन्हें धर्मांतरण का कार्य सौंपा। कश्मीर में मार्तंड, तृप्तेश्वर, चक्रमृत आदि प्रख्यात मंदिर इसकंदर ने तोड़े। हजारों कश्मीरी ब्राह्मणों ने आत्महत्या कर ली, ताकि इसलाम स्वीकार न करना पड़े। शेष भाग गए। जो फँस गए या डर गए, वे मुसलमान बन गए। इसकंदर के समय केवल 11 ब्राह्मण परिवार ही कश्मीर में बचे थे। कश्मीरी ब्राह्मणों का मुसलिम शासकों ने 500 वर्षों तक नृशंसता के साथ दमन किया। बचे-खुचे ब्राह्मण दुर्गम लद्दाख क्षेत्र में जा बसे। कई जम्मू क्षेत्र में आ बसे, लेकिन कश्मीर घाटी क्षेत्र में मुसलमानों का ही एकाधिपत्य रहा।

पंद्रहवीं शताब्दी में गुजरात में भी अहमदशाह द्वारा बलात, धर्मांतरण किया गया। प्राय: मुसलिम जमींदार किसानों व व्यापारियों से बीबियाँ, बेटियाँ तथा धन माँगते थे और न देने पर छीन लेते थे। लाखों हिंदू महिलाएँ इसी तरह मुसलमान बनीं। विदेशी मुसलमानों की अबीसीनिया से बुलवाकर पदवियाँ और जागीरें दी

गईं। बड़ी संख्या में विदेशी मूलवाले सैनिक भी यहाँ रखे गए। दक्षिण में भी यही सब हुआ। बहमन शाह, ताजुद्दीन फिरोज, अहमद अली व अलाउद्दीन आदि ने बलात् धर्म परिवर्तन किए। हिंदू स्त्रियों को लाकर हरम में रखा और विदेशी मूल के मुसलमानों को बसाया-बढ़ाया।

केवल अकबर के समय के हिंदुओं को कुछ राहत मिली। तब तक मुख्यतः विदेशी मूल के मुसलमानों तथा उनकी हिंदू स्त्रियों से उत्पन्न संतानों के कारण भारत में लगभग डेढ़ करोड़ मुसलमान बन चुके थे, जब कि 1600 ई. में भारत की कुल जनसंख्या 14 करोड़ थी। शाहजहाँ ने अकबर की उदार नीतियाँ त्याग दीं और हिंदुओं को बलपूर्वक मुसलमान बनाना प्रारंभ किया। अकबर ने लगान न दे पानेवाले किसानों के बीबी-बच्चों की बिक्री व उन्हें गुलाम बनाने की प्रथा पर रोक लगा दी थी। शाहजहाँ ने उसे पुनः प्रारंभ कर दिया। औरंगजेब ने तो 'कानून गो बशर्ते इसलाम' (इसलाम कबूलो तभी कानून गो बन सकते हो) जैसी नीतियाँ घोषित की। हिंदू कानून गो की जगह मुसलमान ही नियुक्त किए गए। पंजाब से बंगाल तक इसके कारण कई खाते-पीते हिंदू परिवरों ने इसलाम पंथ को अंगीकार किया। ऐसे अनेक धर्मांतरित कानून गो के उदाहरण इतिहास में उपलब्ध हैं। इसी के साथ अल्मोड़ा के राजा का पौत्र मुसलमान बनने पर ही इम्मियाज गढ़ का मुशरफ बनाया गया, नेकराम दिलावर और किन्हीं नामदेव आदि को फौजी ओहदे मिले। मनोहर पुर के जमींदार, पटौदी के जमींदार, देवगढ़ के जमींदार का भाई, जाट नेता राजाराम का बेटा फतह सिंह, कूच बिहार के राजा का पुत्र बिशन नारायण, पलामू का राजा आदि ने प्रलोभन व भय के कारण इसलाम कबूला। इसके बाद इनकी देखा-देखी अनेक नौकर-चाकर तथा अन्य गरीब-गुरबे भी मुसलमान बनने लगे, क्योंकि मुसलमानी राज में हिंदू होने का अर्थ था—दरिद्रता, दुःख, अपमान, यातना, कष्ट। गरीबी इतनी बढ़ी कि लोगों को चार आने से लेकर सात रुपए तक में मुसलमान बनाया जाने लगा। कुछ संपन्न लोग 2000 रुपए लेकर मुसलमान बने। बहनों-बेटियों की इज्जत खतरे में देखकर भी हजारों हिंदू मुसलमान बने, क्योंकि मुसलमान बन जाने पर फिर उन्हें मुसलमान गुंडों तथा अत्याचारियों से लूट-बलात्कार का भय नहीं रहता था। इन सबके साथ-साथ सूफियों की भी इसलाम के प्रसार में महत्त्वपूर्ण भूमिका रही। मुसलिम फकीरों को बहुत संरक्षण मिला। कई बादशाहों के यहाँ 40 से 50 हजार फकीरों को रोज भोजन दिया जाता था। इस प्रकार भारत में मुसलिम

आबादी का मुख्य प्रेरक आधार हिंदू-विरोधी इसलामी शासन ही रहा है। दर्जियों और कस्साबों (कसाइयों) जैसे कुछ पेशों में लोग लालच के कारण मुसलमान बने। जाति प्रथा के अन्याय से पीड़ित होकर मुसलमान बननेवाले हिंदू नगण्य हैं। इसलाम, ईसाइयत, मार्क्सवाद तथा आधुनिक राजतंत्र के अपने-अपने अत्यंत क्रूर और विषमतापूर्ण ऊँच-नीच तंत्र हैं। लेकिन ऊँच-नीच का सच्चा निंदक वह है, जो सभी तरह के ऊँच-नीच की निंदा करे। केवल हिंदू जाति प्रथा की निंदा भेदभावपूर्ण और अर्ध सत्य है। जो लोग हिंदू धर्म की तुलना में इसलाम को अधिक समतामूलक या न्यायपूर्ण मानते हैं वे या तो अज्ञानी हैं या फिर झूठे हैं। उन्हें ऐसा करने पर इसलाम की विषमताओं और ऊँच-नीच के तथ्यों को सुनने की तैयारी दिखानी चाहिए और ऐसा माहौल बनाना चाहिए, जिससे खरी-खरी सच्चाई कही-सुनी जा सके।

इसी प्रकार भारतीय इतिहास की सच्चाई यह है कि यहाँ के मुसलमानों के दो बड़े वर्ग हैं, एक है विदेशी मूल वाले मुसलमान और दूसरा है भारतीय मूल के मुसलमान। इन दोनों के आर्थिक स्तर, सामाजिक प्रतिष्ठा तथा इसलामिक धर्मतंत्र पर प्रभाव की दृष्टि से जमीन-आसमान का अंतर है।

यह बात सही है कि मुसलिम निजी विधि महिलाओं को उप मानव का दर्जा देती है। पर यह दावा करना गलत है कि शरीयत में संशोधन नहीं हो सकता या हुआ ही नहीं। इसलामी विधिशास्त्र अर्थात् फिकह के दो महत्त्वपूर्ण सिद्धांत हैं—पहला 'तकलीद' और दूसरा 'इज्तिहाद'। 'तकलीद' के मायने है अनुशरण या जस का तस। अर्थात् कुरान या हदीस में जो कुछ कहा गया है, उसका जस का तस पालन। यह सिद्धांत शरीयत में संशोधन का विरोध करता है। इज्तिहाद के मायने है—कुरान और हदीस में विरोध होने पर अपने विवेक से फैसला करना। इसी इज्तिहाद के सिद्धांत के तहत जनता के सुधार आंदोलनों को अभिव्यक्ति मिली और विश्व के अनेक मुसलमान देशों में कई महत्त्वपूर्ण सुधार हुए। भारत में भी अमीर अली और इकबाल ने तकलीद के सिद्धांत का विरोध करते हुए इज्तिहाद पर जोर दिया। दूसरा महत्त्वपूर्ण तरीका है—कुरान की आध्यात्मिक व्याख्या करने का। उसी व्याख्या के चलते असगर अली इंजीनियर और तारा अली बेग जैसे लोगों ने शाहबानों को गुजारा भत्ता देने के सर्वोच्च न्यायालय के निर्णय का समर्थन किया था।

इज्तिहाद के चलते ही मिस्र ने 1943 में अपने उत्तराधिकार कानून में

संशोधन किया। वहाँ 1953 में वक्फ अधिनियम और पारिवारिक कानून में भी फेर-बदल किया गया। इराक ने 1959 में निकाह, तलाक आदि के कानूनों में परिवर्तन करनेवाली निजी स्तर संहिता जारी की, जब कि सीरीया ऐसा 1953 में ही कर चुका था। ट्यूनीशिया ने 1957 में यह कहते हुए निजी स्तर अधिनियम जारी किया कि कुरान में सह पत्नियों को हर स्तर से बराबरी का दर्जा दिया गया है, पर आधुनिक युग में ऐसा संभव नहीं है, अतः इसलिए बहु विवाह प्रतिबंधित किया जाता है। यह एक क्रांतिकारी कदम था। इसी के साथ यह भी घोषित किया गया कि अदालत के बाहर किया गया तलाक बेअसर माना जाएगा। अल्जीरिया ने भी इसी प्रकार का कानून पारित किया। 1959 में अल्जीरिया में एक अध्यादेश जारी करके सभी तरह के तलाक को न्यायालय के दायरे में ला दिया गया।

इन सभी सुधारों को वास्तविक प्रेरणा तुर्की से मिली। वहाँ आटोमन साम्राज्य के दौरान 19वीं सदी में आटोमन सिविल कोड जारी हुआ। इसे 'मेजिंल्ले सुधार' के नाम से जानते हैं। इसमें महिलाओं को भी तलाक विरक्तता, बीमारी और क्रूरता जैसे आधार दिए गए। वास्तव में यह था तो हनकी कानूनों को संहिता बद्ध करने का प्रयास, पर इसमें मलिकी और हनबली धाराओं के उदार कानूनों को शामिल किया गया। हालाँकि यह कानून 1926 में समाप्त कर दिया गया, पर इसका मुसलिम देशों और विशेषकर मध्य एशिया पर महत्त्वपूर्ण असर पड़ा। बाद में कमाल पाशा के नेतृत्व में तुर्की ने तो एक धर्म निरपेक्ष संहिता ही लागू कर दी।

पाकिस्तान में भी जहाँ पूरी तरह से इसलामी कानून लागू है, एक दौर में सुधार के प्रयास किए गए। अयूब खाँ के शासन के दौरान 1961 में पाकिस्तान पारिवारिक अधिनियम अध्यादेश लागू हुआ। इसके अंतर्गत बहु विवाह और पति द्वारा तीन तलाक कहकर तलाक देनेवाली प्रथा पर एक पंचाट परिषद् को पुनर्विचार का अधिकार दे दिया गया। सिंगापुर, बांग्लादेश, इंडोनेशिया, मलेशिया और ब्रुनेई में भी तलाक और बहु विवाह के कानूनों का दुरुपयोग रोकने के लिए कई कदम उठाए गए। मिस्र, सूडान, सीरिया, जार्डन और मोरक्को में तीन बार 'तलाक' कहकर तलाक देने पर पाबंदी है। ईरान में भी दूसरा विवाह करने से पहले अदालत से अनुमति लेने का प्रावधान किया गया था, लेकिन अयातुल्ला खुमैनी की इसलामी क्रांति ने न केवल वहाँ के सुधारों पर पानी फेर दिया, बल्कि पूरे विश्व में सुधारों की संभावना पर ग्रहण लगा दिया। लेकिन उपरोक्त तथ्य इस स्थापना को खारिज करते हैं कि इसलामी कानूनों में संशोधन नहीं हो सकता।

इसलामी कानूनों में संशोधन हुए हैं और इसमें आगे भी संशोधन की संभावना से इनकार नहीं किया जा सकता।

भारत में मुसलमानों में 2018 के पहले तक तलाक का यह विकृत रूप प्रचलित था कि कोई भी पति अपनी पत्नी को क्षण भर में तीन बार तलाक कहकर उससे छुटकारा पा सकता था। इस विकृत रूप के कारण प्रत्येक विवाहिता हर समय भयभीत रहती थी। एक ओर तलाक का यह विकृत रूप और दूसरी ओर चार विवाह करने की छूट, प्रत्येक विवाहित स्त्री के लिए त्रासदी थी। जहाँ तक तलाक का संबंध है, कुरान में ऐसा कोई भी विधान नहीं है कि पति एकदम तीन तलाक कहकर पत्नी से छुटकारा पा ले। वैसे इसलाम में तलाक को तमाम हलाल (वैध) वस्तुओं में सबसे बुरा कहा गया है। फिर भी तलाक के लिए एक प्रक्रिया तय की गई है, जिसके अंतर्गत सर्वप्रथम पति-पत्नी को समझाने का विधान है। कुरान में कहा गया है कि यदि तुम्हें उन पति-पत्नी के बीच का डर हो तो एक पंच पुरुष पक्ष की ओर से और एक पंच स्त्री पक्ष की ओर से नियुक्त करो। यदि वे दोनों सुधार चाहेंगे तो अल्लाह उनमें अनुकूलता पैदा कर देगा। नि:संदेह अल्लाह जाननेवाला और खबर रखनेवाला है। (कुरान 4135)

इसके बाद सुलह-सफाई के प्रयास असफल होने पर आदेश है—हे नबी! जब तुम लोग स्त्रियों को तलाक दो तो उन्हें तलाक उनकी इद्दत (मासिक स्राव से पाक होने पर) के समय पर दो और इद्दत का पूरा खयाल रखो।

तुम उनको घरों से न निकालो, सिवाय इसके कि वह अश्लील कर्म कर बैठे। तू नहीं जानता कि अल्लाह इस (तलाक) के बाद कोई नई बात पैदा कर दे। (65 : 1) आगे आदेश है : फिर जब वे (तलाक पाई हुई स्त्रियाँ) अपनी निश्चित अवधि (इद्दत) को पहुँच जाएँ तो उन्हें भली रीति से रोक लो या उन्हें भली रीति से अलग कर दो (65 : 2)। कुरान में आगे कहा गया है—उन्हें (तलाक पाई हुई स्त्रियाँ) रहने को दो अपने हैसियत के अनुसार जिस तरह तुम रहते हो और उन्हें तकलीफ न पहुँचाओ कि उनके लिए रहना दूभर हो जाए और यदि वे गर्भवती हैं तो बच्चा जनमने तक उन पर खर्च करते रहो। यदि वे तुम्हारे बच्चे को दूध पिलाएँ तो तुम उन्हें उनकी उजरत दो और परस्पर बातचीत करके भली-भाँति तय कर लो…। (65 : 6)

कुरान मजीद में सूर : अलबकरा की आयत संख्या 226 से 237 तक तलाक की पूरी व्याख्या की गई है। आदेश है : तलाक दो बार की है और फिर या तो

सामान्य नियम के अनुसार स्त्री को रोक लेना चाहिए या भले तरीके से विदा कर देना चाहिए (2 : 229)। इस आयत में तीन बार तलाक देने की मनाही है, क्योंकि तीसरे तलाक के बाद पुनः संबंध स्थापित नहीं किया जा सकता। आगे कहा गया है—जब तुम स्त्रियों को तलाक दे दो और वे अपनी इद्दत पूरी कर लें तो उन्हें सामान्य नियम के अनुसार रोक लो या रुखसत कर दो और उन्हें सताने के लिए न रोको कि ज्यादती करो और जो ऐसा करेगा, वह अपने ऊपर ही जुल्म ढाएगा (2 : 231)।

इस प्रकार कुरान के अनुसार तलाक की प्रक्रिया यह है—

1. पहले सुलह के प्रयास किए जाएँ।
2. प्रयास असफल होने पर इद्दत के समय तलाक कहा जाए।
3. एक माह बीतने पर दूसरा तलाक कहा जाए।
4. इसके बाद तीन महीने प्रतीक्षा की जाए।
5. यदि इस अवधि में भी बात न बने तो पत्नी को रुखसत कर दिया जाए तथा उसे खर्च दिया जाए।

विश्व के 22 मुसलिम देशों में एक साथ तीन तलाक को अपराध मान लिया गया है, लेकिन भारत में इस मामले में धर्म के ठेकेदारों की नीति दो रंगी थी। जब उनसे प्रचलित तीन तलाक के बारे में पूछा जाता था तो जबानी तौर पर वे इसे अनुचित बताते थे, मगर जब उनसे इस बारे में लिखित फतवा माँगा जाता था तो वे लिखित में इसे सही ठहराते थे। कुछ उलेमा अब एक साथ तीन बार कहे गए तलाक को एक तलाक मानने लगे थे, लेकिन इसे सार्वजनिक मान्यता नहीं मिली। इस प्रकार मुसलमानों में प्रचलित यह गैर-इसलामी तलाक स्त्रियों के गले की फाँस बन गई, जो उलेमा तीन तलाक को जायज ठहराते थे, वे इतनी सामर्थ्य नहीं रखते कि तलाकशुदा को उसकी महर इद्दत व बच्चों के पालन-पोषण का खर्च दिला सके। इसके लिए उन्हें वर्षों अदालत के चक्कर काटने पड़ते थे। कुरान में कहा गया है कि अल्लाह की आयतों का मजाक न उड़ाओ, मगर तलाक के मामले में कुरान की आयतों का जो मजाक उड़ाया जाता था, वह बेमिसाल था।

उपरोक्त तथ्य बताते हैं कि कुरान में तलाक की एक आदर्श प्रक्रिया तय की गई है, लेकिन आदर्श प्रक्रिया को उलेमाओं ने खिलौना बना दिया। अतः इसे पूरी तरह लागू करने के लिए आवश्यक था कि इसे उलेमाओं के हाथों से छीनकर कानूनी रूप दिया जाए, क्योंकि अदालतें ही इस प्रक्रिया को लागू करने तथा इसकी

रक्षा करने में सक्षम हैं। इन्हीं बातों को ध्यान में रखते हुए 2017 में मोदी सरकार ने तत्काल तलाक विधेयक को संसद् में प्रस्तुत किया। यह विधेयक लोकसभा में तो पारित हो गया, लेकिन राज्यसभा में पारित न हो सका, जिसके कारण सरकार को 2018 में अध्यादेश लाना पड़ा, जिसे कैबिनेट ने अपनी स्वीकृति प्रदान कर दी। इस प्रकार धर्म निरपेक्ष भारत में भी इस अमानवीय व क्रूर कुरीति को कानून बनाकर अपराध घोषित कर दिया गया।

□

प्रसंग–11

अयोध्या में राम मंदिर

: चौबीस :

राम तो राम हैं। जहाँ रखोगे, जैसे रखोगे, वे रह लेंगे। लेकिन रामत्व अनीति का तो प्रतिकार करेगा ही। फिर वह चाहे मूक प्रतिकार हो और चाहे मुखर प्रतिकार। यही तो उसकी विशेषता है। यह समय साध्य हो सकता है, लेकिन जारी रहता है। अयोध्या में रामजन्मस्थान पर निर्मित भव्य मंदिर के साथ भी यह होता रहा। कितनी बार वहाँ मंदिर बना व ढहा, कोई दावे के साथ नहीं कह सकता। लेकिन 500 वर्ष का इतिहास तो सप्रमाण अपनी व्यथा-कथा कहता है।

इस घटना की शुरुआत तब हुई, जब एक असहिष्णु आक्रामक शासक के आदेश पर उसके सेनापति मीर बाकी ने अयोध्या में बने राम मंदिर को 21 मार्च, 1528 को तोपों के गोलों द्वारा ध्वस्त कर दिया। कहते हैं, भगवान् राम के स्वधाम-गमन के बाद सरयू नदी में आई भीषण बाढ़ से अयोध्या की भव्य विरासत को काफी क्षति पहुँची थी। भगवान् राम के पुत्र कुश ने अयोध्या की विरासत को नए सिरे से सहेजने का प्रयास किया और उन्होंने रामजन्मस्थान पर एक विशाल मंदिर का निर्माण करवाया। युगों के सफर में यह मंदिर और अयोध्या जीर्ण-शीर्ण हुई, तो विक्रमादित्य नाम के शासक ने इसका जीर्णोद्धार कराया। मीर बाकी ने 1528 में जिस मंदिर को ध्वस्त किया था, उसे 57 ई.पू. में युग प्रवर्तक राजाधिराज की उपाधि धारण करनेवाले विक्रमादित्य ने ही निर्मित कराया था।

भगवान् श्रीराम के स्वर्ग-गमन के पश्चात् अयोध्या तो पहले जैसी नहीं रही, मगर जन्मभूमि सुरक्षित रही। भगवान् श्रीराम के पुत्र कुश ने एक बार पुनः राजधानी अयोध्या का पुनर्निर्माण कराया और सूर्यवंश की अगली 44 पीढ़ियों तक इसका अस्तित्व आखिरी राजा महाराजा वृहद्बल तक अपने चरम पर रहा। कौशलराज वृहद्बल की मृत्यु महाभारत युद्ध में अभिमन्यु के हाथों हुई। महाभारत

के युद्ध के बाद अयोध्या उजड़ सी गई, मगर श्रीरामजन्मभूमि का अस्तित्व प्रभु कृपा से बना रहा।

कहते हैं, लगभग 57 ई.पू. उज्जैन के राजा विक्रमादित्य आखेट करते-करते अयोध्या चले आए। थकान होने के कारण अयोध्या में सरयू नदी के किनारे एक आम के वृक्ष के नीचे वे आराम करने लगे। उसी समय दैवीय प्रेरणा से तीर्थराज प्रयाग से उनकी मुलाकात हुई और तीर्थराज प्रयाग ने सम्राट् विक्रमादित्य को अयोध्या और सरयू की महत्ता के बारे में बताया, जो उस समय तक नष्ट सी हो गई थी और उनसे श्रीरामजन्मभूमि के उद्धार के लिए कहा। महाराजा विक्रमादित्य ने कहा कि महाराज, अयोध्या तो उजड़ गई है, मिट्टी के टीले और स्तूप ही यहाँ अवशेषों के रूप में हैं, फिर मुझे ज्ञान कैसे होगा कि अयोध्या नगरी कहाँ से शुरू होती है, क्षेत्रफल कितना होगा और किस स्थान पर कौन सा तीर्थ है। इस संशय का निवारण करते हुए तीर्थराज प्रयाग ने कहा कि यहाँ से आधे योजन की दूरी पर मणिपर्वत है, उसके ठीक दक्षिण चौथाई योजन के अर्धभाग में गवाक्ष कुंड है। उस गवाक्ष कुंड से पश्चिम तट से सटा हुआ एक रामनामी वृक्ष है, यह वृक्ष अयोध्या की परिधि नापने के लिए ब्रह्माजी ने लगाया था। सैकड़ों वर्षों से यह वृक्ष उपस्थित है वहाँ। उसी वृक्ष के पश्चिम में ठीक एक मील की दूरी पर एक मणिपर्वत है। मणिपर्वत के पश्चिम सटा हुआ गणेश कुंड नाम का एक सरोवर है, उसके ऊपर शेष भगवान् का एक मंदिर बना हुआ है। (ज्ञातव्य है कि अब इस स्थान पर अयोध्या में शीश पैगंबर नाम की एक मसजिद है, जिसे सन् 1675 में औरंगजेब ने शेष भगवान् के मंदिर को गिराकर बनवाया था), शेष भगवान् के मंदिर से 500 धनुष पर ठीक वायव्य कोण पर भगवान् श्रीराम की जन्मभूमि है। रामनामी वृक्ष (यह वृक्ष अब सूखकर गिर चुका है) के एक मील के इर्द-गिर्द एक नव प्रसूता गाय को लेकर घुमाओ। जिस जगह वह गाय गोबर कर दे, वह स्थल मणिपर्वत है, फिर वहाँ से 500 धनुष नापकर उसी ओर गाय को ले जाकर घुमाओ, जहाँ उसके स्तनों से दूध की धारा गिरने लगे, बस समझ लेना, भगवान् की जन्मभूमि वही है। राम जन्मभूमि को संदर्भ मान के पुराणों में वर्णित क्रम के अनुसार तुम्हें समस्त तीर्थों का पता लग जाएगा, ऐसा करने से तुम श्रीराम की कृपा के अधिकारी बनोगे। यह कहकर तीर्थराज प्रयाग अदृश्य हो गए। रामनवमी के दिन पूर्ववर्णित क्रम में सम्राट् विक्रमादित्य ने सर्वत्र नवप्रसूता गाय को घुमाया, जन्मभूमि पर उसके स्तनों से अपने आप दूध गिरने लगा, उस स्थान पर महाराजा विक्रमादित्य ने श्रीरामजन्मभूमि के भव्य मंदिर का

निर्माण करा दिया। डेढ़ सहस्राब्दि से भी अधिक के सफर में यह मंदिर हिंदुओं की आस्था-अस्मिता का शीर्षस्थ केंद्र था। इस पर मध्य काल के प्रारंभ से ही संकट के बादल मँड़राने लगे थे। महमूद गजनवी के भानजे सैयद सालार मसूद गाजी ने भी अपने आक्रमण के समय अयोध्या के इस क्षेत्र को भी सम्मिलित करने का प्रयास किया, लेकिन अयोध्या के अनुरागियों के प्रतिकार की शक्ति के कारण यह नगरी सुरक्षित रही।

पारंपरिक स्रोतों से प्राप्त इतिहास के अनुसार राममंदिर की वापसी के लिए 76 युद्ध लड़े गए। एकाध बार ऐसा भी हुआ, जब विवादित स्थल पर मंदिर के दावेदार राजाओं-लड़ाकों ने कुछ समय के लिए कब्जा भी जमाया, पर यह स्थायी नहीं रह सका। जिस वर्ष मंदिर तोड़ा गया, उसी वर्ष पास की भीटी रियासत के राजा महताब सिंह, हंसवर रियासत के राजा रणविजय सिंह, रानी जयराजि कुँवर, राजगुरु पंडित, देवीदीन पांडेय आदि के नेतृत्व में मंदिर की मुक्ति के लिए जवाबी सैन्य अभियान छेड़ा गया। शाही सेना को उन्होंने विचलित अवश्य किया, लेकिन जन्मभूमि को मुक्त कराने में सफल नहीं हो सके। 1530 से 1556 के बीच हुमायूँ और शेरशाह के शासन काल में 10 युद्धों का उल्लेख मिलता है। हिंदुओं की ओर से इन युद्धों का नेतृत्व हंसवर की रानी जयराज कुँवरि एवं स्वामी महेशानंद ने किया। रानी स्त्री-सेना का और महेशानंद साधु सेना का नेतृत्व करते थे। 1556 और 1605 के बीच अकबर के शासन काल में 20 युद्धों का उल्लेख मिलता है। इन युद्धों में अयोध्या के ही संत बलरामाचार्य बराबर सेनापति के रूप में लड़ते रहे और अंत में वीरगति प्राप्त की। इन युद्धों का परिणाम यह हुआ कि अकबर को इस ओर ध्यान देने के लिए विवश होना पड़ा। उसने बीरबल और टोडरमल की राय से बाबरी मसजिद के सामने के चबूतरे पर राम मंदिर बनाने की इजाजत दे दी। लेकिन औरंगजेब की नीतियाँ कट्टरवादी थीं, जिसका प्रभाव मंदिर-मसजिद विवाद पर भी पड़ा। 1658 से 1707 ई. के मध्य उसके शासन काल में रामंदिर के लिए 30 बार युद्ध हुए। इन युद्धों का नेतृत्व बाबा वैष्णवदास, कुँवर गोपाल सिंह, ठाकुर जगदंबा सिंह आदि ने किया। माना जाता है कि इन युद्धों में दशम गुरु गोविंद सिंह ने निहंगों को भी रामंदिर मुक्ति संघर्ष के लिए भेजा था और अंतिम युद्ध को छोड़कर शेष में हिंदुओं को सफलता भी मिली थी। ऐसे में अनुमान लगाया जा सकता है कि इस दौरान मंदिर समर्थकों का कुछ समय के लिए रामजन्मभूमि पर अधिकार भी रहा होगा और औरंगजेब ने पूरी ताकत से उसपर पुनः अधिकार किया होगा।

इतिहास की एक अन्य धारा का तो यहाँ तक कहना है कि राममंदिर को बाबर के नहीं, बल्कि औरंगजेब के आदेश पर ध्वस्त किया गया था और उसके ही आदेश से अयोध्या के कुछ और प्रमुख मंदिर तोड़े गए। 18वीं शताब्दी के मध्य तक मुगल सत्ता का तो पतन हो गया, लेकिन मंदिर के लिए संघर्ष जारी रहा। हालाँकि अवध के नवाबों के समय अयोध्या को कुछ सीमा तक सांस्कृतिक-धार्मिक स्वायत्तता प्राप्त हुई। बार-बार युद्धों से परेशान अवध के नवाब सआदत अली खाँ ने अकबर की भाँति हिंदुओं और मुसलमानों को साथ-साथ पूजन एवं नमाज की अनुमति दी। इसके बावजूद संघर्ष जारी रहा। 1847 से 1857 ई. के मध्य अवध के आखिरी नवाब रहे वाजिद अली शाह के समय बाबा उद्धव दास के नेतृत्व में दो बार युद्ध का उल्लेख मिलता है। इसका परिणाम यह हुआ कि नवाब ने एक हिंदू, एक मुसलिम और एक ईस्ट इंडिया कंपनी के प्रतिनिधि को सम्मिलित कर एक आयोग का गठन किया। इस कमीशन का निष्कर्ष था कि वहाँ कभी मसजिद थी ही नहीं। कमीशन ने अपनी रिपोर्ट में यह भी बताया कि मीर बाकी ने जिस ढाँचे का निर्माण कराया था, उसके एक पत्थर पर यह स्पष्ट रूप से लिखा है कि यह फरिश्तों का अवतरण-स्थल है। इसी का प्रभाव था कि हिंदुओं-मुसलिमों की एकता प्रतिष्ठित हुई। इसी दौरान अयोध्या-फैजाबाद के स्थानीय मुसलमानों ने बैठक कर तय किया कि मुसलिम राम मंदिर के लिए बाबरी मसजिद का दावा छोड़ दें। अंग्रेजों को जब इसकी भनक लगी कि तो उन्होंने इस मुहिम के सूत्रधार अमीर अली एवं बाबा रामशरण दास को विवादित स्थल के कुछ ही दूरी पर स्थित इमली के पेड़ पर फाँसी दे दी। स्पष्ट है कि अंग्रेज दोनों ही पक्षों के मध्य सद्भाव के पक्ष में नहीं थे।

विवाद के चलते 1859 में ब्रिटिश शासकों ने विवादित स्थल पर बाड़ लगा दी और परिसर के भीतरी भाग में मुसलमानों को और बाहरी हिस्से में हिंदुओं को प्रार्थना करने की अनुमति दी। 19 जनवरी, 1885 को महंत रघुवीर दास ने पहली बार इस मामले को फैजाबाद के न्यायाधीश पं. हरिकिशन के समक्ष प्रस्तुत किया। इस मामले में कहा गया था कि मसजिद के स्थान पर राम मंदिर बनवाना चाहिए, क्योंकि यह स्थान प्रभु राम का जन्मस्थान है। वर्ष 1947 ई. में भारत सरकार ने मुसलमानों को विवादित स्थल से दूर रहने के आदेश दिए और मसजिद के मुख्य द्वार पर ताला डाल दिया गया, जबकि हिंदू श्रद्धालुओं को एक अलग स्थान से प्रवेश दिया जाता रहा। 1947 में भगवान् राम की मूर्तियाँ मसजिद में पाई गईं। कहते हैं, कुछ हिंदुओं ने ये मूर्तियाँ वहाँ रखवाई थीं। मुसलमानों ने इस

पर विरोध व्यक्त किया और दोनों पक्षों ने अदालत में मुकदमा दायर कर दिया। ऐसे में सरकार ने इस स्थल को विवादित घोषित करके इस पर ताला लगा दिया।

1984 में कुछ हिंदुओं ने विश्व हिंदू परिषद् के नेतृत्व में भगवान् राम के जन्म स्थल को मुक्त कराने और वहाँ राम मंदिर के निर्माण हेतु एक समिति का गठन किया। बाद में इस अभियान का नेतृत्व भारतीय जनता पार्टी के नेता लालकृष्ण आडवानी ने सँभाला। 1986 में जिला मजिस्ट्रेट ने हिंदुओं को प्रार्थना करने के लिए विवादित स्थल के दरवाजे का ताला खोलने का आदेश दिया। मुसलमानों ने इसके विरोध में बाबरी मसजिद कमेटी का गठन किया। 1989 में विश्व हिंदू परिषद् ने राम मंदिर निर्माण हेतु अभियान तेज कर दिया और विवादित स्थल के समीप राम मंदिर की नींव रखी। इसी वर्ष इलाहाबाद उच्च न्यायालय ने आदेश दिया कि विवादित स्थल के मुख्य द्वारों को खोल देना चाहिए और इस स्थल को सदैव के लिए हिंदुओं को दे देना चाहिए। 30 अक्तूबर, 1990 को हजारों रामभक्तों ने मुख्य मंत्री मुलायम सिंह यादव द्वारा खड़ी की गई अनेक बाधाओं को पार कर अयोध्या में प्रवेश किया और विवादित ढाँचे पर भगवा ध्वज फहरा दिया, लेकिन 2 नवंबर, 1990 को मुलायम सिंह यादव ने कारसेवकों पर गोली चलाने का आदेश दिया, जिसमें अनेक रामभक्तों ने अपने जीवन की आहुतियाँ दीं। सरयूतट रामभक्तों की लाशों से पट गया। इस हत्याकांड के पश्चात् अप्रैल 1991 को उत्तर प्रदेश के तत्कालीन मुख्यमंत्री मुलायम सिंह यादव को त्याग-पत्र देना पड़ा। इसके बाद 6 दिसंबर, 1992 को लाखों रामभक्त कारसेवा हेतु अयोध्या पहुँचे तथा बाबरी मसजिद को ढहा दिया गया। इसकी प्रतिक्रिया में देश भर में दंगे हुए, जिसकी लपट बांग्लादेश व पाकिस्तान तक भी पहुँची। 6 दिसंबर, 1992 को जब विवादित ढाँचा गिराया गया, उस समय उ.प्र. में कल्याण सिंह की सरकार थी। ढाँचा ढहाने के बाद भीड़ ने रामजन्मस्थान पर पूजा-अर्चना की तथा 'रामशिला' की स्थापना कर दी। इस घटना के दस दिन बाद समस्या के समाधान हेतु 16 दिसंबर, 1992 को लिब्राहम आयोग का गठन किया गया। आंध्र प्रदेश उच्च न्यायालय के सेवा-निवृत्ति मुख्य न्यायाधीश एम.एस. लिब्राहन को इस आयोग का अध्यक्ष बनाया गया। लिब्रहान आयोग को 16 मार्च, 1993 को यानी तीन महीने में रिपोर्ट देने को कहा गया था, लेकिन आयोग ने रिपोर्ट देने में 17 साल लगाए। 1993 में केंद्र के इस अधिग्रहण को सुप्रीम कोर्ट में चुनौती मिली। चुनौती देनेवाला शख्स मोहम्मद इस्माइल फारूकी था। मगर कोर्ट ने इस चुनौती को खारिज कर दिया कि केंद्र सिर्फ इस जमीन का संग्रहक है। जब

मालिकाना हक का फैसला हो जाएगा तो मालिकों को जमीन लौटा दी जाएगी। केंद्र की ओर से दायर अर्जी इसी अतिरिक्त जमीन को लेकर थी। 1996 में राम जन्मभूमि न्यास ने केंद्र सरकार से यह जमीन माँगी, लेकिन माँग ठुकरा दी गई। इसके बाद न्यास ने हाई कोर्ट का दरवाजा खटखटाया, जिसे 1997 में कोर्ट ने भी खारिज कर दिया। 2002 में जब गैर-विवादित जमीन पर कुछ गतिविधियाँ हुईं तो असलम भूरे ने सुप्रीम कोर्ट में याचिका लगाई। 2003 में इस पर सुनवाई के बाद सुप्रीम कोर्ट ने यथास्थिति कायम रखने का आदेश दिया। कोर्ट ने कहा कि विवादित और गैर-विवादित जमीन को अलग करके नहीं देखा जा सकता। 30 जून, 2009 को लिब्रहान आयोग ने चार भागों में 700 पन्नों की रिपोर्ट प्रधानमंत्री डॉ. मनमोहन सिंह और गृह मंत्री पी. चिदंबरम को सौंपा। जाँच आयोग का कार्यकाल 48 बार बढ़ाया गया। 31 मार्च, 2009 को समाप्त हुए लिब्रहान आयोग के कार्यकाल को अंतिम बार तीन महीने अर्थात् 30 जून तक के लिए बढ़ाया गया। 2010 में इलाहाबाद उच्च न्यायालय की लखनऊ पीठ ने निर्णय सुनाया, जिसमें विवादित भूमि को रामजन्मभूमि घोषित किया गया। न्यायालय ने बहुमत से निर्णय दिया कि विवादित भूमि, जिसे रामजन्मभूमि माना जाता रहा है, उसे हिंदू गुटों को दे दिया जाए। न्यायालय ने यह भी कहा कि वहाँ से रामलला की प्रतिमा को नहीं हटाया जाएगा। न्यायालय ने यह भी पाया कि चूँकि सीता रसोई और राम चबूतरा आदि कुछ भागों पर निर्मोही अखाड़े का भी कब्जा रहा है, इसलिए यह हिस्सा निर्मोही अखाड़े के पास ही रहेगा। दो न्यायाधीशों ने यह निर्णय भी दिया कि इस भूमि के कुछ भागों पर मुसलमान प्रार्थना करते रहे हैं, इसलिए विवादित भूमि का एक-तिहाई हिस्सा मुसलमान गुटों को दे दिया जाए। लेकिन हिंदू और मुसलिम दोनों ही पक्षों ने इस निर्णय को मानने से अस्वीकार करते हुए सर्वोच्च न्यायालय का दरवाजा खटखटाया। 9 मई, 2011 को मामला सुप्रीम कोर्ट पहुँचा। उच्चतम न्यायालय ने 7 वर्ष बाद निर्णय लिया कि 11 अगस्त, 2017 से तीन न्यायाधीशों की पीठ इस विवाद की सुनवाई प्रतिदिन करेगी। सुनवाई से ठीक पहले शिया वक्फ बोर्ड ने न्यायालय में याचिका लगाकर विवाद में पक्षकार होने का दावा किया और 70 वर्ष बाद 30 मार्च, 1946 के ट्रायल कोर्ट के फैसले को चुनौती दी, जिसमें मसजिद को सुन्नी वक्फ बोर्ड की संपत्ति घोषित कर दिया गया। सर्वोच्च न्यायालय के आदेशानुसार 5 फरवरी, 2018 से इस मामले की अंतिम सुनवाई शुरू की गई तथा 9 नवंबर, 2019 को भारत के मुख्य न्यायाधीश रंजन गोगाई की अध्यक्षता वाली पाँच सदस्यीय संवैधानिक पीठ

ने अयोध्या मामले का सर्व सम्मति से फैसला किया, जिसमें विवादित स्थल पर मंदिर निर्माण के पक्ष में निर्णय किया गया। इसके साथ ही उसने मुसलिम पक्ष को मसजिद निर्माण हेतु अयोध्या में ही किसी स्थान पर पाँच एकड़ भूमि आवंटित करने का भी निर्देश दिया।

भव्य राममंदिर किसने बनवाया और कैसे? यह प्रश्न उतना महत्त्वपूर्ण नहीं है, जितना राम की अस्मिता की सर्व सम्मति से स्वीकारोक्ति। राम चाहे हसनपुर के हों, इंडोनेशिया के, थाईलैंड के या अयोध्या के, वे राम हैं, उनकी अस्मिता युगों-युगों तक बनी रहेगी और मंदिर का भव्य कलश निरंतर रामत्व का संदेश देता रहेगा।